普通高校"十三五"规划教材·公共基础课系列

大学生校园导论

朱立光　张艳博 ◎ 主　编
吴范武　冯振翼 ◎ 副主编

清华大学出版社
北　京

内 容 简 介

本书首先对什么是大学进行了详细介绍,使大学生形成对大学的初步印象,接着引导学生了解学校的学习和生活特点,然后分别介绍大学生在大学生活中与个人成长相关的方方面面,最后帮助学生明确人生目标,追求卓越品质。

本书封面贴有清华大学出版社防伪标签,无标签者不得销售。
版权所有,侵权必究。举报:010-62782989,beiqinquan@tup.tsinghua.edu.cn。

图书在版编目(CIP)数据

大学生校园导论/朱立光,张艳博主编.--北京:清华大学出版社,2016(2023.10重印)
(普通高校"十三五"规划教材·公共基础课系列)
ISBN 978-7-302-44814-3

Ⅰ.①大… Ⅱ.①朱… ②张… Ⅲ.①大学生-学生生活-高等学校-教材 Ⅳ.①G645.5

中国版本图书馆 CIP 数据核字(2016)第 197513 号

责任编辑:彭 欣
封面设计:汉风唐韵
责任校对:宋玉莲
责任印制:杨 艳

出版发行:清华大学出版社
网　　址:http://www.tup.com.cn,http://www.wqbook.com
地　　址:北京清华大学学研大厦 A 座　　邮　　编:100084
社　总　机:010-83470000　　邮　　购:010-62786544
投稿与读者服务:010-62776969,c-service@tup.tsinghua.edu.cn
质 量 反 馈:010-62772015,zhiliang@tup.tsinghua.edu.cn

印 装 者:大厂回族自治县彩虹印刷有限公司
经　　销:全国新华书店
开　　本:185mm×260mm　　印　张:14.75　　插　页:1　　字　数:339 千字
版　　次:2016 年 8 月第 1 版　　印　次:2023 年 10 月第 11 次印刷
定　　价:42.00 元

产品编号:070735-03

编　　委

（以姓氏笔画为序）

车鹏程　王成刚　王昱心　朱立光　吕志伟
齐　峰　吴范武　刘旭东　许　莹　许　静
许　鑫　李　丹　冯振翼　赵　阳　侯　佳
高月春　张艳博　张义东

前 言

当莘莘学子经过高中激烈的竞争,带着向往和憧憬进入大学校园时,如何尽快适应大学,如何度过大学生活,就成了摆在他们面前急需解决的问题。因为对大学生活缺乏了解和应有的准备,很多学生初入大学时往往会感到各种不适,以致产生不同程度的焦虑情绪。这些不适应若得不到及时调节,将会影响他们的学业,甚至身心的健康。还有一部分学生在大学宽松的环境里,学习积极性下降,过着得过且过的生活,白白浪费了大学美好的时光。因此,如何搞好入学教育,帮助大学新生尽快适应大学生活,提高学习效率,特别是如何引导学生在大学生涯里尽早树立人生目标,制订实施计划,全面提高专业与人文素养,加强人格修养,以获得全面发展,成为高等学校必须予以高度重视的问题。

近年来,虽然各高校也组织新生进行入学教学,但大多以了解学校基本情况、学习学校规章制度为主,这显然是不够的。学生进入大学后,要较快地完成角色转换,必须接受系统的指导。党的十八大提出"立德树人是教育的根本任务"、"以提高育人质量为核心,推动高等教育内涵发展"。因此,我们要从全面贯彻党的教育方针、全面提高人才素质的高度,对新生入学教育工作统筹规划、精心部署、认真实施。发挥入学教育的指南和导航作用,让新生了解大学,树立新的学习观念,制订合理的学习计划,尽快适应大学学习生活,顺利实现由中学向大学的角色转变。帮助新生正确对待环境、人际关系、学习、生活习惯的变化和经济状况的差异,克服由于对大学生活缺乏了解和应有的准备而带来的陌生感、孤独感与无助感,尽快融入大学生活。特别是要引导他们在大学中学会学习、学会做人、学会创新,不断提高自己的各种素质和能力,完善自身的人格修养,追求卓越,成为德、智、体、美全面发展的优秀大学生。

为适应新形势下高等教育的要求,配合大学新生入学教育的开展,我们依据当代大学生的特点,结合华北理工大学多年来新生入学教育的实践经验,组织编写了这本《大学生校园导论》。本教材以案例为主的形式,并整合了相关的多媒体资源,客观、生动、贴近大学生的实际生活,易引起大学生的共鸣。适合各高等学校开设选修课的需求,也可作为大学生入学教育的自学读本。

全书由四位主编和副主编共同商定大纲、编写目录,最后主编对本教材进行了全面修改、统纂、定稿。本教材共八章,第一章认识大学,由朱立光、齐峰编写,主要介绍大学的起源、大学的精神、大学的职能、大学的专业、大学的课程、为什么上大学等内容,让学生形成对大学的初步印象。第二章适应大学,由吴范武、许静、王昱心编写,主要针对大学新生初入大学可能出现的对新的生活环境、人际环境不适应的情况提出针对性的措施,介绍大学的管理模式、学生社团和团体活动,引导学生正确选择社团活动。第三章大学学习,由张艳博、高月春编写,系统介绍了大学学习的特点、正确的学习态度、大学学习任务、学习的基本方法、如何自学、如何考试等，引导学生学会计划与时间管理，学会学习、建立合理的知识结构并树立终身学习的理念。第四章素质与能力培养，由李丹、王成刚编写，介绍大学生应具备的各种素质和能力，包括身体素质培养、人文素质培养、专业与科学素质培养、音乐素养培养、审美素质培养等。第五章人格修养，由冯振翼、赵阳编写，引导大学生正确看待和追求人生的价值，建立以诚信为本、独立的人格、培养良好的职业道德、树立正确的法纪观。第六章情感教育，由许莹、侯佳编写，从认识自我、珍爱生命入手，提高大学生情绪情感的自我调控能力；帮助他们树立正确的婚恋观、培养积极的社会责任感。第七章安全教育，由吕志伟、刘旭东编写，针对大学生群体最容易发生的安全问题，包括交通事故、火灾事故、被诈骗、传销陷阱、网络侵害等提出防范措施，帮助他们树立安全意识，提高防范安全事故的能力。第八章追求卓越，由车鹏成、张义东、许鑫编写，从明确的人生目标开始，介绍卓越人才应具备的各种品质，包括吃苦耐劳的精神、敬业与奉献精神、宽广的胸怀、领导力培养等。

希望这一凝聚着多位编者心血的教材读本能够为大学新生的大学生活提供指南，解决他们学习生活中可能遇到的问题，激发他们学习的兴趣和成功的欲望，在美好的大学时光里，活出精彩，达到卓越。

由于编写人员的水平有限，书中难免有错漏不妥之处，诚请读者批评指正，以便我们进一步修改完善。

编　者

目录

第一章 认识大学 ... 1

第一节 大学的起源 ... 1
一、大学历史溯源 ... 1
二、中世纪大学的诞生 ... 4
三、现代大学的发展 ... 6

第二节 大学的精神 ... 7
一、大学精神的内涵 ... 7
二、大学精神的体现 ... 8
三、大学精神的作用 ... 8

第三节 大学的职能 ... 10
一、大学职能的基石——人才培养 ... 11
二、大学职能的发展——科学研究 ... 12
三、大学职能的进步——服务社会 ... 12
四、大学职能的完善——文化传承创新 ... 13
五、大学职能的相互关系 ... 14

第四节 大学的专业 ... 15
一、专业的发展 ... 15
二、专业设置的方法 ... 16
三、专业获得标准——学位 ... 16
四、专业人才的培养 ... 16

第五节 大学的课程 ... 18
一、大学课程开设的意义 ... 19
二、大学课程教学的方法 ... 19
三、大学课程学习的方法 ... 22
四、大学课程考核的方法 ... 24

第二章 适应大学 ... 27

第一节 适应大学的生活 ... 27
一、初入大学常见的不适应 ... 28
二、适应生活环境 ... 29

三、转变生活角色 ……………………………………………… 31
　　四、学会理财 …………………………………………………… 32
第二节　适应新的人际环境 …………………………………………… 32
　　一、舍友关系 …………………………………………………… 32
　　二、同学关系 …………………………………………………… 36
　　三、师生关系 …………………………………………………… 38
　　四、恋爱关系 …………………………………………………… 39
　　五、家庭关系 …………………………………………………… 41
　　六、网络社交关系 ……………………………………………… 44
第三节　适应大学的管理模式 ………………………………………… 45
　　一、了解学校机构 ……………………………………………… 46
　　二、大学管理模式 ……………………………………………… 46
　　三、遵守规章制度 ……………………………………………… 47
第四节　调整自我　积极面对 ………………………………………… 47
　　一、理想与现实的冲突 ………………………………………… 49
　　二、自我认识误区 ……………………………………………… 49
　　三、自我体验的困惑 …………………………………………… 50
　　四、积极面对挫折 ……………………………………………… 51
第五节　学生社团与团体活动 ………………………………………… 53
　　一、学生社团的组织及种类 …………………………………… 54
　　二、如何选择社团 ……………………………………………… 55
　　三、参加学生组织的利和弊 …………………………………… 57

第三章　大学学习 …………………………………………………… 60

第一节　大学学习特点 ………………………………………………… 60
　　一、学习任务、学习内容不同 ………………………………… 61
　　二、教学方法和学习方法不同 ………………………………… 62
　　三、学习性质、学习层次和学习要求不同 …………………… 62
第二节　大学学习任务 ………………………………………………… 65
　　一、课堂学习 …………………………………………………… 66
　　二、课外学习 …………………………………………………… 71
　　三、建立合理的知识结构和智能结构 ………………………… 73
　　四、学会利用学习资源 ………………………………………… 75
第三节　大学学习方法 ………………………………………………… 77
　　一、大学学习方法的形成 ……………………………………… 77
　　二、大学学习基本方法——学会自学 ………………………… 78
　　三、大学学习常用的方法 ……………………………………… 79
第四节　如何做好课堂笔记 …………………………………………… 81

一、课堂笔记的注意事项 ·· 81
　　二、课堂笔记的常用方法 ·· 84
　　三、课堂笔记的常规技巧 ·· 86
第五节　培育优良的学风 ··· 88
　　一、学风及其作用 ·· 89
　　二、优良学风的主要内容 ·· 89
　　三、优良学风的培养 ··· 92
第六节　大学考试 ··· 94
　　一、大学考试的方式与特点 ··· 94
　　二、大学考试的类型 ··· 95
　　三、大学生如何复习备考 ·· 95
　　四、考试结束后的反思 ·· 97
　　五、考试作弊 ··· 97

第四章　大学——你要培养的素质 ··································· 99

第一节　身体素质培养 ··· 99
　　一、身体素质的概念 ··· 99
　　二、大学生身体素质的状况 ··· 99
　　三、身体素质的表现 ·· 101
　　四、影响大学生身体素质下降的因素及解决对策 ················ 102
　　五、增强大学生身体素质的具体方法 ······························ 104
第二节　人文素质培养 ·· 107
　　一、对人文素养的认知 ··· 107
　　二、当代大学生人文素质现状 ······································· 107
　　三、加强大学生人文素质教育的途径 ······························ 108
第三节　专业素养的培养 ··· 109
　　一、专业素养的培养 ·· 109
　　二、科学素养的培养 ·· 111
第四节　艺术素养培养 ·· 116
　　一、艺术文化及艺术素养的概念 ···································· 116
　　二、艺术素养的内涵 ·· 117
　　三、艺术素养——音乐素养 ··· 118
　　四、艺术素养——美术素养 ··· 122
　　五、艺术素养——审美素养 ··· 124
　　六、如何培育大学生艺术素养 ······································· 125

第五章　人格修养 ·· 127

第一节　人格修养中常见的问题 ·· 127

一、人格修养中常见的问题……………………………………………127
　　二、大学生提升自我修养的方法………………………………………128
　第二节　正确看待和追求人生价值……………………………………………129
　　一、树立正确的人生价值观……………………………………………129
　　二、大学生如何追求人生价值…………………………………………130
　第三节　职业道德的培养………………………………………………………131
　　一、职业道德的重要性…………………………………………………131
　　二、职业道德基本规范…………………………………………………132
　　三、如何加强职业道德修养……………………………………………133
　第四节　培养独立、健康的人格品质…………………………………………134
　　一、培养独立的人格品质………………………………………………134
　　二、培养健康的人格品质………………………………………………136

第六章　情感教育……………………………………………………………138

　第一节　情感教育的内涵………………………………………………………138
　第二节　认识自我………………………………………………………………143
　第三节　珍爱生命………………………………………………………………146
　第四节　树立正确的婚恋观……………………………………………………148
　　一、树立正确的恋爱观…………………………………………………148
　　二、树立正确的婚姻观…………………………………………………150
　第五节　社会责任感培养………………………………………………………152

第七章　安全教育……………………………………………………………155

　第一节　交通事故的预防与处置………………………………………………155
　　一、交通事故案例与分析………………………………………………156
　　二、交通事故防范措施…………………………………………………158
　　三、安全小提示…………………………………………………………160
　第二节　火灾事故的预防与应对………………………………………………161
　　一、校园火灾事故案例与分析…………………………………………162
　　二、校园火灾事故防范措施……………………………………………165
　　三、火灾报警……………………………………………………………167
　　四、火灾事故逃生与自救………………………………………………167
　第三节　诈骗的识别与防范……………………………………………………170
　　一、校园诈骗案例与分析………………………………………………171
　　二、如何防范诈骗………………………………………………………174
　第四节　传销的识别与防范……………………………………………………177
　　一、高校传销案例与分析………………………………………………177
　　二、传销的防范…………………………………………………………179

第五节　网络侵害的防范与处置 …………………………………………… 182
　　　　一、网络侵害案例与分析 ……………………………………………… 182
　　　　二、校园网络侵害的防范 ……………………………………………… 185

第八章　追求卓越 ……………………………………………………………………… 190
　　第一节　明确的人生目标 …………………………………………………… 190
　　　　一、人生目标对大学生成长的意义 …………………………………… 190
　　　　二、大学生应确立人生目标 …………………………………………… 193
　　　　三、确定人生目标，规划实现步骤 …………………………………… 194
　　第二节　吃苦耐劳的精神 …………………………………………………… 197
　　　　一、吃苦耐劳的定义 …………………………………………………… 197
　　　　二、吃苦耐劳品质与大学生的关系 …………………………………… 200
　　　　三、大学生吃苦耐劳教育的必要性及其可能性 ……………………… 201
　　　　四、大学生吃苦耐劳品质培养的教育策略 …………………………… 203
　　第三节　敬业与奉献精神 …………………………………………………… 205
　　　　一、敬业精神的定义 …………………………………………………… 205
　　　　二、奉献精神的定义 …………………………………………………… 207
　　　　三、敬业奉献精神与人生收获 ………………………………………… 208
　　第四节　宽大的胸怀 ………………………………………………………… 209
　　　　一、宽容的定义 ………………………………………………………… 209
　　　　二、宽容对人生成长的影响 …………………………………………… 210
　　　　三、大学生如何培养宽广的胸怀 ……………………………………… 211
　　第五节　卓越品行 …………………………………………………………… 212
　　　　一、当代大学生品行教育分析 ………………………………………… 212
　　　　二、卓越品行对人生成长的影响 ……………………………………… 215
　　　　三、如何培养自己的卓越品行 ………………………………………… 216
　　第六节　领导力培养 ………………………………………………………… 217
　　　　一、领导力的定义 ……………………………………………………… 217
　　　　二、卓越领导力对人生成长的影响 …………………………………… 218
　　　　三、如何培养领导力 …………………………………………………… 221

参考文献 ………………………………………………………………………………… 224

第一章

认识大学

【本篇导读】

大学,曾经是承载我们年少梦想的地方,它可能会使我们摆脱当前的生活,寻找到人生的知己,从而开始辉煌的事业,诚如《中国合伙人》里的成东青、孟晓骏、王阳;它也可能让我们放肆地去爱,尽管可能留有生命中不可磨灭的遗憾的地方,就像《致我们终将逝去的青春》里的郑微和陈孝正。梦里那是个可以让我们任性地哭、放肆地笑、无限制地挥洒青春、自由地追求理想的地方。不管是不是真的这样,我们都在家长的美好期待中、老师的谆谆教导中、邻居家小孩的不断刺激中,做着这个梦,走过了枯燥、乏味、痛苦、煎熬的初中和高中的岁月。如今,你已经踏进了这个梦中的殿堂,不管是不是你最向往的那一个,终归是到了梦里的那个地方,但是揭开了它神秘的面纱,却蓦然怀疑这是否就是梦中的它。

本篇就将针对刚刚步入大学的你,告诉你真实的大学,它从哪里来,它在想什么,它能干什么,它能给你什么。

第一节 大学的起源

现代大多数人的大学概念来源于英文的"university",它是由拉丁文"universitas"派生而来的,本意是指"一群个人的联合体,社团",在中世纪的欧洲则产生了这样一个由学生和教师组成的新型联合体,从而在1300年左右出现了"university"这样一个专有名词的记录。但是实际上对"大学"的定义探讨颇多,如果从其广义来说,多概括为人类文明古往今来曾经出现过的所有施行高等教育的组织机构;就其狭义而言,多指源于西欧中世纪后期,最早是一种由学者与学生结合而成,享有一定特权的,独立、自治的行会组织,又称"现代大学"。随着历史的发展,"现代大学"这种模式逐渐地将教师、学生、专业、课程、考核等有关知识学习的组织形式制度化、规范化,并成为当今全球现代高等教育的主要形式。

一、大学历史溯源

(一) 中国大学历史溯源

我们非常熟悉的中国古代文化中有关"大学"一词的应该是儒家经典之一的《大学》,

而实质上它更多指的是聚集在特定地点整理、研究和传播高深领域知识的机构。

1. 中国大学之雏形

董仲舒曾言"五帝名大学曰成均,则虞庠近是也",此处"成均"指的是《〈礼记·文王世子〉注》中所记载的在中国五帝时代(黄帝、炎帝、喾帝、尧帝、舜帝)类似于大学的机构,主要"大司乐掌成均之法,以治建国之学政,而合国之子弟焉"。(《周礼·春官·大司乐》);"虞庠"则是指虞舜时成立的上庠,郑玄曾注"上庠为大学,在王城西郊"。

及至夏朝,则有了"东序"之名,《礼记·文王世子》云:"学干戈羽钥于东序",又有《礼记·王制》:"夏后氏养国老于东序",可见其既指大学,也是夏朝国老养老之所。

根据甲骨文的记载,到了商代对于教育有了更为明确的分类,《礼记·明堂位》有载:"殷人设右学为大学,左学为小学,而作乐于瞽宗。"其中"殷人养国老于右学,养庶老于左学"(《礼记·王制》)。"瞽宗"本意是指乐人的宗庙和贵族子弟学习礼乐的学校,后借指当时的最高学府。

西周天子为教育贵族子弟设立"五学",包括南成均、北上庠、东东序、西瞽宗、中辟雍,其中以"辟雍"为尊,因此常常将周朝的高等教育称为"辟雍",又作"璧雍",取其"辟者,璧也。象璧圆又以法天,于雍水侧,象教化流行也"(汉·班固《白虎·通辟雍》),在功能上相较于殷商也有了扩展,强调"天子立辟雍者何?所以行礼乐,宣教化,教导天下之人,使为士君子,养三老,事五更,与诸侯行礼之处也"(《五经通义》)。在北京国子监就设有辟雍殿。

2. 中国大学之发展

汉代是中国古代教育的大发展时期,在汉武帝实行的"独尊儒术"的文教政策指导下,听取董仲舒上"天人三策",提出"愿陛下兴太学,置明师,以养天下之士"的建议,形成以儒家思想为教育的主要内容,围绕经学教育建立起经学教师培养、经学书籍出版等较为完整的官学教育体系。其官学教育体系又分为中央官学即太学和地方官学两大类,太学为此时期的最高学府;在地方官学中又分为郡学、州学、府学、县学等地方官办高等学校。

隋朝以后将太学改为国子监,作为中央官学的最高学府,又称国子学或国子寺。唐朝将国子监设为独立的教育行政机构,最高教育行政长官祭酒一人,负责学生学习成绩和学籍等具体事宜的设丞和主簿一人,并出现了书院。书院可以分为大学部、小学部,有些并不严格区分,如白鹿洞书院、岳麓书院、应天府书院、嵩阳书院、石鼓书院、茅山书院等都是著名书院的代表。

总之,中国传统的学校以培养公共政治服务的官员仕人以及从事文化教育的文人为主,偏重儒学人文教育。另外,还有专门学科部或者专科性的高等教育机构。南朝宋时设有儒学馆、玄学馆、文学馆、史学馆,合并后分儒、道、文、史、阴阳五部学。唐朝的国子监设有律学馆、书学馆、算学馆。明朝时设有专门培养外交翻译人才的四夷馆。此外还有兼具人才培养功能的专门性的科研及应用服务机构,如医学领域的太医馆、天文历法领域的司天监或者钦天监等。还出现过综合性的学术研究机构,如南朝宋时设立的华林学省,相当于后来的中央研究院。

(二) 其他文明古国大学历史溯源

1. 古印度大学教育发展

古代印度是世界文明古国,地处印度河和恒河流域,土地肥沃,气候温湿,生产很早就发达了。雅利安人于公元前2千纪之初进入印度,奴役当地的达罗毗荼人。到公元前1千纪,恒河流域出现了一些奴隶制小国,并形成了社会等级制度,即种姓制度。约公元前7世纪形成了婆罗门教,奴隶主贵族阶级为巩固其统治,借助婆罗门教把种姓制度神圣化,对被统治阶级进行残酷的压迫。约公元前5世纪佛教兴起。古代印度宗教权威至高无上,教育大权掌握在婆罗门教和佛教之手。

公元前8世纪《奥义书》问世,这是吠陀经典的最后一部分。从此时起到公元前4世纪孔雀王朝,史家称为奥义书时期。经长期摸索,婆罗门教教育由机械背诵经典而渐渐向钻研经义发展。由于阐明经义非一般家长所能胜任,于是出现了对于经典略有研究的文人,致力于对青少年的教导工作,以补家庭教育的不足。这批人被称为"古儒"(guru),他们在家设校,叫"阿什仑"(ashram)。

公元5世纪末叶,学术讨论逐渐成风。一般由3名造诣较深的婆罗门学者主持、探讨、争议有关经义问题,很多有志于学习深造的青年不惜远道前来倾听,随着听习人员的增多,讨论的规模逐步扩大为由21名学者主持,讨论范围更加扩充,涉及宗教、哲学、法律、天文学等课题。同时,高级僧侣修行的寺院,如最负盛名的婆罗门寺和萨马纳寺等也出现在印度东部地区。每当寺内高僧讲道,就有众多门徒远道来寺听课。以上这些讨论中心和寺院逐渐成为学府,类似高等学校。

2. 古埃及大学教育发展

约在公元前3500年,出现了上埃及和下埃及两个奴隶制国家。约公元前3000年,两国统一,先后建立早期王国和古王国。之后曾发生战乱和分裂,约公元前2200年,又发展成为强大的中王国。古王国和中王国政治稳定,经济繁荣,促进了文化的发展,是古代埃及教育鼎盛时期。约公元前1580年进入新王国阶段,历经千年之久,国势始衰,于公元前525年为波斯帝国所灭。古埃及的教育就是在这漫长的岁月里逐步完善起来的。

古代埃及教育的主要承担者是僧侣和文士,教育的目的也是培养僧侣和文士。根据文献记载,埃及在古王国末期已有宫廷学校,它是法老教育皇子、皇孙和贵族子弟的场所。这些贵族青年除在宫廷学习书写和计算外,还到政府部门见习,接受实际业务锻炼,然后分别充任官吏。中王国时期,官吏由政府部门开设职官学校进行培养。

3. 古希腊大学教育发展

古希腊教育最早分为古雅典和古斯巴达教育两类。古雅典的教育目的是培养有文化修养和多种才能的政治家及商人,注重身心的和谐发展;古斯巴达教育目的是培养忠于统治阶级的强悍军人,强调军事体育训练和政治道德灌输。随着智者的出现,古希腊教育进入古典时代,也是古希腊教育发展的黄金时期,包含了全部希腊教育思想发展的基本线索和方向。而在这一时期苏格拉底、柏拉图、亚里士多德等教育思想的融入,使高等教育得到真正的发展。

二、中世纪大学的诞生

T. S. 艾略特(1886—1965)曾经说:"如果基督教不存在了,我们整个文化也将消失。一切将从零开始,你得经过若干个世纪的野蛮状态。"在中世纪大学出现之前,西方的高等教育仅残存于教会机构如修道院和大教堂之中。当时最早在智力生活中发挥积极作用的教士是乡区的修道士,他们开办了重要的学校和图书馆,如529年由天主教本笃会建于意大利卡西诺山(Cassino)的隐修院。有学问的修道士在八、九世纪加洛林(Carolingian)王朝的文艺复兴中也发挥了积极的作用。

中世纪初期,西罗马帝国灭亡后,统治西欧的各蛮族王国在文化教育方面是一片空白。这时,基督教会就成了古代文化的承担者和传播者。由教士本尼狄克创立并为教皇格里高利一世所发展的修道院制度,保存了古代文化知识。在教会的努力下,陆续出现了一些修道院学校、大主教区学校和教区学校。教会学校逐步形成了被称为"七艺"(文艺学科教育)的学习课程。七艺是古希腊、古罗马的传统课程。在古希腊时代,柏拉图提倡算术、几何、天文、音乐,加上智者们的教学科目语法、修辞、辩论术,这七门课程在古希腊后期已逐渐成为学校普遍教授的科目。到罗马共和时期以及帝政时期,学校的教学科目基本上继承了希腊传统。卡希欧·多尔(480—575)在《神学与世俗学导论》一书中首次提出"七艺"这个词,将古罗马学校的文法、修辞、逻辑这"三艺",与算术、几何、音乐、天文这"四艺"合并为"七种自由艺术",并强调世俗文献对于基督徒也具有重要意义,"七艺"成为中世纪教育的基础。

随着时间的推移,教育的首创精神更多地由更世俗的城市化的牧师所发扬光大。与居于修道院内的修道士不同,世俗的牧师担任了管理外部世界的职责,并深入复兴的城市生活之中。随着他们人数的增加,教堂特别是大教堂所辖的学校也增加了。单个的教师和讲师开始在这些城市学校中出现,社会形成了浓厚的尊重知识的风气,来自各地的学生聚集在设有大教堂的城市听他们讲课,在巴黎、博洛尼亚和牛津等地,学生数以百计。随着人数的增加,为了保障权利、利益和提供法律保护,所有的教师联合组成特殊的组织即专业行会,称为系或教授会(faculty),后来把系理解为教授某部门知识的大学分部;学生则组成同乡行会,双方各有自己的权利和义务。

1087年,意大利建立了第一所正规大学——博罗尼亚大学,它是欧洲最著名的罗马法研究中心。随后,欧洲各地相继出现了大学。

欧洲中世纪的大学本为执有特许状的一种社团,享有高度的自由。大学作为一种行业公会,是一种独立自主的机构,实行完全的自治。它既不受任何上级的管辖,也不受所在地方的限制。在与教会和世俗君主以及与自治城市当局的摩擦与斗争中,中世纪大学为自己争得了独立自治权,并为后世的大学留下了自治传统。那时的大学的学生没有国籍限制,都使用拉丁语。

中世纪大学按领导体制可分为两种类型。以最早兴起的博罗尼亚大学为代表的称为"学生大学",由学生主持校务,教授的选聘、学费的数额、学期的时限和授课的时数等,均由学生决定,欧洲南部的大学,如法国(巴黎大学除外)、西班牙、葡萄牙等地的大学多属此种类型。以法国巴黎大学为代表的称为"先生大学",由教师掌管校务,欧洲北部的大学,如英格兰、苏格兰、瑞典、丹麦、德国等地的大学,则多属此种类型。

中世纪大学有自治和学术自由,而且是民主、平等的机构。大学里没有特权阶层,教师人人有权竞选校长或院长;大学生更多地来自市民或农民家庭而不是贵族家庭,上大学同当神职人员一样,成为普通人子弟跻身上流社会的途径。皮科洛米尼(Enea Silvio Piccolomini)出生于一个破落的城市贵族家庭,他通过大学教育,最终成为教皇庇护二世(PiusⅡ)。他在批准建立巴塞尔大学的信中说:"学习科学有助于帮助出身寒微者向上发展,使他们成为贵族。"中世纪许多学者闻名遐迩,但却无人知道其出身门第,这与大学的民主不无相关。

【案例1】

巴黎大学的历史

巴黎大学是由巴黎圣母院的附属学校演变而来的。1200年,法王承认巴黎大学的学者具有合法的牧师资格,有司法豁免权。1215年,教皇特使为巴黎大学制定了第一个章程,取消圣母院主事对巴黎大学的控制权,巴黎的教师协会获得了合法团体的资格,至此完成了由习惯认可的大学到被法律承认的大学的转变。1229年,宪兵司令和士兵打死打伤几名学生,大学宣布罢课,学生们前往牛津、剑桥、图卢兹、奥尔良等地。1231年,教皇出面调停,同意颁布新的章程,使巴黎大学最终摆脱了主教的控制,并拥有结盟权和罢课权。同时,国王圣路易承认巴黎大学具有法人资格,使巴黎大学完全摆脱了被监护的地位。至此,巴黎大学作为一个独立的团体正式成立。1217年,多明我会和方济各会托钵僧进入巴黎大学,增强了大学的实力。在1245—1265年,托钵僧为巴黎大学提供了大量卓越的教师,包括1239—1247年执教的罗吉尔·培根;1248—1257年执教的圣博纳旺蒂尔(St Bonaventure),还有三次在巴黎大学执教的圣托马斯·阿奎那。1257年索邦神学院创办,得到罗马教皇的支持。神学院授予"神学博士"学位,获学位者才有资格任教或担任神职人员。由于考试极严,学生水平较高,索邦神学院的影响越来越大,实际上已成为巴黎大学的代名词。巴黎大学是西欧中世纪大学的典范,是欧洲各国学生云集的中心,13世纪的巴黎有"欧洲雅典"之称,享有"哲学家的天城"(Civitas Philosophorum)的美誉。巴黎大学鼎盛时期师生达5万多人。当时就有"罗马有教皇、德国有皇帝、法国有知识"的说法。在很长时间里,巴黎大学同教皇和国王都有特殊关系。17世纪,宰相黎世留出任巴黎大学的校长,使巴黎大学有了飞速的发展,奠定了他的国际威望。受拿破仑教育改革影响,巴黎大学于1793年被撤销,直至1896年才获得重建。

1167年,英王亨利二世禁止英国学生入读巴黎大学。1168年,巴黎大学的学者来英国创办了牛津大学。1209年牛津大学部分学者分离出来创办了剑桥大学。13世纪的牛津大学就是当时欧洲的科学中心,西方近现代的科学也在那里萌芽。牛津大学的第一任校长罗伯特·格罗斯太斯特(Robort Grosseteste,1168—1253)和他的学生罗吉尔·培根将柏拉图对数学的强调和亚里士多德对实验观察的强调结合起来,奠定了现代科学兴起的基础。罗吉尔·培根重视实验方法和数学方法以及二者的结合,这样的研究方法在阿基米德那里已见开端。

1968年巴黎大学发生学潮,学生抗议课程落伍及填鸭式的教育,要求更多的学术自由和校园民主,法国政府便对巴黎大学进行了一连串的改组和调整,组成13所独立大学,即巴黎第一至第十三大学。1971年1月1日,新生的13所巴黎大学同时宣告成立,它们各自独立没有隶属关系,编号只代表顺序,与质量以及名望无关。这13所大学在学科设置上都具有多科性的特点,不过,各校根据各自的条件有所侧重。巴黎第一、二、四、八、九、十等6校以人文科学和社会科学为主,兼设其他学科。巴黎第五、六、七、十一、十二、十三等6校兼有文、理、医、法、经济等学科,其中巴黎第十一、第十二和第十三大学还设有工科。

三、现代大学的发展

"现代大学"直接起源于12、13世纪的欧洲中世纪大学,开始于19世纪初,是指启蒙运动以后,经过理性主义改造,特别是指以德国洪堡创办的柏林大学为代表的新型大学。一般认为,1809年德国柏林大学的创立标志着现代意义上的大学的诞生。现代大学与传统(中世纪)大学的根本区别在于大学职能的转变。传统大学是传授已有知识的场所,将研究和发现知识排斥在大学之外,而现代大学则将科学研究作为自己的主要职能,将增扩人类的知识和培养科学工作者作为自己的主要任务,推崇"学术自由"和"教学与研究的统一"。柏林大学精神推动了德国的科学事业发达昌盛,19世纪初到20世纪初德国成为世界科学的中心。这一思想对世界高等教育也产生了深远影响,为现代大学形成奠定了基础。

【案例2】

柏林大学的历史

柏林大学于1809年由普鲁士王国内务部文教总管 F. von K. W. 洪堡负责筹建,1810年10月正式开学,原名柏林弗里特里希—威廉大学,设哲学、法学、医学和神学4科。第一任校长为哲学家J. G. 费希特。柏林大学贯彻教学与科研相结合的方针,采取讲课、讨论与研究相结合的教学形式。教师享有较大的学术自由,学生则根据自己的爱好选修各种课程,选择自己的钻研方向,在导师指导下从事科研工作。1842年创建德国第一个物理实验室。一批科学家曾在该校执教,并创立新的理论和学科。柏林大学培养了很多具有真才实学的理论家和科学家。第二次世界大战后,柏林大学分为两所。前民主德国的改名为柏林洪堡大学,西柏林的改名为柏林自由大学。

第二次世界大战之前的柏林大学,可以说是世界学术的中心。许多知名学者、政治家都在这里留下了他们的身影,产生过29位化学、医学、物理和文学等领域的诺贝尔奖得主,成就惊人。雅可比·亨里修斯·凡霍夫教授因研究出化学动力学定律于1901年获得第一个诺贝尔化学奖;物理学家爱因斯坦、普朗克,哲学家费希特、谢林、黑格尔、叔本华,神学家施莱马赫,法学家萨维尼都曾在此任教;共产党理论的创始者马克思、恩格斯,哲学家费尔巴哈、闻名诗人海涅、"铁血宰相"俾斯麦及作家库尔特·图霍尔斯基等都曾在此就读。

第二节 大学的精神

大学不仅仅是一座座冰冷的建筑物,更不仅仅是专业人才输入输出的集合,它是社会发展的产物,是人类物质文明高度发展的精神内涵的集中体现,是一个时代的产物,更是时代前进的推动器,而其存在和发展的内动力则是大学自身所积淀、倡导的大学精神。

一、大学精神的内涵

1. 非凡的创造精神

爱因斯坦曾经提道:"学校向来是把传统的财富从一代传到下一代的最重要的手段。"文化的继承不能依靠遗传,需要的是薪火相传,而大学则是传递和继承的重要平台。但是仅仅继承远不能满足大学对社会的推动。大学素有"学府"之称,所谓"学府",即"学问之府"。19世纪德国的威廉·冯·洪堡(William Von Hunbldt)认为"教授不是因为学生而在这里,学生也非为了教授而在这里,两者都是为了学术而在大学",因此在创建柏林大学时就提出"由科学而达致修养"的办学理念,使柏林大学成为世界学术的中心;曾任清华大学校长的梅贻琦先生在《教授的责任》一文中曾提道:"凡一校精神所在,不仅仅在建筑设备方面之增加,而实在教授之得人。"在清华大学就职演说中直陈个人办学理念,"一个大学之所以为大学,全在于有没有好教授",至而提出"所谓大学者,非谓大楼之谓也,有大师之谓也"。所谓大师正是大学精神的化身,他们"博学而笃志,切问而近思,任在其中矣",凭借着"吾生也有涯,而知也无涯"的坚定信念,形成一项项颇具分量的科研成果,刷新史册,带动一所大学蜚声世界的学术声誉。而学术声誉,无疑是大学价值的一种直接体现。所以,自觉的学术精神是大学成为人类"智慧花朵"的首要因素,是人类文明进步的积极的永久推动力。

2. 社会的关怀精神

真正合格的大学精神凝聚着社会道德与理性,具有高雅的文化品位。大学不仅以自身纯洁的道德品性潜移默化地影响着社会,更以积极的姿态投入改造社会、重塑德性的潮流中,成为社会德性与良知的捍卫者、提升者。尤其在时代变迁、社会动荡时期,大学精神的道德力量就更为彰显。浙江大学校长竺可桢曾在战时西迁途中对学生说:"乱世道德堕落,历史上均是,但大学犹如海上灯塔,吾人不能于此时降落道德标准。"暗夜的海上,灯塔是漂流者的希望。大学,在社会世风日下时,便犹如灯塔,以自身高洁的道德精神执着地燃着理性与道德的灯盏,慢慢照亮人性的暗夜,启蒙这一代灵魂的觉醒。大学的道德精神源于大学人的总体觉悟,源于他们整体的道德水准和思想深度,这是形成一所大学健康向上校风的关键因素,也是大学塑造、传播社会文明的资本。

3. 勇敢的批判精神

大学是社会发展的产物,随着时代的发展而发展,并始终影响着时代。从办学理念到机构设置,从学科体系到管理制度,大学的一切活动都与当时的社会需求,现行的政治、经济、文化制度同声相应。大学精神给予大学的是从学理和思想上关注、思考、讨论、批判社会现实问题的权利和能力。从中世纪大学的兴起到现代大学的发展这一历史轨迹可以看出，大学无疑是时代的产物，而真正伟大的大学责无旁贷地领时代先锋，代表着最先进的时代精神，驱动着社会向前发展。而作为大学智者的大师们，应该能够预见并感应时代潮流的前奏，成为推动社会潮流的先觉者、先行者，使时代新声最终成为时代的最强音。只有具有敏锐的时代精神，大学才足以吹响时代的号角，也才能赢得自身持续发展以及地位的进一步提高。

二、大学精神的体现

世界上任何一所知名大学都有自己独特的大学精神，这不仅是一笔宝贵的财富，也是大学魅力之所在。大学精神的实质，在国内一直是无定论的。但总结世界名校的大学精神，不外乎"追求真理，追求卓越，社会责任、学术自由和思想独立"等几个主要方面。如哈佛精神的核心是：追求真理、独立思想和注重人文，而牛津大学所体现出来的大学精神就是对卓越有绝对的追求，无论是在教学还是科研上，都永远不会安于现状，持续地追求做得更好。耶鲁和牛津虽然有些制度不太一样，但对卓越的强调则是一致的，是在每件事情上对卓越的追求。其次是自由而公开的辩论，斯坦福大学的校训就是：The wind of freedom blows，即自由之风永远吹，含义就是鼓励和保证学校师生能自由无阻地从事教学和相关的研究。梅贻琦在《大学一解》中做出如此形象的解读："古者学子从师受业，谓之从游"，"学校犹水也，师生犹鱼也，共行动犹游泳也，大鱼前导，小鱼尾随，是从游也，从游即久，其濡染观摩之效，自不求而至，不为而成"。细加揣摩，梅贻琦此论的观点核心在于，为师者的主要责任不只是单纯的知识灌输，更在于"前导"，意即示范。正是师者的这种形象示范效应，学生才可以更好地领会学识要旨。比如，清华大学国文系主任刘文典为迎合《月赋》的特殊意境，特地选择在月夜下的校园授课。有了这一先例，西南联大其他一些文科教授，有时也模仿刘文典在校园广场上摆桌安椅，于皓月下开设讲座。

三、大学精神的作用

大学精神是一所大学生命力的体现，是一所大学魅力的源泉。在新旧文化激烈冲突的年代，没有北大追求科学与民主的精神，就不可能有北大在国人乃至世人心目中的极高地位。在抗日战争硝烟弥漫的岁月，没有西南联大的合作精神、民主精神、自由精神，就不可能有西南联大的存在，更不会有出自西南联大的一批杰出的科学家。如今，"爱国奉献""自强不息，厚德载物"等优良传统和"行胜于言"的实干作风，已成为一代又一代清华人的崇高追求。"现代科学社会已经无可置疑地证实：经济体制和社会体制并不是一切，它们的运作必须有另一种健全的文化精神与之配合，这种精神主要来自大学的高等教育。在现代社会中，大学是精神堡垒，有发挥提高人的境界、丰富人的思想的重大功能"（《岭南文化时报》1995年3月28日）。大学即为精神堡垒，那么，精神既是大学的灵魂，又是大学称为"大学"的要义。大学精神是长时期积淀而形成的稳定的、共同的追求、理想和信念，是大学文化的精髓和核心，是对大学的生存起决定作用的思想导向。

校训——大学精神的集中体现

牛津大学：主照亮我
剑桥大学：剑桥——求知学习的理想之地
哈佛大学：以柏拉图为友，以亚里士多德为友，更要以真理为友
耶鲁大学：真理和光明
麻省理工学院：既学会动脑，也学会动手
普林斯顿大学：普林斯顿——为国家服务，为世界服务
斯坦福大学：愿学术自由之风劲吹
康奈尔大学：让任何人都能在这里学到想学的科目
哥伦比亚大学：在上帝的神灵中我们寻求知识
加利福尼亚理工学院：真理使人自由
芝加哥大学：让知识充实你的人生
加利福尼亚大学伯克利分校：愿知识之光普照大地
宾夕法尼亚大学：毫无特性的学习将一事无成
杜克大学：追求知识，信仰宗教
密歇根大学：艺术、科学、真理
西点军校：职责、荣誉、国家
多伦多大学：像大树一样茁壮成长
伯克利加州大学：让这里光芒闪耀
早稻田大学：学问独立，培养模范国民
悉尼大学：繁星纵变、智慧永恒
新南威尔士大学：以人为本，与时并进
爱丁堡大学：有知识者既能看到事物的表象，也能发现其内涵
东北大学：自强不息 知行合一
东华大学：严谨 勤奋 求实 创新
东南大学：止于至善
复旦大学：博学而笃志 切问而近思
福州大学：明德至诚 博学远志
河海大学：艰苦朴素 实事求是 严格要求 勇于探索
黑龙江大学：博学慎思 参天尽物
湖南大学：博学睿思 勤勉致知
华侨大学：会通中外 并育德才
吉林大学：求实创新 励志图强
集美大学：诚毅
暨南大学：忠信笃敬
兰州大学：博学笃行 自强为新
南京大学：诚朴雄伟 励学敦行

南开大学：允公允能 日新月异
山东大学：气有浩然 学无止境
上海交通大学：饮水思源 爱国荣校
四川大学：海纳百川 有容乃大
苏州大学：养天地正气 法古今完人
清华大学：自强不息 厚德载物
同济大学：严谨 求实 团结 创新
天津大学：实事求是
武汉大学：自强 弘毅 求是 拓新
云南大学：立一等品格 求一等学识 成一等事业
中国人民大学：实事求是
中国政法大学：厚德 明法 格物 致公
江西财经大学：信敏 廉毅
上海财经大学：厚德博学 经济匡时
大连理工大学：团结 进取 求实 创新
武汉理工大学：厚德博学 追求卓越
北京理工大学：团结 勤奋 求实 创新
南京理工大学：团结献身 求是创新
哈尔滨理工大学：知行统一 博厚悠远
华东交通大学：团结 严谨 求实 勤奋
北京师范大学：学为人师 行为世范
东北师范大学：勤奋创新 为人师表
华东师范大学：求实创造 为人师表
华中师范大学：求实创新 立德树人
北京林业大学：养青松正气 法竹梅风骨
北京体育大学：爱国 拼搏 求实 创新
香港科技大学：求新 求进 创未来
香港中文大学：博文约礼
香港大学：明德格物
香港城市大学：敬业乐群
香港浸会大学：笃信力行
香港理工大学：开物成务 励学利民
华北理工大学：明德博学 勤奋求实

第三节　大学的职能

诚如之前所述，大学自中世纪诞生以来便成为世人瞩目的中心，其在社会分工中所承担的职责，也随着大学的发展而不断变化和充实。

一、大学职能的基石——人才培养

无论是中国具有大学功能的"成均""东序"等机构,还是中世纪最初的教会学校,都是以教师和学生为主体组成的,其主要的职能无外乎古典知识的保存和传播,以及为统治阶级培养所需的官员等,实质上核心就是人才的培养,这也构成了大学最初最原始的职能。

美国著名的教育学家杜威曾说过:"教育必须是人类的,然后才是专业的",进一步表明人才培养不但是大学最初的职能,更是大学职能的核心。

1. 人才培养首重素质培养

《大学》有言:"大学之道,在明明德,在亲民,在止于至善",《菜根谭》亦有言曰:"德者,事业之基,未有基不固而栋宇坚久者。"由此可见,人才培养的核心在于"德行",教育的根本目的是人格的发展与完善,是人精神境界的追求与提高,是人综合素质的培养与提升,即便在当今的经济社会环境中,大学教育仍然要提倡以人为本,关注青年学子在高度科技发展的社会背景之下知识、能力、品德、身心的全方位培养。

我国自20世纪80年代针对应试教育提出的素质教育已逐渐由最初的中小学素质教育扩展到包括大学在内的全民素质教育。1995年9月,教育部在华中理工大学(现华中科技大学)召开了加强高校文化素质教育试点工作研讨会,标志着我国高校加强素质教育的正式开始。1999年6月,第三次全教会上又发布了《中共中央国务院关于深化教育改革全面推进素质教育的决定》,明确提出全面推进素质教育,实施素质教育应当贯穿于高等教育等各级各类教育。至此大学素质教育在中国得到前所未有的重视,经历了酝酿尝试(1995年9月以前)、试点尝试(1995年9月至1998年4月)、全面铺开(1998年4月至2002年)、深化(2002年以后)等几个阶段,并得到社会广泛认同。

2. 人才培养承载知识传播

大学在人才培养的过程中更重要的使命,或者说更重要的体现在于知识的传播,大学本身就是知识的传播者与创造者。知识是社会发展的基础,而大学通过以不同的方式传播知识、不同的渠道分享知识,促进了知识的创新从而推动社会的发展。

曾任哈佛大学校长的陆登庭教授这样来定义大学的使命:"大学的使命一是发现和生产新的知识,传播知识并对之进行阐释、更新和校准;二是培养人才,培养人才是一个人文的过程,大学不仅要教给学生学习的方法,培养他们的探究精神,更要培养他们理解复杂世界和他人不同想法的能力。"

3. 人才培养实现主体——教师

教师作为教育工作者,工作的对象不是机器、不是商品,而是富有活力的青年学生,承担着面对学生传播知识、培养学生高尚情操的作用。《墨子》中有言:"人性如素丝,染于苍则苍,染于黄则黄。所入者变,其色也变,五入必而已,则为五色矣。故染不可不慎也。"

大学教师的社会责任在于把"自己为社会而获得的知识,真正用于造福社会",知识传授技能应成为每一位大学教师所必须掌握并日臻完善的技能,成为大学教师的一项基本的专业技能。施莱尔马赫(F. E. D. Schleiermacher)认为:"一名大学教师所真正发挥的作用,总是直接取决于他讲课的能力。……教授当然知识越多越好,但再博大精深的学问,没有讲课的艺术也是徒然。"

二、大学职能的发展——科学研究

到了文艺复兴时期,自然科学有了长足的发展。与之相反的是,传统大学却表现得越来越僵化,作为知识中心的大学并没有从自然科学的发展中受益。为了挽救大学的颓势,对大学进行改革势在必行。洪堡认为,大学仅仅在传播知识和科学,而科学院则在发展科学,这对大学是不公平的。为了打破这样的局面,洪堡把科学研究作为大学的一项重要职能引入柏林大学。自此,柏林大学成了世界各国大学争相学习的榜样。到了19世纪后期,美国依照德国创建了第一所研究型大学——霍普金斯大学。这样一来,大学不但具有了人才培养的职能,更成为引领科学技术进步与发展、引导科学技术潮流的先锋。

1. 大学成为学者的聚集地

学者不是单纯的教师,或者说大学的教师不单单是一名教师,更是一名学者,是知识的探索者,他们不但应该成为一名好的知识传播者,更应该成为一名优秀的科学家,世界一流的大学均是如此,例如剑桥大学出了牛顿、麦克斯韦、卢瑟福、汤姆逊等一批物理学家,造就了56位诺贝尔奖得主,哈佛大学则孕育了36位诺贝尔奖得主。

一所大学应该通过各式各样的学术活动,包括讨论会、文献报告会、专家讲座、各级学术会议等促进学者间的交流,使大学成为新思想的源泉地、新理念的推动者、新想法的交流点,成为培养高层次人才的基地,通过高水平的科学研究造就高层次、高素质的拔尖创新人才。

2. 大学科研职能不断变化

大学的科学研究工作是为了满足社会需要和促进知识技术的更新发展。随着社会需要的不断变化,大学科研职能的内容和形式也会发生相应的变化。柏林大学创建之后的一段时间里,大学科研主要侧重纯学术研究,与社会实践的联系不是十分密切。随着大学社会服务职能的产生,大学的科研职能更侧重于解决社会实践中存在的问题,促进科研成果向现实生产力转化,更好地服务经济社会的全面发展。大学科研职能经历了一个不断丰富和完善的过程,是历史性与发展性的统一。

进入20世纪以后,科学技术的突飞猛进对生产力的发展产生了根本的决定性作用。大学通过科技创新推动经济社会发展的作用也越来越直接、深刻。进入20世纪50年代,世界各国陆续出现了高科技园区,这将大学发展科研的职能发挥得淋漓尽致。以美国斯坦福大学为主导发展起来的硅谷科学工业园,以麻省理工学院、哈佛大学为核心的波士顿科研中心,以及英国剑桥科学园、我国北京中关村高新技术开发区等,都是以大学为中心、以高新技术产业群为基础形成的产学研结合的科技发展基地。这就缩短了高科技由创造到传播应用的周期,加速了经济发展步伐。产学研结合的发展模式反过来也推动着大学科研职能的转变,大学科研越来越倾向于社会化、产业化和商品化。

三、大学职能的进步——服务社会

美国在发展大学教育的过程中,将自身所具有的实用主义传统和经济发展的需要与大学职能建设相结合,让社会服务的思想在美国生根发芽。20世纪初期,美国著名高等教育家、前威斯康星大学校长范海斯在担任校长的14年中,于1904年提出威斯康星大学在教学和科研的基础上,通过培养人才和输送知识两条渠道,打破大学的传统封闭状态,努力发挥大学为社会服务的职能,积极促进全州的社会和经济发展。这就是著名的"威斯康星思想"(Wisconsin Idea),有时也称"威斯康西思想",它是世界高等教育史上具有划时代意义的思想,它主张高等学校为区域经济与社会发展服务。由此,世界高等教育的职能从教学、科研扩展到社会服务,形成了高等教育的三大职能,使大学与社会生产、生活实际更紧密地联系在一起,高等农业教育的社会服务职能同步得到强化,成为高等教育发展史上的又一次"哥白尼式革命"。

发展至今,大学社会服务的职能包含了广义和狭义两方面的内容,一般认为广义社会服务是指高校作为一个学术组织为社会做出的所有贡献,包括直接的和间接的贡献;狭义的高等学校社会服务则可以定义为在保证正常的人才培养任务情况下,依托高等学校的教学、科研、人才和知识等方面的优势向社会提供直接性、服务性的,用以促进经济和社会发展的活动。它包含教育拓展服务、科研服务、产学研联合体、高校资源服务等不同的形式和内容。

四、大学职能的完善——文化传承创新

2011年4月24日,胡锦涛总书记在清华大学百年校庆讲话中首次明确提出:高等教育是优秀文化传承的重要载体和思想文化创新的重要源泉。全面提高高等教育质量,必须大力推进文化传承创新。此观点与"全面提高高等教育质量,必须大力提升人才培养水平;必须大力增强科学研究能力;必须大力服务经济社会发展"一起提出,因而引发了国内对大学的第四使命"文化传承创新"的关注。

文化是民族的血脉,人民的精神家园;教育是民族振兴的基石,社会进步的根本。"观乎人文,以化成天下",中国先贤的文化概念生来就带有教育色彩,而高等教育更是优秀文化传承的重要载体和思想文化创新的重要源泉。近代以来,中国现代高等教育从萌芽到发展、壮大,始终肩负着推进文化传承创新的光荣传统和使命。京师大学堂在成立之初就提出"中学为体,西学为用,中西并用,观其会通"的办学方针;辛亥革命后兴起的新文化运动,正是中国先进知识分子群体从文化角度深层次挖掘国家民族积贫积弱的根源以谋求国家富强、民族复兴方略的努力。回顾百年沧桑,可以说,中国高等教育在保存中华民族文化传统和建设现代新文化方面,始终扮演着不可替代的角色。而今,高校承担文化传承创新的神圣使命,已是社会各界的共识,并成为党和国家对高校的新要求与新期待。

学者张德祥认为,大学的文化传承创新使命可以从两个维度去理解,一个是建设好大学自身的文化,即大学文化;另一个是大学对社会文化的繁荣与发展做出贡献。可以称为大学的双重文化使命。大学要有强烈的文化使命感,深刻认知中国文化在世界文化中的位置和作用,自觉地承担起传承、创新、弘扬中华民族优秀文化的历史责任。文化传承创新是大学职能的拓展、是培育人才的客观需要、是促进科学发展的现实选择、是发展中国特色社会主义文化的必然要求,大学教育应积极发挥文化育人的作用,扬弃旧义、创立新知,并传播到社会、延续到后代,不断培育崇尚科学、追求真理的思想观念,推动社会主义先进文化建设,引领社会风尚。

五、大学职能的相互关系

大学这四项职能的发展,并不是平均的、并重的,不同的大学对它们的重视程度是有差异的,大学往往根据自身的传统、发展的环境等而有所侧重。正如美国当代著名教育家克拉克·科尔说:"任何地方的大学,都无法超过英国尽量为本科生考虑、德国尽量为研究生和研究人员考虑、美国尽可能为公众考虑的目标。"不管大学出于何种考虑,是兼顾四种职能,还是侧重于其中的一种或两种职能,从大学的产生、发展及其本质来讲,人才培养是核心,科学研究是做好人才培养工作的前提条件,人才培养是服务社会、传承和创新文化的直接表现。科学研究、服务社会、文化传承创新应该围绕人才培养而开展,不能脱离人才培养,人才培养要通过科学研究、服务社会、文化传承创新来实现。人才培养、科学研究、服务社会、文化传承创新四者是一个有机整体,应该齐头并进,在学校内部只能在一定程度上相对独立,不能人为制造割裂和对立。

【案例3】

大学的功能是什么

2004年4月22日《光明日报》

在纪念美国哥伦比亚大学250年校庆的前夕,记者有幸见到了该校第十九任校长白令哲。他访问中国只有两次,并且每次访问的时间很短。1980年第一次到中国,时隔这么多年,来到北京也是第一次。他说,中国的变化是令人惊讶、炫目的。此次来北京是为哥伦比亚大学250年校庆作出的一次安排。我们的对话,就是在这种随意闲适的氛围中开始的。

记者:中国正在努力建设国内一流、世界知名的大学。您如何看中国一流大学与世界一流大学的差距?中国大学今后的努力方向是什么?

白:这是一个非常重要的问题。我想说现在中国有这样迫切的心情,创建一流大学体系,加速与世界一流大学的沟通和交流,是一个好事情。我将参加今年8月由中国举办的中外大学校长论坛。中美学术交流应当得到加强,我们特别希望中国著名大学与我们在生命科学、医学研究、法学等方面的合作交流。努力沟通交流这是目前最关键的。

记者:您可否谈谈私立大学与公立大学的问题?

白:今天,全美国有很多的年轻人可以进入大学,这与私立大学和公立大学的并行发展是分不开的。私立大学与公立大学的存在是相辅相成的,虽然,他们实行的是双重体系,实际上是并行不悖的。无论什么样的大学,都要具有学术自由的良好风气,保证师生科研和研究成果的自由。美国大学更好地利用学术自由的原则了解和参与世界重大事件、政治问题、社会问题,形成了互相促进、互相发展的局面。当然,我们也遵循学术自由和社会发展责任的双重原则。

记者:美国大学的功能是什么?教育教学的理念是什么?

白:美国一流大学都遵循这样的理念:每一个学生都是未来的领导者。但是在我们的办学中并未设立领导学专业,而是实行通才教育,把学生需要具备的未来政治家的素质,按照理性追求、求知欲等作为领导人必备的素质,开设一个富有哥大特色的系列课程。

并且,在本科中心课程所强调的是通才教育,不论何人、何专业,他们必修的课程包括诸如荷马史诗、亚里士多德等西方文化的精华内容。

记者:您怎样看待学生就业?大学在学生就业方面负有何种责任?

白:我们希望能让所有的学生探索知识,了解社会,这很重要,哥大学生注重学习在职场上的训练。最近几年,尤其是在经济衰落时,通才教育遇到了大问题。我们在努力帮助学生找工作,也希望他们顺利走向社会。从事帮助学生就业工作的人很多。我们注意到,许多学生是在支付了每年最多4万美元的学费后才能上大学。我们有贷学金制度,学生可以在毕业后偿还。学生毕业后如果从事慈善和公益事业,收入不理想,他们偿还贷学金确实比较困难,为此,我们实行"减免贷款"计划,对于从事公务员、教师、公益事业的学生,逐年根据他们的服务时间,减或免他们的贷款。根据他们为社会所尽的职责,使用经济杠杆来平衡。这一点非常值得中国借鉴。

应当强调的是,对于学生就业,学校应当承担很大的责任,并且学校对于学生就业起到很大的作用。

第四节　大学的专业

关于专业的定义有不同的解释,一般可以简单地解释为人类社会科学技术进步、生活生产实践中,用来描述职业生涯某一阶段、某一人群,用来谋生而长时期从事的具体业务作业规范。周川从广义、狭义和特指三个层面来理解专业,广义的专业即某种职业不同于其他职业的一些特定的劳动特点;狭义的专业主要是指某些特定的社会职业;特指的专业即高等学校中的专业,它是依据确定的培养目标设置于高等学校(及其相应的教育机构)的教育基本单位或教育基本组织形式。《教育管理辞典》将专业定义为高等学校或中等专业学校根据社会分工需要而划分的学业门类。各专业都有独立的教学计划,以体现本专业的培养目标和要求。

人类的漫长进化历史告诉我们,人类的不同进化历史阶段,比如:蛮荒时代、直立行走、火燧氏钻木取火,分别地分化出狩猎族、驯化族等,进而进入神农氏的百草品尝,开辟了人类辉煌的农业文明,我们可以使用现代的词汇"专业"来解释神农氏的专业就是初始的农业专业,而狩猎族则是狩猎专业和驯化专业的初始,上古时代的《黄帝内经》表明,黄帝是上古中国的专业医学工作者。

一、专业的发展

1. 以工具为代表的先进技术的开创

人类自石器时代、铜器时代、铁器时代,直到古代中国著名的四大发明,原始的石匠、铜匠、铁匠、木匠等,作为原始的专业雏形,至今仍然流行于家庭作坊。

2. 以蒸汽机为代表的工业革命开创了人类的现代专业的发端

我们都知道,现代工业的发明大王爱迪生,作为专业的发明家,为人类贡献了非常多的发明,包括至今仍然使用的白炽灯、电话。工厂、作坊这些地方,长期从事不同的产品加工和服务分工,出现的是现代工业专业化分工的原型。

3. 以教育、工业等现代科学技术迅猛发展为代表的现代专业的出现

大量的社会化分工，不断地催生了教育实践和工业、商业实践，为某一特定人群的工作的名称和工作内容的规划、设计、研究，促进了新职业的专业化理念传播。

4. 以专业化的培训、教育、人才培养为代表的现代化专业模式

由于规模化的工业发展，需要对于某种特定的技能、技术、科学理论、科学研究、科学试验、科学检测、科学评测的人才群体，进行大规模的人才人力输出，满足社会和企业的巨量需求，所以形成了现代的、信息化条件下的专业的基本概念。

二、专业设置的方法

专业设置是高等教育人才培养模式的核心问题，依据科学性、实用性、简明性、兼容性、扩延性、唯一性等原则，我国高等学校本科教育专业设置按照"学科门类"、"学科大类"（一级学科）、"专业"（二级学科）三个层次来设置。

构成一门独立学科的基本要素主要有三个：一是研究的对象或研究的领域，即独特的、不可替代的研究对象；二是理论体系，即特有的概念、原理、命题、规律等所构成的严密的、逻辑化的知识系统；三是方法论，即学科知识的生产方式。按照国家1997年颁布的《授予博士、硕士学位和培养研究生的学科、专业目录》，授予学位的学科门类分为哲学、经济学、法学、教育学、文学、历史学、理学、工学、农学、医学、军事学和管理学12个，每大门类下设若干一级学科，如理学门类下设数学、物理、化学等12个一级学科。一级学科再下设若干二级学科，如数学下设基础数学、计算数学等5个二级学科。

三、专业获得标准——学位

学位是标志被授予者的受教育程度和学术水平达到规定标准的学术称号。我国学位分学士、硕士、博士三级；"博士后"不是学位，而是指获准进入博士后科研流动站从事科学研究工作的博士学位获得者。按学士学位的种类大概可以分为十二大类：理学、工学、农学、管理学、经济学、医学、教育学、军事学、哲学、历史学、文学、法学学士学位。

学士学位由国务院授权高等学校授予，硕士学位、博士学位由国务院授予的高等学校和科研机构授予。高等学校本科文凭毕业生，成绩优良，达到规定的学术水平者，授予学士学位；高等学校和科研机构的研究生，或具有研究生毕业同等学力的人员，通过硕士（博士）学位的课程考试和论文答辩，成绩合格，达到规定的学术水平者，授予硕士（博士）学位。授予学位的高等学校和科学研究机构，在学位评定委员会做出授予学位的决议后，发给学位获得者相应的学位证书。对于国内外卓越的学者或著名的社会活动家，经学位授予单位提名，国务院学位委员会批准，可以授予名誉博士学位。

四、专业人才的培养

专业人才的培养是对人才进行教育、培训的过程，被选拔的人才一般都需经过培养训练，才能成为符合各种职业和岗位要求的专门人才，主要可以通过人才培养模式和人才培养方案来体现。专业人才培养方案则体现了专业办学的定位，规定了人才培养目标、规格和模式，是学校教育、教学的指导性文件，是培养人才和组织教学的主要依据，是专业人才

培养方法的核心体现。

人才培养模式就是指在一定教育理论、教育思想指导下，按照特定的培养目标和人才规格，以相对稳定的教学内容和课程体系、管理制度和评估方式，实施人才教育的过程的总和，它由培养目标（规格）、培养过程、培养制度、培养评价四个方面组成，从根本上规定了人才特征并集中体现了教育思想和教育观念。它具体可以包括培养目标和规格，为实现一定的培养目标和规格的整个教育过程，为实现这一过程的一整套管理和评估制度，与之相匹配的科学的教学方式、方法和手段四个方面的内容。

专业人才培养方案主要应包括培养目标、培养要求、学制与学位、课程结构与设置、专业主干课程设定、主要实践教学环节、各类课程及实践环节学时学分配表、教学进程表等。

1. 培养目标

培养目标是指教育目的在各级各类学校教育机构的具体化。它是由特定社会领域和特定社会层次的需要所决定的，也随着受教育对象所处的学校类型、级别而变化。为了满足各行各业、各个社会层次的人才需求和不同年龄层次受教育者的学习需求，才有了各级各类学校的建立。各级各类学校要完成各自的任务，培养社会需要的合格人才，就要制订各自的培养目标。

教育目的和培养目标是普遍与特殊的关系。只有明确了教育目的，各级各类学校才能制订出符合要求的培养目标；而培养目标又是教育目的的具体化。教育目的是针对所有受教育者提出的，而培养目标是针对特定的教育对象而提出的，各级各类学校的教育对象有各自不同的特点，因此制订培养目标需要考虑各个学校学生的特点。

2. 培养要求

围绕专业培养目标，依据专业特点，核心强调专业素质、人文素质、科学素养、文化修养、职业修为等方面的基本要求，相对于培养目标更为具体。

3. 学制与学位

学制是学校教育制度的简称，指一个国家各级各类学校的系统，它规定各级各类学校的性质、任务、入学条件、学习年限以及它们之间的纵向和横向关系。学制有三种基本类型：双轨制（一轨是学术教育，另一轨是职业教育）、单轨制、分支制。在培养方案中主要强调的是学习年限。

大学和专门学院招收具有高中毕业文化程度的青年入学，修业年限一般为4年，部分专业和少数重点学校为5年。成人高等学校中广播电视大学招收具有相当于高中毕业文化程度者入学，修业年限为4～5年；职工、农民大学修业年限一般为3～4年；高等学校举办的函授和夜大学或独立函授学院，实行学年制的，修业年限一般为5～6年，实行学分制的不限。高等教育自学考试制度按学科考试合格者，发给单科成绩证明书。累积分达到专业毕业要求者，发给毕业证书。研究生制度由各高等院校和有关科研单位招收攻读硕士学位或博士学位的研究生，修业年限均为2～3年。

所谓弹性学制，狭义的定义是指学习内容有一定的选择性，学习年限有一定的伸缩性的学校教育教学模式。它是在学分制的基础上演进而成，也是学分制的另类发展和表现。弹性学制的最大特点是学习时间的伸缩性（即可提前毕业，也可滞后毕业）、学习过程的实践性(即可半工半读、工学交替、分阶段完成)以及学习内容和学习方式的选择性(即学习课目有必修和选修之分、学习方式有校内和校外之别)。其最终目标就是构建各类教育相互沟通、衔接的"立交桥",以满足人们对教育选择的个性化、多样化要求。弹性学制是以人为本科学发展观在教育领域里的生动实践,是我国改革、创新和完善教育教学制度的有效尝试与有益探索,有利于受教育者的全面、协调和可持续发展。这一制度可以让更多的学生根据自己的学习特点、学习需求和学习节奏来安排大学生活,把学生从大学课程的接受者变为决策者。

4. 课程结构与设置

课程结构是课程目标转化为教育成果的纽带,是课程实施活动顺利开展的依据。课程结构的研究是课程论中十分重要的部分,也是内容相当丰富的部分。课程结构是课程各部分的配合和组织,它是课程体系的骨架,主要规定了组成课程体系的学科门类,以及各学科内容的比例关系,必修课与选修课、分科课程与综合课程的搭配等,体现出一定的课程理念和课程设置的价值取向。课程结构是针对整个课程体系而言的,课程的知识构成是课程结构的核心问题,课程的形态结构是课程结构的骨架。

5. 专业主干课程设定

专业主干课程是为实现培养目标及形成知识和能力结构必须开设的主要课程。

6. 主要实践教学环节

实践教学主要包括教学实验、技能训练、实地训练、科研训练、社会实践与创新训练等模块,旨在培养学生的专业与创新意识、实践与动手能力以及团队合作精神,是人才培养的重要组成部分,是提高人才培养质量的重要抓手,是与课堂教学相辅相成和互相促进的重要方面。

7. 各类课程及实践环节学时学分分配表

这一环节主要用于较为明晰地展示专业培养过程中各类课程学时、学分要求及比例。

8. 教学进程表

教学进程表是在前面课程结构与设置、专业主干课程设定、主要实践教学环节、各类课程及实践环节学时学分分配表等基础之上,详细说明具体课程开设的学年、学期,具体指导专业培养的进程,是专业人才培养方案的最直观、最具体的展现。

第五节 大学的课程

课程是指学校学生所应学习的学科总和及其进程与安排。广义的课程是指学校为实现培养目标而选择的教育内容及其进程的总和,它包括学校老师所教授的各门学科和有目的、有计划的教育活动。狭义的课程是指某一门学科。

大学的课程分为必修课和选修课两大类,选修课又分为限制性选修课和非限制性选修课两种。如果按专业划分,即公共课和专业课,两者可交叉。我们国家在高等人才的培养上,主要强调综合素质的培养和适应我国发展需要的人才的培养,这就需要高等教育下的人才应具有正确的世界观、道德观、价值观和基本的交流与适应力,因此在大学中均开设了公共基础性课程。这些课程主要包括必修课程,以及其他体现学校学科特色、学生人文素养培养的选修课程。专业课又分为专业基础课和专业主干课。专业基础课侧重与专业相关的基础理论和基础知识;专业主干课则注重与专业直接联系的专业理论和专业技能。专业选修课则必须在培养计划所规定的科目内选,属限制性。一般大学一年级的课程大部分为公共基础课,二三年级的课程为专业基础课和专业主干课,四年级则开始做毕业设计和进行实习,课程很少。

一、大学课程开设的意义

大学课程的开设相较于之前初高中学习的课程截然不同,如果说初高中的课程是以培养基本的知识素养、知识能力为主,那么大学的课程则更侧重于专业素养、专业能力的培养;如果说初高中的课程是为了高考而开设的,那么大学的课程就是为了将来的就业而开设的;如果说初高中的课程是不可选择的,那么大学的课程则有更广阔的自由驾驭的空间;如果说初高中的课程是为了学习而学习,那么大学的课程则是为了就业而学习,总之,进入大学生活之后,我们首先要明确,课程的设置与学习的目的和意义已经截然不同了。

1. 大学课程的开设是为了正确观念的培养

在大学生活的过程中,我们开始接触社会、面对社会,会发现生活中有更多的诱惑、更多的选择,因此我们首先需要树立的就是正确的世界观、价值观、人生观、道德观、专业观、就业观,这也是大学课程开设的核心思想和核心目标。

2. 大学课程的开设是为了专业素养的培养

很多同学认为自己在大学中选择了专业,经过四年或者五年的学习就应该是一个专业的人,这种观念是错误的,任何一个专业都是终身学习的专业,都不是仅仅通过四年或五年的学习就能成为专业者的。通过大学课程的学习更主要的教给你们的是专业的基本技能、专业的基本理念,专业的基本素养,为今后在本专业领域的学习和成为专业领域的人才进行的铺垫。

3. 大学课程的开设是为了适应社会的培养

"这个世界变化快"是现代很多人的认识和想法,有些人在埋怨世界变化快得让我们无法跟上它的脚步,有些人却在感谢世界变化快以便让我们有了更多创造的可能,为什么?因为每个人对世界变化适应的能力是不一样的,而这种能力的培养也是依靠大学课程开设来实现的。

二、大学课程教学的方法

聆听第一堂大学的课程之后,很多同学发现与初高中课堂有太多太多不一样的地方,初始是新鲜的,但过后更多的是不适应,大学课程讲授更强调的是自主、自立、自发、自愿、自觉的学习的培养,我们要简单了解大学课程不同的教学方法和手段才能逐步适应大学的学习。

(一) 教学方法的基本分类

1. 国际常用教学分类法

巴班斯基的教学方法分类:依据是对人的活动的认识,认为教学活动包括这样的三种成分,即知识信息活动的组织、个人活动的调整、活动过程的随机检查。把教学划分为三大类,组织和自我组织学习认识活动的方法、激发学习和形成学习动机的方法、检查和自我检查教学效果的方法。

拉斯卡的教学方法分类:分类的依据是新行为主义的学习理论,即刺激—反应联结理论(教学方法—学习刺激—预期的学习结果),根据在实现预期学习结果中的作用,学习刺激可分为A、B、C、D四种,据此相应地归类为四种基本的或普通的教学方法,包括呈现方法、实践方法、发现方法、强化方法。

威斯顿和格兰顿的教学方法分类:依据教师与学生交流的媒介和手段,把教学方法分为四大类,即教师中心的方法,主要包括讲授、提问、论证等方法;相互作用的方法,包括全班讨论、小组讨论、同伴教学、小组设计等方法;个体化的方法,如程序教学、单元教学、独立设计、计算机教学等方法;实践的方法,包括现场和临床教学、实验室学习、角色扮演、模拟和游戏、练习等方法。

2. 国内常用教学分类法

李秉德教授教学方法分类:按照教学方法的外部形态,以及相对应的这种形态下学生认识活动的特点,把中国的常用教学方法分为五类,即"以语言传递信息为主的方法",包括讲授法、谈话法、讨论法、读书指导法等;"以直接感知为主的方法",包括演示法、参观法等;"以实际训练为主的方法",包括练习法、实验法、实习作业法;"以欣赏活动为主的教学方法",如陶冶法等;"以引导探究为主的方法",如发现法、探究法等。

黄甫全教授层次构成分类模式:黄甫全教授认为,从具体到抽象,教学方法是由三个层次构成的。第一层次是原理性教学方法,主要在于解决教学规律、教学思想、新教学理论观念与学校教学实践直接的联系问题,是教学意识在教学实践中方法化的结果,如启发式、发现式、设计教学法、注入式方法等;第二层次是技术性教学方法,向上可以接受原理性教学方法的指导,向下可以与不同学科的教学内容相结合构成可操作性教学方法,在教学方法体系中发挥着中介性作用,包括讲授法、谈话法、演示法、参观法、实验法、练习法、讨论法、读书指导法、实习作业法等;第三层次是操作性教学方法,指学校不同学科教学中具有特殊性的具体的方法,如外语课的听说法、美术课的写生法、音乐课的视唱法、劳动技术课的工序法等。

(二)新兴的教学方法与教学手段

1. 慕课(MOOC)

所谓"慕课"(MOOC),顾名思义,第一个字母"M"代表 Massive(大规模),与传统课程只有几十个或几百个学生不同,一门 MOOC 课程动辄上万人,最多达16万人;第二个字母"O"代表 Open(开放),以兴趣导向,凡是想学习的,都可以进来学,不分国籍,只需一个邮箱,就可注册参与;第三个字母"O"代表 Online(在线),学习在网上完成,无须旅行,不受时空限制;第四个字母"C"代表 Course,就是课程的意思,其主要特点为:

大规模:不是个人发布的一两门课程,而是由参与者发布的大型的或者大规模的课程。

开放课程:尊崇创用共享(CC)协议,只有当课程是开放的,它才可以称为 MOOC。

网络课程：不是面对面的课程，课程材料公布于互联网上，人们上课地点不受局限，只需要一台电脑和网络连接即可花最少的钱享受世界大学的一流课程，斯坦福大学校长约翰·L.汉尼希(John L. Hennessy)在最近的一篇评论文章中解释说："由学界大师在堂授课的小班课程依然保持其高水准。但与此同时，网络课程也被证明是一种高效的学习方式。如果和大课相比的话，更是如此。"

2. 翻转课堂

翻转课堂译自"Flipped Classroom"或"Inverted Classroom"，是指重新调整课堂内外的时间中，将学习的决定权从教师转移给学生。在这种教学模式下，课堂内的宝贵时间中，学生能够更专注于主动的基于项目的学习，从而获得更深层次的理解。教师不再占用课堂的时间来讲授信息，这些信息需要学生在课后完成自主学习，他们可以看视频讲座、阅读书籍、查阅资料，还能在网络上与同学讨论，学生自主规划学习内容、学习节奏、风格和呈现知识的方式，教师则采用讲授法和协作法来满足学生的需要并促成他们的个性化学习，其目标是让学生通过实践获得更真实的学习。翻转课堂模式是大教育运动的一部分，它与混合式学习、探究性学习、其他教学方法和工具在含义上有所重叠，都是为了让学习更加灵活、主动，让学生的参与度更高。互联网时代，学生通过互联网学习丰富的在线课程，不必一定要到学校接受教师讲授。互联网尤其是移动互联网催生"翻转课堂式"教学模式。"翻转课堂式"是对基于印刷术的传统课堂教学结构与教学流程的彻底颠覆，由此将引发教师角色、课程模式、管理模式等一系列变革。

(三) 常用教学方法介绍

1. 讲授法

讲授法是最基本的教学方法，是对重要的理论知识的教学采用讲授的教学方法，是教师通过简明、生动的口头语言向学生传授知识、发展学生智力的方法，通过叙述、描绘、解释、推论来传递信息、传授知识、阐明概念、论证定律和公式，引导学生分析和认识问题，直接、快速、精练地让学生掌握。讲授法的优点是教师容易控制教学进程，能够使学生在较短时间内获得大量系统的科学知识。但如果运用不好，学生学习的主动性、积极性不易发挥，就会出现教师满堂灌、学生被动听的局面。

2. 讨论法

讨论法是在教师的指导下，学生以全班或小组为单位，围绕课程的中心问题，各抒己见，通过讨论或辩论活动，获得知识或巩固知识的一种教学方法。学生通过讨论，进行合作学习，让所有的人都参与到明确的集体任务中，培养小组成员之间相互依赖、相互沟通、相互合作、共同负责，从而达到共同目标的能力。通过开展课堂讨论，培养思维表达能力，让学生多多参与、亲自动手、亲自操作，激发学习兴趣，促进学生主动学习。

3. 案例教学法

在教师的指导下，由学生对选定的具有代表性的典型案例，进行有针对性的分析、审理和讨论，做出自己的判断和评价。这种教学方法拓宽了学生的思维空间，增加了学习兴趣，提高了学生的能力。案例教学法在课程中的应用，充分发挥了它的启发性、实践性，开发了学生思维，提高了学生的判断能力、决策能力和综合素质。

4. 情景教学法

情景教学法是将本课程的教学过程安置在一个模拟的、特定的情景场合之中,通过教师的组织、学生的演练,在仿真提炼、愉悦宽松的场景中达到教学目标,既锻炼了学生的临场应变、实景操作的能力,又活跃了教学气氛,提高了教学的感染力。

5. 体验学习教学法

体验学习意味着学生亲自参与知识的建构,亲历过程并在过程中体验知识和体验情感。它的基本思想是:学生对知识的理解过程并不是一个"教师传授—学生聆听"的传递活动,学生获取知识的真实情况是学生在亲自"研究""思索""想象"中领悟知识,学生在"探究知识"中形成个人化的理解。

6. PBL 教学法

以问题为导向的教学方法(problem-based learning,PBL),是基于现实世界的以学生为中心的教育方式,1969 年由美国的神经病学教授 Barrows 在加拿大的麦克马斯特大学首创,目前已成为国际上较流行的一种教学方法,以此类教学法出名的包括荷兰顶级大学马斯特里赫特大学等世界著名院校。与传统的以学科为基础的教学法有很大不同,PBL 强调以学生的主动学习为主,而不是传统教学中的以教师讲授为主;PBL 将学习与更大的任务或问题挂钩,使学习者投入问题中;它设计真实性任务,强调把学习设置到复杂的、有意义的问题情景中,通过学习者的自主探究和合作来解决问题,从而学习隐含在问题背后的科学知识,获得解决问题的技能和自主学习的能力。

三、大学课程学习的方法

学习方法是通过学习实践总结出的快速掌握知识的方法,并没有统一的规定,因个人条件不同、时代不同、环境不同,选取的方法也不同。包括专门总结的特殊定向的学习训练方法,如速记、笔记等,而现在国际针对此推出了一种革命性学习方法"Lean-learn"学习与应试方法。

1. 选择正确的学习工具

"工欲善其事,必先利其器",要依据学习目的、学习目标的不同选择适当的学习工具,在现在这样一个信息化时代,电脑和电子文档日益充斥教学环境,很多人认为电脑和网络已经成为必要的学习工具,甚至具有不可替代的作用。但是传统的学习工具依然不应退出我们学习的舞台,包括教材、期刊、纸质书籍、教学模型等。

2. 记忆性学习方法

理解记忆法:在初步理解基础上背诵,主要是基本原理、基本知识点或整篇文章的记忆。

快速诵读法:在朗读和默读的基础上熟悉书面材料的结果,在初步理解文章后周而复始地朗读,通过熟读加深理解进而成诵。

提纲挈领法:所谓"举一纲而万目张"。记忆时要明确背诵材料的思路和行文顺序,顺藤摸瓜进行记忆。

关联词提示法:关联词是很多文章或观点的语言轨迹,例如,梁启超的《少年中国说》,文中有这么一段:"彼与此世界作别之日不远矣,而我少年乃新来而与世界为缘。使举国之少年而查为少年也,则吾中国为未来之国,其进步未可量也;使举国之少年而亦为老大也,则吾中国为过去之国,其渐亡可翘足而待也。故今日之责任,不在他人,而全在我少年。"这段文字中含关联词"……而……使……则……使……则……故……而……"其中第一句中的"而"连接两个分句,表并列关系;第二句中的"使……则……使……则"构成两对关联词,分别表示假设关系;第三句中的"故"连接上下两个句子,表因果关系;"而"连接两个分句,表并列关系。只要把握住这些关联词,弄清它们表示的关系,边想边背,句句衔接,环环紧扣,背诵这段文字也就不大困难了。

听录音背诵法:生理学家认为,让视觉和听觉共同参与记忆,要比单用视觉和听觉提高记忆效果30%~40%,这种记忆方法,人们称为"协同记忆法"。根据这一理论,在练习背诵时,可采取自己录音然后反复播放,从而形成记忆信息的双向刺激,以强化记忆效果。

趣味背诵法:为消除持续背诵造成的单调感、疲劳感,依据"寓教于乐"的原则,可以采用适合于自己的趣味性方法来提高背诵兴趣,如歌词重填法、你比我猜法、接力背诵法等。

图表背诵法:图表是一种直观的、简化的表达方式。采用这种方法,首先要把背诵的知识点,用主要词语(最好是原文)设计成图表,然后对照图表诵读几遍,再依据图表尝试背诵,就能较快背诵下来。

"三步记忆法":第一步是抓住文章的思想用脑默记;第二步是闭目回忆,实在回忆不起来时,就"偷看"一下;第三步是迅速反复,多次诵读。

3. 科学性学习方法

科学性学习方法应该是以学习效率的提高为根本的,主要应包括几个环节,即预习、听课、笔记整理、总结、复习、资料查阅等,在预习、复习等阶段还应注意环境的选择,无论是你在单间书房或在教室或图书馆,它都应该是舒适的、安静的,使你开始学习时能够全神贯注于功课。同时不能在情绪波动的时候学习,在学习之前要平静心态,集中注意力,才可以达到事半功倍的效果。

总而言之,学习的境界无外乎苦学、好学、会学三个层次,只有选择适合于自己的正确科学的学习方法,才能将枯燥乏味的苦行僧生活变成如饥似渴、废寝忘食的学习生活,进而变为兴趣性的学习,成为学习的主人。

一个经历者的大学学习方法介绍

从中学到大学,是人生的重大转折,大学生活的重要特点表现在:生活上要自理,管理上要自治,思想上要自我教育,学习上要高度自觉。尤其是在学习的内容、方法和要求上,比起中学的学习发生了很大的变化。要想真正学到知识和本领,除了继续发扬勤奋刻苦的学习精神外,还要适应大学的教学规律,掌握大学的学习特点,选择适合自己的学习方法。大学的学习既要求我们掌握比较深厚的基础理论和专业知识,还要求重视各种能力的培养。我们除了扎扎实实掌握书本知识之外,还要培养研究和解决问题的能力。因此,我们要特别注意自学能力的培养,学会独立地支配学习时间,自觉地、主动地、生动活泼地学习,还要注意思维能力、创造能力、组织管理能力、表达能力的培养,为将来适应社会工作打下良好的基础。

大学四年的时间其实是很短暂的，所以我们应该好好珍惜这段时间，充分利用时间，认真学习，努力使自己的大学生活过得充实。在大学里，虽然各种各样的活动很多，但我们的主要任务还是学习，所以在时间安排上我们必须处理好。那么我们应该怎样学才能学得既好又轻松呢？

首先，我们应该端正自己的学习态度。在学习中，难免会遇到这样或那样的困难，但是我们不能灰心，应该保持一种积极向上的、乐观的态度。我们不只看重分数，更要注重学习过程，养成良好的学习习惯，提高管理时间的能力和自控力。

其次，我们要掌握正确的学习方法。学习方法是提高学习效率、达到学习目的的手段。钱伟长曾对大学生说过：一个青年人不但要用功学习，而且要有好的科学的学习方法。要勤于思考，多想问题，不要靠死记硬背。学习方法正确，往往能收到事半功倍的成效。在大学学习中我们要把握住的几个主要环节是：预习、听课、复习、总结、记笔记、做作业、考试等，这些环节把握好了，就能为进一步获取知识打下良好的基础。

（1）预习时要把不理解的问题记下来，听课时才能增加求知的针对性，既节省学习时间，又能提高听课效率，是学习中非常重要的环节。

（2）听课时要集中精力，全神贯注，对老师强调的要点、难点和独到的见解，要认真做好笔记。课堂上力争弄懂老师所讲内容，经过认真思考，消化吸收，变成自己的东西。

（3）课后及时复习，是巩固所学知识必不可少的一环。复习中要认真整理课堂笔记，对照课本和参考书，进行归纳和补充，并把多余的部分删掉。每一个阶段要进行一次总结，以融会贯通所学知识，温故而知新，形成自己的思路，把握所学知识的来龙去脉，使所学知识更加完整、系统。

（4）要独立完成作业。做作业是巩固消化知识，要做到举一反三、触类旁通，养成良好习惯。

（5）对考试要有正确的态度，不作弊，不单纯追求高分，要把考试作为检验自己学习效果和培养独立解决问题能力的演练，以起到及时找出薄弱环节、加以弥补的作用。

在学习中抓住这几个基本环节，进行思考，在理解的基础上进行记忆，及时注意消化和吸收。经过不断思考，不断消化，不断加深理解，这样得到的知识和能力才是扎实的。

以上是我个人的一些见解，希望大家都能找到适合自己的学习方法，尽快适应大学的学习生活。

四、大学课程考核的方法

考试主要有两种目的：一是检测考试者对某方面知识或技能的掌握程度；二是检验考试者是否已经具备获得某种资格的基本能力。从这两种目的来看，考试可以分为效果考试和资格考试。在大学生活中两种考试我们都能接触，例如大学英语等级考试、计算机等级考试等均为资格考试，而我们日常在课程学习过程中的考试则为效果考试，也是我们经历最多的考试。

（一）考核方式

大学里的课程基本性质可以包括选修和必修，对应的基本的考核方式包括考试和考查，一般情况下考查针对选修性课程，是随着课程的进行来展开的；考试则主要针对必修课程，传统意义上是由学校教务处统一组织安排的，因此，大学生在学期生活中会在不同时段参加不同的考试。

（二）成绩评定

大学课程的评定一般也包括两种，即百分制和等级制，百分制主要针对必修课程，多数课程以 60 分为获得课程学分的分界线，也就是很多人所谓"60 分万岁"的由来；等级制主要针对选修课程，分为优秀、良好、中等、及格、不及格五个等级，及格为获得课程学分的分界线。

（三）评价方式

传统意义上认为的考核手段主要是试卷考试，但是近年来在高等教育中越来越强调系统评价。最早的系统的教学评价，可追溯到 20 世纪 20 年代，比较系统的当推泰勒的观点。泰勒提出了一套以教育目标为核心和依据的课程与测验编制的原则，试图以此把社会的要求、学生的需要反映在课程与测验中。为了把这一思想与早期的测量区别开来，泰勒正式提出了"教育评价"的概念。根据泰勒的理解，教育评价就是衡量教育活动达到教育目标程度的一种活动。布鲁姆则把教学评价包含在教学目标之内。一般认为，教学评价是指以教学目标为依据，制定科学的标准，运用一切有效的技术手段，对教学活动的过程及其结果进行测定、衡量，并给予价值判断。主要分为终结性评价和过程性评价。形成性评价重视对学生学习过程的评估和评判。它通过多种渠道、多种方法收集、综合和分析学生日常学习的信息，了解学生的知识、能力、兴趣和需求，着眼于学生潜力的发展。它不仅注重对学生认知能力的评价，而且也重视对学生情感及行为能力的评价。形成性评价为学生提供了一个不断自我完善与提高的机会，有助于学生身心素质的全面发展。

1. 过程性评价

过程性评价的"过程"是相对于"结果"而言的，具有导向性，过程性评价不是只关注过程而不关注结果的评价，更不是单纯地观察学生的表现。相反，关注教学过程中学生智能发展的过程性结果，如解决现实问题的能力等，及时地对学生的学习质量水平做出判断，肯定成绩，找出问题，是过程性评价的一个重要内容。

过程性评价的功能主要不是体现在评价结果的某个等级或者评语上，更不是要区分与比较学生之间的态度和行为表现。从教学评价标准所依据的参照系来看，过程性评价属于个体内差异评价，亦即"一种把每个评价对象个体的过去与现在进行比较，或者把个体的有关侧面相互进行比较，从而得到评价结论的教学评价的类型"。评价的功能主要在于及时地反映学生学习中的情况，促使学生对学习的过程进行积极的反思和总结，而不是最终给学生下一个结论。

2. 终结性评价

终结性评价就是对课堂教学的达成结果进行恰当的评价,指的是在教学活动结束后为判断其效果而进行的评价。一个单元,一个模块或一个学期的教学结束后对最终结果所进行的评价,都可以说是终结性评价。

终结性评价是对一个学段内一个学科教学的教育质量的评价,其目的是对学生阶段性学习的质量做出结论性评价,评价的目的是给学生下结论或者分等。

3. 形成性评价

所谓形成性评价,是"对学生日常学习过程中的表现、所取得的成绩以及所反映出的情感、态度、策略等方面的发展"做出的评价,是基于对学生学习全过程的持续观察、记录、反思而做出的发展性评价。其目的是"激励学生学习,帮助学生有效调控自己的学习过程,使学生获得成就感,增强自信心,培养合作精神"。形成性评价使学生"从被动接受评价转变成为评价的主体和积极参与者"。

(四)评价结果处理

前面介绍过,评价的成绩分为两大类,针对必修性课程为百分制,如果低于 60 分则分为两个阶段,部分学校允许学生进行课程后补考,如还不及格则必须进行重修,直至通过获得该门课程的学分;选修性课程为等级制,如果不及格则有两种选择,部分专业选修课为必选性课程则需进行重修直至达到及格及以上的等级,其他选修课学生可以自主选择是否进行重修。

总之,大学阶段的考核方式更为灵活多样,也更加强调学生综合素质的考核与评价,在确定任何一种考核方式的时候,教师均是依据学情分析选择适合绝大多数的学生的评价方式,而作为学生我们应积极适应这种考核的转变,实现自身综合能力的培养与训练。

第二章

适应大学

【本篇导读】

有人做过一个生动的比喻：上大学之前，大学像是黑夜中远方的灯塔，除了那明亮的一盏灯，周围的一切都看不清，大家只顾朝着这灯塔奔跑。上大学，好像天一下亮了，周围的东西也清晰了，这才发现还有很多东西需要了解、需要学习、需要处理、需要适应。在入学之初的新鲜感过去之后，很多同学会发现大学与中学有很大差别：远离了父母的照顾，接触了来自五湖四海的新朋友，有许多人际关系需要处理；大学管理比较宽松，主要以自我管理为主；大学里课余时间多，校园活动丰富多彩；大学没有高考的压力和目标，要重新给自己寻找奋斗的方向。一部分同学在大学里如鱼得水，尽情享受着大学的学习之乐、生活之乐、奋斗之乐。可也有一部分同学会感到莫名的迷茫和失落，无所适从，整天浑浑噩噩，无所事事，甚至有个别同学从此一蹶不振。在这一过程中，对自我和环境的深刻认识以及个人的自觉主动适应成为关键。

本章针对刚刚进入大学校园的新生，讲解了如何适应大学的生活、如何适应新的人际关系、如何适应大学的管理模式，并介绍了丰富多彩的学生社团与团体活动，以期能够引导大学新生调整自我，积极面对，尽快适应大学生活。

第一节 适应大学的生活

9月，又有一批新生告别高中生活，离开了父母离开了家，每个人都带着向往、带着梦想、带着新奇来到一个新的环境，开始新的生活。但是陌生的环境、陌生的人以及新的生活方式也带来了迷茫和不知所措，尽快适应大学生活是每个新生来到大学后都要学习的一门必修课。

【案例1】

小王，男，大一新生。大学开学几个月了，小王却一直不能进入状态，学习消极，压力重重，甚至一进教室就头晕、胸闷，为此，他感到很痛苦。辅导员老师通过与小王沟通，了解到：

小王从小懂事，认真好学，成绩优秀，是老师和家长眼中的好孩子。中学几年一心学习，没有别的爱好。经过三年奋斗，如愿以偿考入了自己心目中理想的大学；进入大学后，小王发现周围的一切都很陌生,自己很不适应。大学入学一个月后,在学校组织的英语考试中,小王考了第 26 名(共 39 人)。他感到很"耻辱",也很震惊:一向优秀的自己怎么如此差劲?更不能接受的是,与其一起考入大学的高中校友小张比自己考得还好,而小张的英语成绩是一直不如自己的,他感到很失落,很郁闷。

此外,在宿舍里小王也不自在,感觉与同学很难相处。小王发现同学们谈论的话题自己多数都不熟悉,有时想与大家交流也插不上嘴,即便鼓足勇气加入交流,却常常是自己一开口,本来很热闹的氛围顿时就冷却了,大家都向他投来异样的目光。小王感到十分尴尬,后悔道:早知如此,还不如不插嘴。

目前,小王很迷茫,状态很不好,常常失眠。整天无精打采,上课注意力不集中,经常走神,看书也看不进去。害怕与同学说话,不愿回宿舍。小王不禁担心自己的未来,越想越失望、越失望越想、越想越害怕。

【案例解读】

小王同学在进入大学后,出现状态不佳的状况,表现出多种症状,如失落、郁闷、害怕与人交流、不愿回宿舍,同时出现无法集中精力看书、上课、失眠等问题。总的来说,小王的情况是适应不良的具体反应,这也是很多大一新生所面临的共同问题。初入大学,本是豪情万丈,但当理想遭遇冰冷的现实时,就极易出现心理上的反差。具体说来,是因为自身原来的生活学习习惯与大学校园新的主客观环境不能快速适应,没有足够的心理准备。当外部环境发生变化后,不具有相应调整的知识与能力,依然用旧的思维、做法来应对新的环境,导致挫折连连。

那么,大学新生进入大学校园后常见的不适应类型有哪些呢?

一、初入大学常见的不适应

1. 习惯型不适应

人总是具有一定习惯的,习惯是人经过很多次重复后形成的不假思索地遵守的言行模式。进入大学后,新生会出现许多习惯上的不适应,这对于一部分学生来说,常常面临很大挑战。尤其是对外省(市)的学生来说,初到异地,无论是在气候环境、饮食习惯、语言交流方面,还是在文化习俗方面,都是陌生的。起始阶段,均会有一些不同程度的不适应,客观上举目无亲的处境会加重这种心理不适应。

2. 情感型不适应

之所以称为"情感型不适应",是因为此种适应具有很深的情感色彩,主要表现为:情绪上有强烈的恋旧倾向,总是觉得过去是美好的,值得纪念和回味;对新环境有一定的抵触感,对新同学、新老师的言行、习惯、性格、气质等很难接受,对他们有不自觉的排斥,不愿与之交流、共事,常沉浸在对过去荣耀的怀念当中,并希望回到过去。

当大学生开始适应新环境,尤其是遇到挫折和不顺的时候,总会自觉不自觉地从对过去的回忆中寻求慰藉,这种现象在遇到一些坎坷和失败时会表现得更强烈。它是由于对陌生的新环境尚不适应而造成的。对大学生来说,这种人地两生的境况就特别容易使人怀念过去。因为那里荡漾着自己熟悉的人、事、地的光影,一切让其备感亲切和温暖。其实,不光是大一新生,就是高年级的学生也容易出现这种不适,关键是看当事者是否正确、良好地处理个体与外部环境的协调关系。

3. 压力型不适应

所谓压力型不适应,是指个体处于一个陌生的环境中,由于衣、食、住、行、言等方面的不熟悉,产生环境融入上的困难。主要表现为:由于学习、人际交往、社会工作、个人技能、家庭经济、评优争先等大学生活要素的挑战,同时感到身边高手如云,竞争激烈,时刻处于紧张的应对状态。经过一定阶段的持续,情绪上明显出现郁闷、压抑、焦虑症状,并伴随有失眠、疲乏、酸痛等躯体反应,行为上表现为慌乱无序、手足无措,这种压力型不适应在大学新生当中具有一定的普遍性。

4. 不满型不适应

不满型不适应是由于心有不满情绪而拒绝适应、不愿适应、不能适应等与周围环境适应不良的状态。主要表现为:由于高考发挥失常或填报志愿失误,最终被录取到自己不满意的学校或专业,心理落差巨大、失落感强烈,于是日常生活中缺少快乐,郁郁寡欢,既不愿与老同学、老朋友联系,也不愿认识新同学、结交新朋友,对于新的环境持有一种敬而远之的态度。有的沉浸在网络世界,有的寻求游戏的刺激,有的频繁"恋爱",以此发泄心中的不满。他们多看不惯周围的人与事,觉得事事不顺眼,常常牢骚满腹、抱怨连连,多以"愤青"的面目示人。这样的固执不仅不利于困难的解决,反而会增加解决的难度,使自己陷入进退两难的境地。根据变化了的环境条件,及时调整策略,走出困境,才是正确的解决之道。俗话说"识时务者为俊杰",所谓"识时务",是指了解并依据客观环境的变化主动改变自己,妥善应对,而不是一意孤行,不撞南墙不回头,荒废珍贵的大学时光。

上述不适应在大学新生中时有发生,大学新生带着丰收的喜悦心情跨入大学校门,可是面对陌生的环境、全新的生活方式、不同地域的新同学,以及自己的奋斗目标等一系列问题,很多同学兴奋劲儿还没退去,就被困惑所缠绕。考大学的历程是很艰苦的,竞争也是极其激烈的,尤其是条件艰苦地区,好不容易考上了大学,却没能完成学业。每每面对这些不幸的遭遇,确实让人心痛不已。以下几点希望对同学们适应新的生活环境有所帮助。

二、适应生活环境

1. 适应气候、地理环境

一部分同学考取了距离自己家乡较远的学校,尽快地适应当地的气候、地理环境是适应大学新生活的重要一步。

我国南方气候湿润,夏季潮湿闷热,冬季阴冷,且没有暖气,相当一部分北方同学到南方之后水土不服,甚至出现皮肤过敏等症状,这种现象一般过一段时间后会自然消退,同学们不必过于担心,平时要注意房间经常通风,勤洗澡、勤更衣,经常晾晒被褥,梅雨季节更要注意室内除湿,同学们还可以准备一些祛湿、缓解水土不服的食物或药品,出现严重不适时要及时到医院就医。

南方学生在北方求学,不适应气候变化是常有的问题。北方的冬季是比较寒冷的,很多南方同学一开始会感觉不适,厚厚的羽绒服也难以抵挡寒风,很多学生一般没有经历过这样的天气,应对措施不足导致冻疮、气管炎等疾病发生。而且北方城市昼夜温差大,因而冬季是感冒、发烧等疾病的高发期。此外,北方天气比较干燥,皮肤容易干裂,及时补充水分并适当采取护肤措施是必要的。

2. 适应饮食

同学们来到大学校园以后要尽快调整自己的饮食习惯,适应大学的一日三餐。不挑食,建议尽可能吃一些与以前经常吃的主食、菜肴相同或相似的食物,不要拒食、偏食;并适量吃些当地的主要特色食物或风味食品,尽快适应当地的饮食习惯,这样对克服水土不服有一定的帮助。学校食堂每餐都为同学们准备了南北风味各异的几十种菜肴,同学们可以根据自身口味各取所需。

饮食习惯带来的大学生"饮食不良"现象主要表现在两个方面:一是饮食不规律。很多人早晨起床较晚,来不及吃早饭便去上课,有的索性取消了早饭,有的则在课间饿的时候随便吃些零食。二是暴饮暴食。大学生主要在食堂就餐,但食堂的就餐时间比较固定,常有学生由于学习或其他原因错过了开饭时间,于是就吃点饼干、方便面来对付,等下一顿饭时再吃双份。研究证明:早餐吃饱、吃好,对维持血糖水平是很必要的,用餐时不能挑食、偏食,还要多吃水果和蔬菜。

3. 适应语言

新生在大学校园里应尽量用普通话进行交流,使自己消除陌生感,这样有利于大学新生角色的转变。许多新生入学时普通话水平不高,这样不仅会影响到自己的人际交往,更重要的是交往的不利将对自己的自尊心和自信心产生负面的影响,进而影响到学习、生活的方方面面。因此,大学新生对语言的适应是不可忽视的。

语言环境的适应并不太难,新生在平时的生活和学习中,应多向字典学习,向普通话好的同学学习,尽量掌握标准的发音。要通过不断的训练达到适应新的语言环境要求。有些同学出错的时候生怕别人笑话,因此尽量减少开口说话的机会,结果几年的大学生活下来,仍然是一口家乡话。如果能和其他同学结伴练习普通话,互相纠正,互相促进,效果就更好了。

除此之外,掌握一些必要的地方方言也有助于适应环境。比如,出门办事或上街买东西时可能与讲方言的当地人打交道,如果会说当地的方言,交流起来更方便,也能避免可能会发生的"欺生"现象。

4. 适应生活作息

首先,要合理地安排作息时间,形成良好的作息习惯。因为有规律的生活能使大脑和神经系统的兴奋与抑制交替进行,天长日久,能在大脑皮质上形成动力定型,这对促进身心健康是非常有利的。大学新生应养成早睡早起的习惯。有的同学习惯在晚上卧谈,天马行空一谈就是几个小时,结果第二天上课的时候非常疲惫,根本无心听课。长此以往,不仅影响平时的课业学习,还容易引起失眠,甚至引发神经衰弱症。研究表明,大学生的睡眠时间一般每天不得少于7个小时。如果条件许可,午饭后可以小睡一会儿,但最好不要超过40分钟。

其次,应该主动走出寝室,多开展有益身心的文体活动。"文武之道,一张一弛",学习之余参加一些文体活动,不但可以缓解紧张的生活,还可以放松心情,增加生活乐趣,有助于提高学习效率。听音乐、跑步、打篮球、踢足球等都有助于增强体质,提高对疾病的抵抗力,这是一种积极的休息。实践证明:7+1>8。在这里,"7+1",表示7个小时的学习加上1个小时的体育文娱活动,"8"表示8个小时的连续学习。

5. 适应教学设施

作为育人机构的大学,虽然在办学规模、教育水平等方面存在差别,但所有学校都具有符合育人要求的系统设施,如教室、宿舍、食堂、图书馆、实验室、运动场等。这些设施是学校赖以生存和发展的物质基础。与中学相比,大学的设施要丰富、完备、系统得多。中学的教学和生活设施比较好,但文体活动和科研设施相对而言不够系统。虽然各个大学的设施条件有差异,在设备配置的选择上也各有侧重,但从总体上看,大学设施的配置表现出较强的系统性。大学除了有完善的教学和生活设施,还有比较完备的文体活动设施和科研仪器设备。不少学校还有自己的实验工厂和实习基地。大学的各种物质设施在一定程度上反映了国家科学文化的发展水平。

三、转变生活角色

大学也许会与想象中的不太一样,原先升学的愿望已实现,新的目标尚未找到,新生难免会陷入暂时的迷茫,需要尽快做到五个转变,适应大学生活。

1. 转变奋斗目标

大学是一个人成才、成就事业的新起点。古人云:"有志者事竟成","而学必先立志"。大学生应从高考胜利的满足和陶醉中清醒过来,根据学校教学的客观现实和自己的实际,制定出个人在学业、思想道德、心理发育等素质培养方面的奋斗目标和行动方略,以增强进取的内动力,为再创大学阶段的人生辉煌打下良好的基础。

2. 转变社会角色

考上大学的学生,在中学阶段学习上都是优秀的,平时深得家长、老师和同学的关注。但是跨进大学校门后就不一样了,来自五湖四海的同学都有着优秀的过去,人人都是学习尖子,个个都是高手奇才,每个人都不再是最优秀者,所有的人都将站在同一新的起跑线上,一切都要重新开始。大学新生须适应这种由出人头地到默默无闻,由高才生到一般学生的转变。此外,大学生与中学生所担当的社会角色也不同,中学生的心理和思想正在发展中,职业方向和社会角色不够确定;而大学生的职业方向基本确定,社会地位有了较大提高,社会对大学生的期望和要求比中学生高得多。因此,大学新生要实现从中学生到大学生这一社会角色的变化,应处处用大学生的标准严格要求自己,既学做人又学做事。

3. 转变思维方式

与中学相比,大学的生活节奏快,活动空间大,结交的人多。面对这些环境条件的变化,大学新生的思维方式要做到由"非成人化"向"成人化"转变。在思考处理所遇到的问题时,要力求做到唯物而不要唯心,要全面而不要片面,要远见务实而不要目光短浅,对人生重大问题的选择要深思熟虑,三思而后行,而不要盲目冲动或感情用事,要加强道德和法制观念,做事要考虑后果。

4. 转变生活方式

在中学时,有些生活琐事依靠父母亲友的帮助,进入大学后,衣、食、住、行等个人生活都要由自己处理、安排,自主、自立、自律是大学生活的主旋律。大学生应适应这些生活方式的变化，自主而合理地处理好个人的学习和生活问题，注意培养独立生活的能力，要自觉遵守学校的规章制度和作息时间，养成良好的生活习惯；要积极参加学校、班级组织的文体活动和第二课堂活动。

四、学会理财

1. 养成储蓄习惯

大学新生入校后应该有计划地将自己不用的钱存成定期储蓄或活期储蓄，然后按照计划有规律地进行支取。另外，还可以申办一个带有自动理财功能的"综合理财账户"，这样一来，家长寄去的钱就可以自动转为定期存款，而支取的时候，银行电脑系统会自动计算，支取损失最小的存款。增加理财收益是小事，关键是养成良好的储蓄习惯和理财观念。

2. 树立勤俭意识

大学生们来自不同的城市，家庭条件更是贫富不一，所以，要把有限的钱花在最需要的地方，不该花的钱一分也不能乱花。除了学费、基本生活费，建议额外支出部分或者全部通过打工挣得。不建议家长一次性将生活费打到卡上，按月汇钱对同学们的自我控制力是一种培养，同时也是一种创业意识的启蒙。

3. 善于精打细算

大学生活的消费中有很多省钱的窍门，如买二手货、选择优惠电话卡、办购物打折卡等。大家要注意学习省钱窍门，尽量别花冤枉钱，要更多地考虑所购物品的性价比和自己的承受能力。

4. 学会记账和编制预算

这是控制消费最有效的方法之一。其实记账并不难，只要你保留所有的收支单据，坚持整理并记在本子上，就可以掌握自己的收支情况，看看哪些是不必要的支出，哪些是可以控制的支出，哪些是可有可无的支出，对症下药，对今后的开支做出必要的调整，以达到控制的目的。

第二节　适应新的人际环境

戴尔·卡耐基指出：一个人事业上的成功只有15%是由于他的学识和专业技术，另外85%靠的则是良好的心理素质和善于处理人际关系的能力。可见，良好的人际关系处理能力能够很好地展示并提升一个人的情商，使一个人能够距离健康、幸福和成功更近。一进入大学，你是不是就迫切地想给他人留下美好的第一印象？你是不是渴望能尽早建立一份和谐的人际关系？你是不是已经开始有意识地积累自己的人脉资源？很好，你已经认识到人际交往的重要性了。但是，具体怎么做，才能更好地获得一份良好的人际关系，并使之得到很好的维系呢？

一、舍友关系

【案例2】

小强今年刚大一，他说他目前最大的愿望就是能换个宿舍，不再和那个"奇葩"室友同居。他口中的室友就是夜晚睡得很晚,而且有磨牙甚至梦游习惯,每次上完厕所不冲水的人。"你都不知道,他专挑半夜放歌,还开很大的外音,怎么劝说都不听"。说起这位室友小强就一肚子火,早就向老师反映情况,只是领导考虑大一都还处于磨合期就没批准换寝室。

【案例解析】

事实上,据统计全国各地的高校都有类似的情况。那么到底是什么原因导致其发生的呢?第一,大学新生来自五湖四海,各个地区的风俗习惯都大相径庭,每个人都不可能完全要求其他人按照自己的意愿生活。而且,大一新生都是"90后",个性鲜明,大多数又是独生子女,自然而然地一切以自我为中心,任何事情都会把自身利益放在首位,再来权衡其他事;第二,现在的大学生尤其是大一新生合作意识太差,没有团队精神和集体荣誉感。宿舍就像大学生的第二个家,每个室友都应该像亲人一样互帮互助。但是就像贴吧里吐槽的一样:每个人都在对着手机屏幕或者电脑,一下午一夜晚一句话都不说,哪里还有一点人情味儿!确实,因为缺少必要的沟通,就很难达成一种共识,久而久之就会越来越疏远。

【案例3】

大学新生小丽发现,在她的宿舍里,另外三个女生成为一个小团体。"一开始宿舍四个人的关系都很好,很多事都会四个人出动,但慢慢地我就觉得不对劲了,就是觉得有点受排挤"。她认为自己是被舍友孤立了。说到原因,小丽猜测说:"很多生活习惯的不同导致了这一点。其他三个女生喜欢聊一些琐碎的小事,而自己平常对这些小事不感兴趣,渐渐地与舍友之间产生了距离,最后就演变成没什么话好说的了。"小丽曾经尝试过去关心舍友关心的东西来拉近与舍友的距离,但最终都失败了。时间久了,小丽也习惯一个人的生活了。"其实我很想找一个机会好好和舍友聊一聊,但是一直没找到好的时机,我会等一个好的时机和她们好好交流的。"说到这地方,小丽倒是一脸的平静。

【案例解析】

很多寝室都存在与上述案例类似的现象,经常会有一两个人被舍友孤立起来。地区和一些背景的差异导致了这种现象的发生,更多的是对于学习和生活的态度与方法导致排他现象的发生。

【案例4】

机电学院的小丁,一提到宿舍问题就一脸的无奈。每天自己都在舍友敲键盘和沉溺于游戏的欢呼声中生活,三个舍友都是疯狂的游戏玩家,他们的生活似乎除了游戏再无其他,连上厕所都是小跑着去。宿舍里一点儿学习的氛围都没有,更多的是在午休的他被舍友游戏里的喊杀声吵醒,一脸恼怒地盯着舍友在游戏上疯狂的背影。"一回寝室就头疼,每天听着舍友和游戏有关的聊天,好像他们不是来上学的,是来玩游戏的。"对于舍友们的生活他只能发发牢骚。除了睡觉的时候,小丁一般很少回寝室,都是找一个教室自己待会儿,或者出去打篮球。

【案例解析】

网络游戏的过度沉溺成了大学生特别是男生的常态,"英雄联盟"更是众多男生的最爱。经常是隔壁寝室的两个人一边相互喊着,一边攻占同一个战队。而对于舍友有两种影响,一种是和他们一起玩游戏,另一种是没法待在寝室里。

电脑的出现引发了一系列的宿舍问题。用电脑玩游戏和学习都是私人的事,但这些事情都要建立在不影响其他人的学习和生活的基础上,玩游戏时为了过瘾,故意把声音调大,或者不顾别人休息只知道自己玩游戏都是不可取的,不能把自己的快乐建立在别人的痛苦之上。最重要的是,沉溺于游戏严重影响了正常的学习和生活,希望大家能够更理性地对待游戏。

宿舍是大学的基本生活单位,舍友是同学们在大学期间相处时间最长的人,由于每个人的性格不同,目标不同,选择也不同,有一些矛盾是很正常的,但是这一切矛盾都需要相互之间的沟通,很多不幸的事情的发生都是缺乏沟通导致的。在小小的寝室中,每个人都有自己的私人空间,但是所有一切都应建立在不影响他人的正常生活的基础之上的,为此,每个生活在宿舍里的人都要做出一些让步,只有相互包容才能获得宿舍的和谐生活。

对于大学生而言,宿舍关系在人际关系中充当着重要角色,良好的宿舍关系有利于同学的和睦相处,相反则会造成诸多不良的影响。宿舍的各位同学可能出自不同的家庭背景,不同的经历而形成不同的价值观,因而在对待同一件事上会有不同的看法。在这种情况下,矛盾是很容易产生的,一旦处理不好,就会造成剑拔弩张、唇枪舌剑的紧张场景。然而如果每个人能用宽容的胸襟来面对舍友的想法,欣赏别人的观点,气氛就会显得融洽,在获得问题最佳解决方法的同时,还能赢得宿舍同学的友谊。那么究竟应该和室友保持什么样的距离,怎样才能和室友友好相处呢?

1. 平等相处

你以前是和父母一起生活,在家里,你是小皇帝或小公主,是被保护和被宠爱的对象,在很多事情上,家长会在日常生活中做出让步和牺牲来满足你的要求。但是,在同舍友的相处中,大家来自五湖四海,都是同龄人,在权力和利益上是平等的,没有人有义务让着你或为你做出牺牲,所以你要知道平等相处是人与人相互交往的最基本的素质。

2. 正当竞争

舍友一般同处一个院系、一个班级,因此在许多事情上会发生直接的关系,或者说直接的利益冲突,比如说优秀学生、优秀学生干部、奖学金等的评选或入党等,这里面牵涉奖金甚至将来的就业,因此会引起冲突。你要妥善处理,不是说你要主动让出你应得的东西,而是说你要抱着一颗平常心去参与竞争,而且要公平竞争。

3. 与舍友统一作息

一间宿舍里有了四个或者五六个,甚至更多的人在一起生活,宜有统一的作息时间。只有大家协调一致,共同遵守,才能减少争执,消除摩擦,维持正常的生活秩序。如果你是"夜猫子",晚上睡得很迟,待宿舍成员都睡了,才洗漱睡觉,这样就容易吵醒其他人,影响别人休息。久而久之,你就会引起舍友们的厌恶。因此,宿舍的全体成员应尽量统一起居时间,减小作息差距。倘若实在有事,早起或者晚睡的成员也应尽量减少声响和灯光对舍友们的影响。

4. 不搞"小团体"

在宿舍,应当以平等的态度对待每一个人,不要厚此薄彼,和一部分人打得火热,而对另一部分人疏远不理。有些人喜欢同宿舍之中的某一个十分亲近,在平时,老是同一个人说悄悄话,无论干什么事都和一个人在一起。这样就容易引起宿舍其他成员的不悦,认为你是不屑与之交往。结果,你俩的关系也许搞好了,但却疏远了其他人。这就不利于建立和谐的宿舍关系。我们不反对建立有深度的友谊,但绝不能以牺牲友谊的宽度和广度为代价。

5. 不触犯舍友的隐私

每个人都有自己的秘密,也有足够的好奇心。对于舍友的隐私,我们不要想方设法去探求。对方把一个领域划为隐私,对这个领域就有了特殊的敏感,任何试图闯入这个领域的话题都是不受欢迎的。尤其要注意的是,未经得舍友同意,切不可擅自乱翻其衣物。另外,同住一间宿舍,有时难免知道舍友的某些隐私,但我们也要守口如瓶,告诉他人不仅是对舍友的不尊重,而且也是不道德的。

6. 积极参加集体活动

宿舍的活动不单纯是一个活动,更是舍友之间联络感情的重要形式,应该积极参与。千万不要幼稚地把集体活动当作纯粹的费财费力的无聊之举,表现出一副不屑与之为伍的样子。其实,那都是感情投资,不可或缺。舍友们决定一起去干什么,我们要尊重他们的选择。确实不能参加,可以把自己的想法和意见提出来,不要勉强参与,反倒让舍友觉得你在应付了事,更不要一口回绝而伤了舍友们的兴致。可以说,集体活动的有无和多少,也从一个侧面反映了这个宿舍的团结程度。倘若这样的活动你老是不参加,就多多少少显得你不合群了。

7. 别人有难会帮,自己有事也要求

良好的人际关系是以互相帮助为前提的。当舍友遇到困难,我们应当主动伸出援助之手,这自不必说。那么,当我们有事时,是否宜向舍友求助呢?答案是肯定的。因为有时求助反而能表明你对别人的信任,能够融洽关系,加深感情。比如你有事需请人帮忙,假如你舍舍友而远求他人,舍友得知后反觉得你不信任他。你不愿求别人,别人以后有事又怎么好意思求你帮忙?其实,求助舍友,只要讲究分寸,不使人家为难,都是可以的。

8. 不拒绝零食和宴请

舍友买点水果、瓜子之类的零食到宿舍,分给你时,你就不要推,不要因为吃别人的难为情而拒绝。有时,舍友因过生日或其他事请你吃饭,你也应欣然前往。即使没有钱"回请"他,也无关紧要,因为互酬不仅仅体现在物质上,它更体现在心理上。你接受别人的邀请,从某种意义上说,也是对别人的尊重。倘若不论零食或宴请,你都一概拒绝,时日一久,别人难免会认为你清高傲慢,就对你"敬而远之"了。

9. 不逞一时口快

"卧谈会"是宿舍的一个重要活动项目。舍友们互说见闻,发表意见,本来是件很愉快的事,但也往往因小事而发生争执,"卧谈会"变成了"口舌大战"。有些人喜欢说别人笑话,讨别人便宜,哪怕玩笑,也不肯以自己吃亏而告终;有些人喜欢争辩,试图通过说服对方显示自己的能耐,让舍友"尊重"自己;有些人害怕被人看不起,就故意在"卧谈会"中唱反调,甚至揭人之短,对他人进行人身攻击。这种喜欢逞一时口快,在嘴巴上占便宜的人实际上非常愚蠢,给人感觉太好胜,难以合作。你不尊重别人,别人也不会尊重你。你夸夸其谈,想处处表现得比别人聪明,最后也只会引起别人反感。

10. 完成该做的杂务

宿舍每位成员该做的杂务,不仅仅指做好自己一个人的事,也包括做好集体的事。有些人在家懒惰成性,所有的事都指望家人打理,住集体宿舍难免恶习毕露:开水从来不打,每天喝别人的;衣物不注重整理,到处乱扔;宿舍的公共卫生更是不闻不问,扫地、擦门窗等事都指望舍友来完成……我想,没有哪一个集体会欢迎一个自私、懒惰的人。因此,你必须尽力做好属于自己的那份杂务,不要指望别人来"帮助"你,凡事要养成亲力亲为的好习惯。集体的事,要靠集体来完成,你不做,或马虎了事,别人就有理由说你的不是了。

以上都是日常生活中的小事,倘若我们能够注意做到,对我们处理好舍友关系能够起到事半功倍的作用。

二、同学关系

【案例5】

从进大学以来,小李一直觉得周围的人不喜欢他,对他不满。三年来,他几乎没有朋友,同学也鲜有来往。他很孤独,从内心来讲很想交朋友。小李并不是胆小怯懦、害怕交往的类型,与老师沟通以及课堂上回答问题和小组讨论时,他能从容不迫,侃侃而谈。小李抱怨说现在的大学生思想特别不成熟,行为举止幼稚,特别是自己身边的同学,仍然是中学生的生活状态,这让他非常看不惯。和同学去食堂打饭,小李看见同学打的蔬菜色泽不好,大声嚷嚷:"这菜喂猪还差不多!"那位同学听了特别尴尬。全班准备去郊游,班委提前商量方案,大家想去风景区,可小李认为那个季节风景区并没有什么风景,据理力争要把活动安排在附近儿童福利院,结果讨论会不欢而散。最后同学郊游还是去了风景区,却没有通知小李。小李一再表明,他说的都是真话,大实话,为什么周围的人不能理解呢?他还说,如果坚持真理就注定孤独的话,他要坚持下去,走自己的路,让别人说去吧。

【案例解读】

看完案例后,大家可能会觉得小李确实有委屈的地方,但仔细分析就会发现小李在人际交往中存在的重大问题:以自我为中心。从小李的故事可以看出,他都是从自我的角度出发考虑行为的合理性,明显缺乏换位思考的能力,甚至有时说话行事缺乏对他人的尊重。自我中心是人际关系不协调的主要原因之一,因为人际关系是人与人之间的交往,是一种心理上的双向互动过程,在这个过程中人际交往双方的心理需求都应当得到满足。如果一个人总是以自我为中心,以自己的想法为重,重视自我存在、自我感觉和自我价值,往往容易忽视对方的存在和感受,认为自己所想所做都是理所应当的。此外,自我中心的人在遭遇困难和挫折时,不懂得先从自身寻找原因,而首先想到社会和他人对自己的不公、不利,从而产生对社会、他人的不满。当有人在人际交往中以自我为中心却又不自知,往往会给自己和周围的人造成困扰。

【案例6】

小萌与婷婷是某艺术院校的学生,入学不久,两个人就成了形影不离的好朋友。小萌活泼开朗,婷婷性格内向,沉默寡言,婷婷逐渐觉得自己像一只丑小鸭,而小萌却像一位美丽的公主,心里很不是滋味,她认为小萌处处都比自己强,把风头占尽,时常以冷眼对小萌。大学三年级,小萌参加了学院组织的服装设计大赛,并得了一等奖,婷婷得知这一消息先是痛不欲生,而后妒火中烧,趁小萌不在宿舍之际将小萌的参赛作品撕成碎片,扔在小萌的床上。小萌发现后,不知道怎样对待婷婷,更想不通为什么她要遭受这样的对待。

【案例解读】

吞噬婷婷灵魂的恶魔正是嫉妒,它让人迷失方向,嫉妒来源于攀比,产生攀比心理的个体与被选为参照的个体之间往往具有较大的相似性,导致自身被尊重的需要过分夸大,虚荣动机增强,甚至产生极端行为。在与同学的交往中,同学们难免会将自己和别人进行比较,但是怎样看待比较后的结果却因人而异。与别人比较后发现自己不如别人,有的人会努力去发现自身不足,寻找进步的空间;而有些人可能与案例中的女同学有着同样的心情——"羡慕嫉妒甚至是恨",然后冷落、贬低、排斥参照对象,甚至产生敌视。前者是正性攀比,是在理性意识驱使下的正当竞争,往往能够引发个体积极的竞争欲望,产生克服困难的动力;后者是负性攀比,会使个体陷入思维的死角,甚至产生巨大的精神压力和极端的自我肯定或否定。负性攀比最大的问题在于缺乏对自己和周围环境的理性分析,只是一味地沉溺于攀比中无法自拔,对人对己都很不利。案例中的婷婷便是在负性攀比后产生了嫉妒等情绪,从而做出一些不当的过激行为。

【案例7】

小赵是一位大一的男生,他说:"我最大的困惑就是和女生交往起来有很大障碍。我其实性格也不算内向,只是稍微有点害羞。与班里、寝室里的男生相处起来很自如,没有什么异样。但是在班上和女生见面,我就不太敢和她们对视,尽量不单独和女生相处,因为紧张得不知道说什么,让对方看出来又觉得很丢脸。特别是在集体活动中,我最怕和女生搭档。有一次新年晚会,我们班排一个话剧,我和一个女生演对手戏,我完全放不开,虽然最后我强装淡定,勉强完成了任务,但是内心很煎熬。我想要改善与女生相处的状态,要不毕业以后工作、恋爱都会受到影响。"

【案例解读】

有些大学生在异性面前虽然故作镇定,但实则心慌意乱、不知所措。其主要表现是与异性接触时面红耳赤、心跳加快、呼吸急促、语言不连贯、语无伦次等。在与异性沟通时表现出拘束不安的状态,情况严重者甚至仓皇逃离现场,从而失去与异性进一步接触的机会,阻碍了与异性的正常交往。案例中的小赵正是这种情况。

同学之间的相处是大学生人际交往最基本的,其交往最普遍、也最复杂。一方面,同学之间年龄相近,兴趣、爱好相似,又在一个集体中学习和生活,因此比较容易相处;另一方面,同学之间在生活习惯、个性等方面又存在一定的差异,因此在交往过程中难免会发生这样或那样的矛盾冲突。

所以我们认为和同学之间的相处,就应该把握一个度,不能操之过急,也不能太急躁了,因为毕竟和同学相处不是一天两天的事,更何况,我们也不可能在几天之内就将一个人彻底地认识,所以不要轻易地给某个人下结论,不要很快地去说某人怎样怎样。路遥知马力,日久见人心,为了能够很好地和同学交往,还是应该慢慢来,渐渐地了解某人的性格,以及很多方面的情况,具体对待,做到与同学和平相处、友好交往。在漫长的交往中,同学们要渐渐地把自己的优点展现出来。一个人不可能是十全十美的，每个人都可能有这样或那样的缺点，应该学会在别人的目光或言语声中，主动地去认识自己、反省自己、发现自己的缺点，敢于去直接面对自己的不足。

同学关系主要是指作为正式群体的班级和院系内部的学生之间的关系。这种关系是大学生最重要、最基本、最稳定的人际关系之一。在处理同学关系时要注意把握好以下几点。

（1）要正确处理好竞争与友谊的关系。在培养自己的竞争意识的同时，要采取正确的竞争态度和方式。要在竞争中发展友谊，在友谊中促进竞争。

（2）要正确处理好与异性同学的关系。交往双方一定要相互信任、相互尊重。男女同学要从思想和行为上分清友谊与爱情的界限，应多在集体活动中交往，女同学要自尊、自重，男同学要自制。

（3）正确处理好与性格内向同学的关系。在与性格内向的人交往时，首先，要做到尊重对方，理解对方。其次，要尽量熟悉、了解对方，以实际行动去接近对方，缩短相互间的距离。再次，以热情关切的态度，感染、影响、带动他们。最后，应以虚心、耐心、会心与其相处。性格内向的同学，应注意克服怕羞和不善交际的弱点，尽量使自己大方、开朗。

三、师生关系

【案例8】

小雪，大一新生，任班内团支书，自尊心强，在一次考试中，考试快要结束的时候，小雪发现有一部分选择题答题卡涂错了位置，正要准备修改的时候监考老师宣布考试结束，让大家放下笔，不要再继续答题，小雪暗自庆幸监考老师是自己的辅导员老师，肯定会给自己时间把答题卡改完，可是让她没想到的是，老师丝毫没有偏向她的意思，不顾她的请求把答题卡收走了，想到自己可能拿不到奖学金，甚至有挂科的危险，小雪很难受，开始在心里责怪老师不讲情面，认为老师对自己平时的表现不满意，不喜欢自己。从那以后，小雪对班里的工作不如以前上心了，甚至开始有意避开辅导员老师，辅导员老师发现小雪的异常后主动找她谈话，经过将近一个小时的沟通，小雪才打开了心结，认识到是自己不够理解老师，如果能早一点跟老师沟通，早一点想明白，也不至于这么尴尬。

【案例解读】

沟通与交流是构建良好人际关系的基础，也是师生共同的期望，师生间在各自不同的立场上作出的思考，只有通过沟通和交流才能最终达成和解，正如巴西教育学家弗雷尔所说："通过对话，学生的老师和老师的学生之类的概念不复存在，一个新名词产生了，即作为老师的学生或作为学生的老师。"在遇到问题的时候，学生往往从自身角度考虑，案例中的小雪正是如此，而老师却要顾及学校的相关规定及其他同学的感受等，因此师生间出现一些分歧在所难免，同学们要学会换位思考，多理解老师，配合老师的工作，积极与老师沟通。

在师生关系的相互作用过程中，作为老师，应该是学生的良师益友，关心、尊重、爱护学生；作为学生，应有主动、积极的态度。作为个体迈向社会前的最后一道生产线，大学老师对学生来说是非常重要的社会支持系统，积极主动地寻求老师的指点、帮助和支持，对大学生的成长举足轻重。那么,同学们应当如何去做呢?

1. 尊敬老师,积极交流

师生关系是互动关系,这要求大学生在学习、生活中与老师交换意见,加强沟通,弥补自己学习生活中的不足。

2. 加强自律,理解老师

大学生要避免自由度过大、做事随便。应记住自己学生的角色,即使遇到老师误解自己或评价有失公正,也应积极沟通,多理解老师,同时设法让老师理解你,切不可当面顶撞,更不该背后议论。

3. 在专业学习中多交往

在大学老师与学生的交往中,比较多的是专业课教学过程。作为大学生,学好每门课程是达到培养目标的要求,多请教,多与老师讨论,从而学习新知识和治学方法,提高分析和解决问题的能力,也可在请教中为老师做些教学中力所能及的工作,在这些教学交往中增进了解,和谐师生关系。

4. 采取灵活多样的沟通方式

应当充分利用各种沟通方式:短信、电话、邮件、面谈、组织班级活动等,尤其是充分利用网络沟通更为重要。

辅导员是大学教师群体中的一个特殊群体。作为从事学生工作的老师,因为工作上的要求,常常会主动与你们走得很近,因此他们也是你们从情感上最认可的老师。很多同学毕业多年后,对大学的老师印象最深的就是自己的辅导员。你们进入大学最先接触的是辅导员,最后为你们送行的是辅导员,伴随你们成长的也是辅导员。辅导员的职业素养决定了他们最能够贴近你们,最能够理解你们的情绪情感,最能够有效引导你们的学业和发展。所以,你应该主动与辅导员建立良好的师生关系,不仅因为辅导员年轻,与之相处没有代沟,更是因为辅导员自身的工作经历和专业的素养。辅导员担负着大学生的思想教育和引导、日常管理等任务,不仅要做好日常管理和助学工作,更重要的是要加强对学生做人、做事、做学问的培养,对学生思想、学习、生活上进行指点,帮助你们规划好大学生活。几乎每个学生主观上都愿意和老师接近,正如有人说的"学生就像花草树木趋向阳光一样趋向教师,都希望亲近老师",辅导员给你们提供了这样的机会。与学生面对面交谈是辅导员沟通的常用的工作方式之一,因此,你有机会和老师深谈心中的烦恼、忧伤、顾虑,也有机会和老师共享你的成长、开心和梦想,而父母、同学、任课老师可能无法与你进行这样深入的谈话。辅导员会耐心地倾听你的心声,需要的时候会替你保密。在必要的时候,他更清楚学校有什么样的资源可以推荐给你,帮助你认识和分析社会环境带来的发展困惑、生存压力带来的心理困惑、生活方式带来的选择困惑等,能够有效地帮助你解决你想解决的问题。

四、恋爱关系

(一)大学生恋爱中的情感困扰

1. 单恋

"世界上最遥远的距离,不是生与死,而是我就站在你面前,你却不知道我爱你。"单恋有两种：一是不为对方所知道的暗恋；二是不为对方所接受的单恋。前者是默默地爱恋着对方，而对方却不知情，一方面想把自己的情感告诉对方，另一方面又担心对方知道后不接受。"距离产生美"，两人之间的距离感更容易把对方理想化，觉得对方处处都有吸引力。没看见时，想办法见到他，而看见了又心情紧张，甚至企图回避，更甚者终日神魂颠倒、魂不守舍，影响了自己正常的学习和生活。后者是在接近对方并向其表示好感后被拒绝，或者曾公开追求却没有得到对方的好感与接纳，面对现实却无法解脱，仍执着地爱慕着对方，终日思绪不宁、寝食不安。

单恋者固然能体会到一种深刻的快乐，但更多的是体验到情感上的痛苦和煎熬，因为他们无法向自己钟爱的对象倾诉感情，或是表达倾诉后，被对方拒绝。大学校园里，不少同学因为单恋或享受着或痛苦着或无奈着。正常程度的单恋可能是健康的，比如有动力让自己越变越好，让自己不断提升，等等。而过于痴狂和执着的单恋会影响大学生的身心健康。因为单恋表白未果对自己或他人做出过激行为的悲剧不在少数。一旦单恋发生在你的身上，要么让它在你心中慢慢淡去，要么就拿出勇气、克服羞怯，勇敢恰当地表达自己的情感。如果对方有意，那么恋爱的快乐就取代了单恋的痛苦；如果"落花有意，流水无情"，那么你在心情低落后应该面对现实，勇敢地抛弃幻想，用理智主宰情感，通过情感宣泄、注意力转移等方法，整理好心情，重新快乐地学习和生活。

2. 情感纠葛

陶行知先生说："爱之酒，甜而苦。两人喝是甘露，三人喝是酸醋，随便喝，要中毒。"情感纠葛，主要是在恋爱过程中因某些主客观原因而引发的恋爱双方强烈的内心矛盾与感情冲突。比如陷入三角恋、爱情遭遇阻力、爱情中的误解和猜疑等。恋爱中遇到这些情感问题，本来就让恋爱双方苦不堪言，加之部分大学生在处理感情问题上尚不够成熟，缺乏经验和技巧，难免做出一些不当甚至过激行为，使两人关系雪上加霜。少数大学生因为某些原因同时与两位异性交往、周旋，甚至和谁都不确定恋爱关系，一直暧昧不清。比如，一对异地恋的情侣，男友或女友长期不在身边，久而久之，电话联系、网络聊天中的嘘寒问暖已变得空洞乏味。除了回忆曾经共度美好时光的快乐，留下的只有寂寞和猜疑。此时，如果其中一方有其他异性介入，并被寂寞孤独的人所接纳，那么很有可能出现所谓"脚踏两只船"的情况。缺乏道德感、责任心的多角恋爱容易引起纷争、发生冲突，使恋爱中的一方或多方处于痛苦和无奈之中，最终酿成悲剧，对所有当事人都会造成不良后果和影响。

3. 结束恋爱关系

恋爱固然是美好的，但随着交往的频率增加及程度加深，交往双方难免会发生一些摩擦和不愉快，甚至出现一些彼此不可调和的矛盾。当一方发现另一方并不是自己心中的理想伴侣时，就会产生结束彼此恋爱关系的想法。然而部分大学生在心生分手之意以后，处理方式欠妥，最后造成双方不欢而散，甚至给对方带来心灵上的伤害。比如，少数大学生给对方发去一句简单的短信、一个QQ留言说分手，甚至让第三者传话，并且不再给予对方任何回应，这种缺乏尊重和诚意的做法让对方很难接受。因此类"简单粗暴"的分手方式而造成的悲剧不在少数，使原本相爱的双方反目，否定之前的全部感情，甚至伤害对方。

爱情是美好的，恋爱中的关心体贴、互帮互助和激励安慰都让人留恋，两个人在恋爱中所经历的酸甜苦辣都会在以后变成美好的回忆。然而,越是美好的东西,在失去的时候越是让人放不下。大学校园里每天都上演着一幕幕爱情悲喜剧。许多大学生表示,失恋是大学里最痛苦的事情之一,失恋后的大学生常常被负面情绪包围,悲伤、沮丧、愤怒、抑郁等,这些情绪反应不仅引起内在的、强烈的不适感,还有可能持续、消极地影响其正常学习和生活。大学生失恋后,有人能够在短暂的悲伤后从失恋的阴影下走出来;有人则很长一段时间都郁郁寡欢,丧失了对生活的热情、兴趣和信心;有人选择报复别人,有人选择伤害自己;等等。

(二)正确处理恋爱关系

如何处理好恋爱关系,是许多在校大学生最为关心的一件事。一个大学生的恋爱生活的成败,可以说会牵涉他大学期间所有其他方面的生活。

1. 恋爱关系不是大学期间最重要的关系

现在有很多大学生,由于忽视了和同学之间的关系以及和老师之间的关系,再加上又没有把主要的心思放在学业上,从而导致从恋爱之中寻找精神依赖与精神支持。这种做法肯定是错误的。任何一个国家,任何一个时代,学生的天职永远都是学习。由此可知,和同学以及老师之间的关系的重要性肯定是超过恋爱关系的重要性的。

2. 爱情不是自我封闭的二人世界

有人认为爱情是一个可以离开外界的纯粹的两人世界,这显然是错误的理解。许多谈恋爱的大学生,一旦有了恋爱对象,就开始和室友、同学、集体拉开距离,进行自我封闭,只是沉浸在两人的世界里,和室友的聊天没有了,和班上同学的接触没有了,集体的活动不参加了,对社团组织的活动没兴趣了,等等。这种不正确的恋爱态度,会让恋爱者失去很多其他方面的机会。

五、家庭关系

【案例9】

张同学来自偏远农村,家里经济很困难,到校报到时通过绿色通道办理入学手续。父母年迈,兄弟姐妹多,家庭无法为他上大学提供经济支持。而张同学性格内向,不善与人沟通,父母要求他一定好好学习,将来光宗耀祖。辅导员为其安排勤工助学岗位,张同学又担心学习受影响,心里很为难,压力很大。

【案例10】

自从小苏考到离家很远的一所大学以后,父母明显感觉到,儿子跟自己疏远了。每次假期,小苏都只在家住很短一段时间,就匆匆返校。在家的时间他不是去找同学聚会,就是一个人闷在屋里上网,总是刻意地回避父母。

小苏在中学时成绩优异,父母对他一直要求很严格,也寄予了很高的期望,可是高考时他发挥失常,只能进入一所并不理想的大学,这让父母感到非常失望,父亲气得大病一场,住进了医院,母亲也是以泪洗面,说他太不争气,让自己在亲戚朋友面前抬不起头来。

从那时起,小苏就感觉心里和父母隔着一层什么东西,很想马上从家里搬出去,不再受父母管束。所以上大学后,他在家的时间很少,他宁愿和同学在一起,也不愿意见到父母。每次放假，站在回家的站台上，对他似乎都是一种煎熬。虽然父母总是尝试和他多说说话，问问他学校里的情况、他的生活，可他觉得父母根本不理解他，只会一味地批评和责备他。他心里的话只愿意和朋友说，只有朋友才能真正和自己交流。

【案例 11】

大学生小李，也是很少与父母进行沟通的。小李的父母是"老三届"，当过知青，所以有一种"不能让孩子再吃我们吃过的苦"的心理，在物质上对小李特别溺爱，有求必应。这让小李很郁闷，觉得和父母能沟通的东西越来越少。她觉得她感兴趣的事情，在父母那里总是得不到回应，而父母说的总是些鸡毛蒜皮的小事，她根本不爱听。

【案例解析】

考入大学后，你也许会发现父母对你的态度有了一些变化。你的父母可能会和你商量一些家庭大事，他们会告诉你家里经济状况无法承担你的学费和生活费，你需要自己努力解决将要面对的问题。他们也可能告诉你不必担心家里拮据的经济，只要一心读书就好，而你却因体恤父母的辛苦，无法安心读书，而专注于勤工助学。他们也可能为你设计好将来的人生，而你有自己的打算，但发愁如何与他们沟通，告诉他们你想自己规划自己的将来。也有可能在你人生的很多关键时候，需要父母的帮助和建议而他们却没有，让你觉得无依无靠、无奈无助……所有这些，都是新生可能遇到的，而这些也可能会造成你与父母情感或沟通上的障碍。

像上面案例中的主人公一样，与父母产生沟通障碍的大学生并不在少数。某城市曾在高校中做过一项调查，结果显示，约有69％的大学生感到无法与父母交流和沟通，其中27％的学生表示从不与父母交流。在结束了高中的生活进入大学以后，很多大学生的心理会发生很大的变化，而这一阶段尤其需要父母的精神支持。现在的很多大学生是独生子女，习惯了以自我为中心，对父母也缺乏理解。

从高中到大学的转变过程中，大学生急于独立，脱离父母的约束，与父母产生距离，是一种正常表现。但对大学生来说，如何处理好与父母的关系，保持与父母的沟通，是培养良好的个性、建立人际关系的起点。试想，一个人与父母都不能很好地沟通，又怎么到社会上与别人顺畅地沟通呢？所以，当与父母产生隔阂、发生分歧时，大学生应当主动找时间与父母聊天，说说自己的心里话，体验交流的快乐。

（一）保持与父母的沟通

大学生同父母交往的方式主要是间接方式。特别是异地求学的大学生，远离家庭，与父母的联系主要通过电话和网络等间接方式进行。一般而言，大学生"懒于动手，勤于动口"。即便是电话联系，次数也逐渐减少，只有在发生"经济危机"时才会想起家庭的温暖。这就使家庭对大学生的影响进一步受到限制。随着时代的变迁，作为新新人类的大学生难免会在某些方面与父母一辈格格不入，如理解模式和行为模式、生活理想、生活方式、个人发展等，不一而足，也就是所谓的"代沟"。

作为大学生，可以经常与父母谈心、交流，遇到有矛盾的地方双方静下心来心平气和地谈话解决。还可以试着寻找和父母的共同话题，比如多关注和留意父母最近感兴趣的事,了解情况之后就可以和父母"谈天说地",找到共同讨论的焦点。代沟是父母和子女之间无法避免与消除的一条界线,但这条界线也不是不可跨越。要学会设身处地地站在对方角度思考问题。同学们要知道为人父母的处境和难处,并试着去理解和体谅他们。只有学会换位思考,才能真正理解"可怜天下父母心",也才会真正懂得感恩。

（二）与父母之间发生冲突怎么办

1. **应分析一下究竟是谁对谁错**

如果真是父母的问题,就应该诚恳地跟他们解释清楚。我们毕竟已经长大,可以拥有自己独立的观点,千万不要怨恨父母对你的不理解;倘若是自己错了,就乖乖地认错,再讨好讨好他们。无论哪种情况,打破僵局的都应该是你,因为父母永远是你的长辈,对他们尊重是你应该做的。

2. **允许父母犯错误,父母是人而不是神**

正如你在学校可能会遇到使自己不愉快的事情一样,父母也会在家里家外遇到不顺心的事,也会因为疲劳过度心情烦躁,如此说来,要求父母永远说有道理的话,永远做有道理的事,是不是也不太现实呢?

3. **理解父母、尊重父母**

父母毕竟是从艰苦的岁月中走过来的,很可能与时代有点脱节,思想上的陈旧并不代表他们就不比你更懂得人情世故。即使你的学历再高,挣的钱再多,也不要因此看不起你的父母,他们能做到的你可能永远做不到,而你的所有成就却属于他们。你不一定都要听从他们的,但必须得尊重他们。其实,父母有时并不像我们想象中那么蛮不讲理,我们必须了解他们作为父母的心理:看着自己的孩子慢慢长大,最后却要挣脱自己的保护,父母心里肯定充满了不舍和担忧,但孩子却往往是"初生牛犊不怕虎",冲劲十足,这样便容易产生矛盾。这种情况下,用你的坦诚去换取父母的理解与信任是最明智的,向父母提出你的合理要求,并说明原因,留给他们一个可以发表他们看法的机会,这样的话,成功率肯定大大上升。如果一开始便抱着父母肯定理解不了自己的想法,即使再据理力争,也只会是徒劳,父母很希望儿女跟自己商量些什么,以表明他们的重要性,他们满意了,自然会留给你更大的民主。

4. **脚踏实地,以实际行动赢得父母的信任**

更多的时候,我们需要用自己的行动,而不是用口舌向父母证明自己的成熟。仔细想想,父母对我们不放心难道就没有道理吗?如果你平时做事总是马马虎虎、丢三落四、虎头蛇尾,在家里很少承担责任,父母有什么理由相信你有独立自主的能力呢?多给父母一些信任你的理由,不妨从日常生活中的小事做起,在家里主动分担一些家务,保证做得又快又好,尽可能多地照顾好自己的饮食起居,减轻父母的负担。如果父母发现,每次你都能很好地完成他们交给你的任务,那么他们不但愿意多给你一些自己做决定的机会,而且还会对你的能力大加赞赏,只有你用自己的行动证明你有责任心,有独立能力,才会赢得父母对你的信任。

六、网络社交关系

【案例12】

次某,女,大学生,两个月前经过QQ与社会男青年王某认识。据次某称,在QQ聊天中与男青年王某有很多共同语言,很快两人就熟悉起来,并约定在学校附近见面。王某请她在学校周边居民小区吃饭,买了一些零食,基本确立为男女朋友,并保持着密切的联系。几周之后在QQ聊天过程中,王某以话费不足为由让次某帮忙充50元话费,次某委婉拒绝,王某没说什么。在之后的交往中王某又数次提出一些经济上的要求,次某都一一拒绝。次某与王某交往也开始出现间隙,次某以性格为理由提出与王某分手,王某非常生气,辱骂并打了次某,之后向次某索要分手费,并威胁要到次某学校找她,让老师同学都知道这件事情。次某已经意识到男青年是骗子后,不再和他联系,但王某不断地QQ留言、手机电话或者发短信骚扰她,无奈之下次某更换了手机号码,但是王某还是不断在QQ留言中对次某恶语相加,一天下午,在没有任何心理准备之下,次某在校园门口竟然碰到了王某,王某要求次某跟他到小区里谈谈他们两个人的事情,次某不从,王某便强行要带她去,并扬言次某如果不跟着去"后果很严重",于是两人在校门口拉扯起来。

【案例解读】

大学生生活在校园中,还没有真正接触社会,思想较为单纯,缺乏防人之心和对自身的保护,容易轻信他人,所以一些犯罪分子特别喜欢对大学生这个群体进行行骗。据调查,在上网的大学生中,大约有76％的学生沉迷于聊天室和利用各类聊天工具与网友聊天。网络社交安全成为同学们面临的重要问题,案例中的次某网络人际交友过于随意,缺乏防范意识,轻易地将自己的个人信息告诉网友,导致了此事件的发生。网络世界是一个大杂烩,要谨慎交友、明辨是非、虚心求教。一旦受骗或者遇到威胁要增强面对突发事件的应变能力,学会求助,学会借助老师、同学的力量来解决突发问题,也可以用法律手段维护自身安全。

中学时期由于忙于学业,同学们接触网络的时间相对较少,到了大学,许多同学选择在互联网上度过课余时间,不可否认,网络给我们带来了许多积极的影响。对于恋人、朋友和亲人,网络的存在也是一个情感加深和维系的利器,能使彼此突破空间的局限,进行情感交流。此外,互联网能够克服诸如身体疾患、自我表达、个性特点、外貌等因素对人际交往的阻碍,有利于个体在网络交往中寻求共同志趣以及自由发表观点、宣泄情绪等,不仅可以弥补现实人际交往的障碍,还能发展新的人际关系。但虚拟的网络交往具有两面性,在扩大大学生交往范围和对象的同时,也容易使大家忽视现实的人际关系,或者网上、网下判若两人,甚至沉溺于网络,变得更加封闭自守。

"每天打开电脑,会第一时间打开社交网站,刷屏发状态,看看别人的新情况;就算忙得不可开交,也要挤出时间用手机看微博和微信;吃美食的时候,不是先拿筷子,而是先拿出手机拍照发微博;与住隔壁寝室的同学沟通,不是走过去当面说,而是发微博私信或者微信;遇到网络连接出问题,一整天上不了网,就会心神不宁……"你有过这些情况吗?部分大学生如鱼得水地泡论坛、刷微博、发朋友圈、贴照片,在网上自如地塑造自我。发一条有见地的微博、贴一张旅行的照片,在网上可以成为自己理想中的那个人。

网络为人们提供了快捷方便的交友方式,让双方在轻松自由的方式下交往,但网络交友也有局限性,网络为许多不道德的行为提供了新的温床,因此,你在交网友时,应注意以下几点:

(1) 交网友时,尽量使用虚拟的 E-mail 或 QQ 等方式,避免透露自己的真实姓名、不要轻易告诉对方自己的电话号码、住址及有关个人的真实信息。

(2) 不轻易与网友见面。许多大学生与网友沟通一段时间后,感情迅速升温,不但交换了真实姓名、电话号码,而且还有一种见面的强烈愿望。但与网友见面时,一定要有自己信任的同学或朋友陪伴,不要一个人赴约。约会的地点应选择在公共场所人员较多的地方。不要选择偏僻、隐蔽的场所,否则一旦发生危险情况,无法得到他人的帮助。

(3) 在聊天时,不要轻易点击来历不明的网址链接,往往这些链接或文件中会携带病毒,或带有攻击性质的黑客软件,造成系统崩溃或被植入木马程序。

人际交往小技巧

(1) 记住别人的姓或名字,给人以平易近人的印象。

(2) 培养开朗、活泼的个性,让对方觉得和你在一起是愉快的。

(3) 做到心平气和,不乱发牢骚,这样不仅自己快乐,别人也会心情愉悦。

(4) 举止大方、坦然自若,使别人感到轻松、自在,激发交往动机。

(5) 保持友善亲和的微笑,能让别人在见到你的第一瞬间就获得对于你基本的尊重和好感,也能迅速拉近你们之间原本陌生的距离。

(6) 培养幽默风趣的言行,幽默而不失分寸,风趣而不显轻浮,给人以美的享受。与人交往要谦虚,尊重对方的意见,能让别人觉得你是一个有礼貌且有内涵的人。

(7) 一个人的穿着,不仅代表了一个人的审美和基本的修养,也代表了你对于这次见面抱有的礼貌的态度。穿着得体大方,干净整洁,妆容适当,会立刻获得别人的好感。

(8) 称呼适当很重要:作为一个正在试着和别人交谈的主动者,你应该细心观察别人的身份,选择适当的称呼去对待他人,能让别人觉得你是在用心地和他进行沟通。

(9) 在和别人握手时,应该适当地尊重别人的空间感,不要贴太近让别人产生压力,有力且有节奏的握手,是对别人最好的尊重。

(10) 要注意语言的魅力,多安慰受创伤的人,鼓励失败的人,夸奖真正取得成就的人,帮助有困难的人。

(11) 处事果断、富有主见、精神饱满、充满自信的人容易激发别人的交往动机,博得别人的信任,产生使人乐意交往的魅力。

第三节 适应大学的管理模式

大学是大学生学习、生活的场所,是大学生的"家",在这个家庭里有许多机构和教职工作人员为学生提供生活上的服务和学习上的指导,在这个以服务学生学习为核心的大家庭里,有着自己的管理模式,了解大学的组织机构,适应大学的管理模式,对大学生的学习和生活不无裨益。

一、了解学校机构

对于学校机构设置,一般学生可能不会在意。其实它对于你的大学生活有着很大帮助,不仅可以使你全面了解学校的结构,而且有助于你在多方面的发展。

在大学里与学生关系比较密切的部门包括:

(1) 教务处。教务处是对全校教学工作进行组织和管理的职能部门。其主要职能是制订并实施教学计划,进行教学管理与研究以及学生的学籍管理,学生的报到、注册、转学、休学等事务也都由教务处统一管理。

(2) 党委学生工作部/学生处。党委学生工作部/学生处是学校党委和行政领导下专门负责大学生思想政治教育与管理的职能部门,负责全校学生的思想政治教育、日常管理(包括奖、助、贷学金的管理)以及指导院系的学生工作。

(3) 校团委。校团委负责学校的共青团工作。在校党委、上级团组织的领导下,围绕学校的中心工作,结合共青团工作自身的特点,开展生动活泼的思想政治教育工作,组织各种有益身心的文体活动。

(4) 招生就业处。招生就业处负责学校招生工作,为毕业生提供就业指导与辅导。其主要职责是:宣传贯彻执行国家和上级的就业方针,对学生进行正确的政策导向,通过组织开设就业指导选修课程和就业指导讲座等多种形式,为毕业生提供就业政策咨询、就业技巧指导;广泛收集和发布社会用人单位信息,定期举办不同层次、不同类型的人才交流与招聘活动;制订、上报和落实毕业生就业计划,办理毕业生就业及报到等有关手续。

(5) 保卫处。保卫处是维护校园良好秩序的职能部门,其主要任务是负责校园内的安全、保密、消防、交通、警卫、巡逻、治安、综合治理、外来人口登记和户籍管理与服务等方面的工作;与公安机关共同做好校园地区的治安管理工作;维护校园的安全和稳定,保障学校教学、科研、生活等各项工作的顺利进行,保护学校公共财产和师生员工的生活、人身、财产安全。对于这些部门,不仅要熟悉地点,也要了解它们的运作模式。

二、大学管理模式

中学对学生各方面管理都很严格,主要采取"老师说""学生听"的管理模式,由老师从早到晚、从学习到生活、从思想到行为,进行全方位的管理,学生的言行受到老师较严的管束。而大学主要以学生自我管理和自我约束为主导,老师为辅助力量,由中学时的封闭式教育转化为大学的开放式教育。尽管有辅导员、班主任,但是,老师们对同学们的管理较之中学阶段要松散得多。大学辅导员、班主任的职责主要是把握方向,通过引导学生自觉遵守校规校纪、开展各种活动来发展学生的自主、自立、自理能力,达到自我管理的目的。学生可以自主安排学习计划,在完成必修课程的同时,根据自己的兴趣、爱好选修其他课程。这种方式增加了学生可自由支配的时间,学生可以利用这些时间来充实、丰富自己的知识和课余生活。

"自我管理"就是主体(学生)对自身的约束和引导。主要体现为良好的学习生活习惯,能更深层次地管理好自身的行为和思想,有独立和健全的人格,对学校的管理认同和支持,变被动接受管理为主动参与管理,能够与老师和同学建立良好的互动关系。同学们要在与学校管理相吻合的前提下,自觉提高自我管理意识。通过自我管理,自身的思想素质明显提高,自我管理能力增强,组织能力、领导能力逐渐形成,个人的才能得到全面发展;要使自己变得学习勤奋,责任心强,纪律观念强,有集体荣誉感,有主人翁的工作生活态度。

三、遵守规章制度

作为大一新生,同学们应该努力培养自己的自律、自立能力,熟悉学校各项规章制度,尽快完成中学生向大学生的成功转变,为以后的学习、生活打下基础。有些学生会抱怨大学规章制度给他们的生活自由造成了很大的困扰,试图对抗或者挑战大学的各项制度。其实规章制度不仅规定了那些你不能做的事,也给你指明那些你可以通过努力争取的东西,比如奖学金和一些荣誉。你可以按自己的方式来投资你的教育。

大学生生活主要是在校园度过的,课余生活的内容十分丰富。在日常的课余生活中,同学们的一言一行充分体现其自身素养,这就要求大家自觉遵守学校管理制度规定的行为规范,确立自我防范意识,养成良好的生活行为规范。当你进校后,学校会发给你们人手一本《学生手册》。《学生手册》内容非常丰富,包含与你密切相关的国家法律、规章制度,学校规章制度等。所以,当你不知道你在大学里应该怎么做的时候,请你将本手册再一次拿出来翻一翻。还可以浏览校园网主页,在学校各机构的网页上查询相关规定,如你想了解有关辅修专业的情况,即可登录教务处主页查询。另一个很好的做法是,请教你的师兄或师姐,请他们协助你找出诀窍。他们会告诉你捷径,可免去你的许多苦恼。假如提出你的疑问,你将会很惊讶有很多人愿意分享他们的经验。当然,当有师弟师妹向你求助时,请你也对他们伸出援助之手。

第四节　调整自我　积极面对

大学,一个充满憧憬的时期;大学,一个释放梦想的地方。大学生的青春是瑰丽的,它婀娜多姿却稍纵即逝,无数汗水在这里流淌,无数记忆在这里存放。同学们都希望有某种永恒的东西帮大家度过青春无悔的岁月,并用它不灭的光照亮生命的航程。可是,在寻找希望的过程中也会出现失望,在点亮光明的时候也会出现阴影,在寻找自我的过程中,也会出现迷茫。因此,在面对大学学习和生活中的困难时,要调整自我积极面对。

【案例13】

一位大学新生的自述:"我来自农村,从小父母就告诉我,要跳出农村只有好好学习,所以我勤奋刻苦,学习成绩很好。好不容易考上了名校,全家人、全村人都为我高兴。可是来到学校以后,我并不开心,总觉得自己处处不如人,心里很不是滋味。我普通话不标准,满口的家乡话时常引同学们模仿;我的穿着、举止动作在同学们面前显得土里土气;我上中学时学校不重视英语口语,现在上口语课时心里特别紧张,总担心老师叫我起来回答问题引起大家哄笑;室友用的电脑、手机都是最新款的,我买不起电脑,古董级手机也不好意思拿出来；身边同学都各有各的特长，可是我连业余爱好都没有，更别提文艺才能；在宿舍聊起天来，城市同学侃侃而谈，人家见多识广，知道得很多，自己没见过什么世面，要么插不上话，要么就是说起话来笨嘴拙舌，常常招来大家的冷眼，我也觉得很丢脸。我有一种先天不如人的感觉，很自卑。但我又不甘心如此，于是拼命学习，想以优异的学习成绩来显示自己的才能，补偿其他方面的不足，可是进入大学后我发现，过去引以为傲的学习成绩在大学里也没有了任何优势。为了不让大家看出我的紧张和不安，我每时每刻都小心翼翼，要求自己表现很好，同学们都觉得我是自信开朗、很好相处的人，可是他们看到的只是假象而已，真正的我内心敏感而自卑。我怕同学瞧不起我，我想改变但又觉得一切都是徒劳，我内心特别痛苦和无奈，我该怎么办呢？"

【案例解读】

　　这位同学的主要问题是自我认识比较片面，自我评价不高，有较重的自卑感。他觉得自己各个方面都不如别人，加上对新的生活和学习环境的不适应，引起自我评价较低。自尊心与自卑感的尖锐矛盾导致心理失衡，体验到深深的自卑感，进而产生失望、痛苦、无奈等消极情绪体验，甚至进入自我意识的误区，认为自己的"外在的我"只是个假象而已，并不真正存在，不能认同这样一个自我形象，只认定那个"自卑的我"。所以，无论事实上他有多优秀、多出色、多成功，他都不能真正认同，他的骨子里依然是自卑的，致使他始终摆脱不了"自卑"的阴影，无法形成正确的自我概念和树立健康的自我形象。自卑源于比较而不是源于真实，他的痛苦正是由于拿自己的短处去比别人的长处，这样，越比越伤心，越比越失去信心，从而认定自己"处处不如人"，觉得自己低人一等。其实，只要他换一个角度，更客观地看待自己，更多关注自己的优势，就能提高自信心。同时，也需要理性地对待由于城乡生活环境所造成的同学之间的差别，既要承认农村学生由于生活环境的限制存在一些不如城市学生的地方，如知识面窄、才能训练有限等，但又应看到这些差距是可以通过学习来弥补的，更应看到农村学生勤奋刻苦、吃苦耐劳、生活自理能力强等方面表现出的优势与长处。既要通过进一步的学习来拓宽自己的知识面，培养自己多方面的兴趣爱好，更应客观地分析自己的学习能力，坦然地接受自己尽了最大努力而获得的结果。俗话说："骏马能历险，犁田不如牛；坚牛能载重，渡河不如舟。"每个人有每个人的优势所在，关键是如何去发现自己的优势和长处，学会接纳自我，尤其是要接纳自己存在的难以改进的缺点。

【案例14】

　　小敏，大学生。在别人看来，小敏是一个开朗活泼的女生，长相比较秀气，善于与人交往又很健谈，有亲和力及组织协调能力；她刚进入大学就被老师任命担任了班长职务，并有幸加入了校学生会，成为同学们羡慕的对象。尽管如此，小敏自己却不开心，感觉活得很累。对她而言，活泼开朗的外表其实只是一种假象，在她内心深处实在是有着许多难言的苦楚，而她只能一个人默默承受。

　　小敏生长在一个普通的家庭，除爸爸妈妈外，还有一个弟弟。爸爸妈妈都是小镇上普通的工人，他们之间不是很和睦，经常会因为一些事情争吵不休。面对这种争吵，童年的小敏在感到痛苦的同时，不得不充当家里的和事佬。正是这种经常看着爸爸妈妈的脸色说话做事的经历，给她本应该天真活泼的童年蒙上了一层灰色，过于早熟的童年使她的内心开始默默承受超出她的年龄所能承受的苦楚。小敏上初二时,爸爸患病医治无效去世了。这时,家里的一切就完全由妈妈独自一人支撑。对此,小敏觉得妈妈真的很不容易,但是却心有余而力不足,后来妈妈在工作上遇到了挫折,陷入痛苦。尽管具体是什么小敏并不清楚,但她真切地感受到妈妈的不快乐,因此心里有一种特别的愧疚。不过,在学习上小敏很刻苦,一直都很优秀,各方面都非常出色,在班级里经常名列前茅。尽管如此,小敏却总是觉得自己很笨,怀疑自己不够聪明。

【案例解读】

小敏承担了太多不属于她的责任:小的时候本应该享受父母之爱、享受童年的无忧无虑的时候,却要充当和事佬来调节家庭气氛,担负起调节家庭和睦的责任;面对妈妈的不快乐,她要承担起让妈妈快乐的责任;面对整个家庭,她要承担起照料妈妈和弟弟的责任。作为一个孩子,作为家庭中的一员,她承担了太多本不属于她的责任。正是这种超出了她的年龄所能承担的责任使她的内心时常处于紧张、焦虑、不能松弛的状态。可以说从童年起,她便一直很压抑,没有好好放松过,没有活出真正的自己。基于此,即便她在大学的学习很顺利,她的内心仍然会感觉很累、很沉重,而这些恰恰是一个人情绪不良的具体表现。

对本案例中的小敏来说,在了解问题的根源后,她应该做的就是以此为契机,勇敢地面对问题,勇敢地改变自己。一般而言,当一个人觉察到自己情绪不良,感到痛苦、烦恼、焦虑时,他应该暂时跳开"现在的我",用一种客观的、有距离的眼光来看自己的情绪,勇敢地面对它,从而战胜它、超越它。我们必须知道,任何的痛苦与烦恼都是有意义的,它是我们心灵成长的必由之路,只有学会爱自己才能更好地爱别人,照顾好自己才能照顾好别人。喜怒哀乐,人皆有之,家庭、学校和社会环境都会对人的情绪产生影响;无论在生活中感受到什么样的情绪,我们都应明白这一切只是我们自身的一部分,而不是全部,当痛苦与烦恼来临时,请记住,痛苦、烦恼不是我,我也不是痛苦、烦恼!告诉自己,我是自己的主人!

一、理想与现实的冲突

人们总是在生活点滴中观察自己,并在头脑塑造自己的理想形象,包括自己所希望达到的理想标准,以及希望他人对自己所产生的看法等。"理想我"是社会期望和要求的表现,通常是完美的、理想化的,"现实我"则是现实生活中的自己以及别人对自己的实际看法与评价,通常存在一些不足与需要改进的地方。可见,理想我与现实我之间是有差距的。这种差距在一定程度上具有积极意义,因为对现状的不满也是巨大的动力,让大家不断鞭策自我、完善自我,从而推动一个人向更好的方向发展。但是,当两者差距过大,冲突难以调和时,就会给同学们带来很多痛苦与烦恼,进而诱发心理失调,严重的甚至会引起自我意识的否定,引起抑郁等严重的心理问题。

二、自我认识误区

中国有句古话说"人贵有自知之明",说明了自我认识对一个人的各个方面均有重要影响。大学生处于自我认识形成的关键期,自我认识的意识明显增强。对探索自我、明确

"我是一个什么样的人"有非常强烈的需求,同时,随着知识结构的完善,社会阅历的扩展,也具备了自我认识的能力,大学生能以更为客观的眼光和更清晰的标准不断观察自己,进行更为复杂的自我沉思、自我反省等内心认识活动。大部分大学生在描述自己的时候能够保持理性客观,但是,也有少数大学生存在混乱的自我观念和片面的自我评价,导致这些大学生形成扭曲或错误的自我意识。

1. 过分追求完美

俗话说,"爱美之心,人皆有之",追求完美是人类健康向上的本能,生活中许多人都有追求完美的倾向。从某种角度来说,追求完美是个人上进心强、严格要求自己的表现。适度地追求完美意味着在学习、工作和生活中均有较高的目标,期望不断超越自己,但又能根据实际情况调整目标,因此是追求成功而又不害怕失败;然而,追求完美一旦变得过分,成为一个人的生活教条,成为一种不可变通的唯一标准,事事都要求完美,那势必会给人带来无尽的烦恼和困扰。因为在任何生活领域,完美都是相对的,不完美是绝对的。如果一个人硬要用完美的尺度去衡量自己,衡量他人,衡量周围的环境,衡量生活中的一切,那他只能是自寻烦恼,肯定会常常生活在失望和痛苦之中。

2. 自我评价偏差

自我评价偏差是指不能正确客观地评价自己。大学生自我评价偏差一方面源于缺乏自我反省,自我观察不够全面,尤其是对自己的心理特征和自己与周围事物的关系观察得不够。这样的学生经常会说:"我不知道自己能干什么""我不知道自己有什么特长""我不知道自己有什么能力""我不知道我在同学中的地位如何",等等。另一方面源于自我分析不科学,有的只总结自己的优点,忽略了缺点,而有的又只总结自己的缺点,忽略了自己的优点。

三、自我体验的困惑

自我体验是在人的生存、成长、发展过程中,伴随人的自我认识而产生的内心体验,是人的自我意识在心理情感上的具体表现,反映了人的主观期许与客观现实之间的关系。大学生刚刚考上大学时,受到老师、家长、亲朋好友的赞誉,同辈人的羡慕,故而优越感和自尊心都很强,对自己的能力、才华和未来都充满了自信,然而进入大学后,许多大学生发现"山外有山",尤其是当学习、文体、社交等方面显露出某些不足时,有些大学生就会陷入怀疑自我、否定自己的不良情绪中,在这些大学生的内心深处,自信心和自卑感常常处于冲突状态,自我体验总是处于两极化。

1. 自负与自卑

自负与自卑是两种有着天壤之别的极端心态,但二者就像一对孪生兄弟,都会成为我们人生路上的绊脚石,有的时候自负心强烈的人往往也是极度自卑的人。在生活中,在消极的自卑作用下,人们总是对自己持有否定的态度。即使和其他人差不多,他们也总能找到很多自己不如他人的地方。别人说,你也具有某某优点啊,他们就会有充足的理由来证明自己不如别人。他们觉得自己是上帝的弃儿,自己理所应当比别人差。自负是过高地评估自己,是一种过度的自信。大学生的自负心理表现为:①自视过高,认为自己非常了不起,别人都不行。他们总是从自己的利益出发,不顾及别人,更少关心他人。②习惯于抬高自己,贬低别人。看不起其他人,认为自己比别人强很多,其他人一无是处。通常固执己见,唯我独尊,喜欢将自己的观点强加于人,在明知别人正确时,也不愿意改变自己的态度或接受别人的观点。③不允许别人批判,对他人成功有明显的嫉妒心。这种人有很强的自尊心,一旦别人取得一些成绩时,其嫉妒之心油然而生,极力去打击别人,排斥别人;当别人失败时,幸灾乐祸,不向别人提供任何有益的帮助。面对他人的成果,时常用"酸葡萄心理"来维持自己的心理平衡。当一个人的自身需要得不到满足,又不能恰如其分、实事求是地分析自己时,就容易产生自卑感。进入大学后,很多新生容易产生自卑感。自卑感的来源是多方面的,有些男同学因为身高太矮而自卑,女同学可能因长相不佳而自卑,特别是来自农村或小城镇的同学,与师兄师姐和别的同学相比,常常觉得见识浅薄,没有特长,渐渐地产生自卑感。

2. 迷茫与无助

有些大学新生尚未发掘出自己最大的优势,也没来得及进行长远而可行的人生或职业规划。在空闲的时间里,他们思考自己的现状与未来,但往往思而无获。面对新闻媒体有关大学生的负面报道,他们觉得自己无法掌控现状,更无力应对充满太多变数和不确定的未来。这些都让大学生感到不安、迷茫和焦虑,对未来很没把握,对自己也没有信心。大学生经历了目标明确的高中阶段,突然进入相对自由、宽松很多的大学,一些人逐渐失去了奋斗的目标和方向,感受到深深的恐惧,同时又难以很快做出调整,强烈的改变欲望与茫然无助的现状产生了极大冲突。

四、积极面对挫折

人的一生不会是一帆风顺的,总要有跌宕起伏,只有能战胜挫折的人,才能取得成功。挫折是挡在你面前的山,而取得成功的过程就是跨过这座高山、战胜困难和挫折。挫折是不可避免的,同学们要学会调整自我,积极面对。

(1)学会正确评价自我。不可总拿别人的标准要求自己,尽量做好自己的每一件事,快乐地生活。

(2)保持豁达、乐观的生活态度。任何事情都有正反两方面,不能只看到消极的一面。凡事要往好的方向想,在遇到困难时就当成是成长过程中所必经的历练,不断自我激励和肯定,学会吸取他人的优点和长处。运用积极思维,不管处境如何,都应该抱着一颗乐观开朗的心去对待生活,我们要坚信"阳光总在风雨后"。

(3)放松大脑,调节心情,给心情放假,心情不佳时,参加一些文体活动,换换环境,换换脑子,因为新鲜的体验可以让你忘却烦恼。有意识地强迫自己转移注意力,对于调节情绪会有很大帮助。

(4)不要恐惧压力,要勇敢地去面对。因为毕竟我们刚进大学,谁都会遇到这样或那样的压力。鲁迅先生曾说过:"真的勇士,敢于直面惨淡的人生,敢于正视淋漓的鲜血。"

(5)通过学习来充实自己,使生活充满希望。读书可以明智,可以移情易性。情绪低落的时候,多读些励志类书籍和伟人传记。

(6)多多运动。因为运动能调节人体的内分泌,可以加速血液循环,使能量得以合理的释放,有利于身心的愉悦和协调,可增强抗压能力。

(7) 说出你的想法。当你心情不愉快时,不妨与同学和朋友交谈、倾诉,特别是向要好的异性朋友倾诉,会有显著的改善。研究表明,同异性的倾诉比与同性倾诉更有效。

(8) 学会放弃。有个词语叫"舍得","舍"才有"得",有时候真的是不舍不得,大舍大得。如果什么都不想失去,什么都想得到,往往会事与愿违。

每一个人对挫折的承受能力是不相同的,有的人能承受严重的挫折,百折不挠,越挫越勇,在逆境中谋求发展,获得成功。但有的人只要遇到挫折就会意志消沉,一蹶不振,以各种理由为借口,为自己开脱。其实挫折对于人生来说既是危机,也是挑战,更有可能蕴藏着无限的机遇。在机遇面前如果你把握住了,就会成长,如果放过了,就会退步,只有积极地应对挫折,把握机会,才有可能把挫折转化为机遇。

增强自信心的十条规则

(1) 每天照三遍镜子。清晨走出宿舍之前,对着镜子修饰仪表,整理着装,务必使自己的外表处于最佳状态。午饭后再照一照镜子,修饰一下自己,保持整洁。晚上就寝前再照照镜子。消除对自己仪表的不必要的担心,更有利于你将注意力集中在工作、学习上。

(2) 不要过多地指责别人。总爱批评别人的人是缺乏自信的表现。如果你常在心里指责别人,这种毛病就可能成为习惯。应逐渐地克服这种缺点。

(3) 不要试图用酒来壮胆提神。如果你害羞腼腆,那么就是喝干了酒瓶也无济于事。只要你潇洒大方,滴酒不沾也会受到大家的欢迎。

(4) 为人坦诚,不要不懂装懂。对不懂的东西坦白承认,这不仅不会损害你的形象,还会给人以诚实可信的感觉。面对别人的魅力和取得的成绩要勇于承认,并致以钦佩和赞赏。

(5) 多数人喜欢的是听众。因此,当别人讲话时,你不要急着用幽默的插话来博得别人对你的好感。只要认真地倾听别人的讲话,他们就一定会喜欢你。

(6) 你感觉明显的事情,其他人不一定注意得到。当你在众人面前讲话感到面红耳赤时,你的听众可能只是看到两腮红润,令人愉快而已。事实上你的窘态并没有那么容易被他人发现。

(7) 不要总想着自己的身体缺陷。每个人都有自己的身体缺陷,完美无缺的人是不存在的,对自己的身体缺陷不要念念不忘。其实,人们并没有那么在意你的缺陷。只要少想,自我感觉就会更好。

(8) 在自己的身边找一个患难相助、荣辱与共的朋友。这样,在任何情况下你都不会感到孤独。

(9) 拘谨可能会使某些人对你有敌意。如果某人不爱理你,则不要总觉得自己有错。对于有敌意的人,不讲话虽然不是最好的办法,但确实是唯一有效的方法。

(10) 一定要避免使自己处于一种不利的环境中。否则,当你处于这种不利情况时,虽然人们会对你表示同情,但他们也会感到比你地位优越,而在心里轻视你。

保持快乐的技巧

1. 要有目标和追求。
2. 经常保持微笑。
3. 要有团队精神。
4. 学会和别人一块分享喜悦。
5. 乐于助人。
6. 保持自己的一颗童心。
7. 学会和各种人愉快地相处。
8. 保持幽默感。
9. 能处变不惊。
10. 学会宽恕他人。
11. 有几个知心朋友。
12. 常和别人保持合作。
13. 享受你的天伦之乐。
14. 保持高度的自信心。
15. 尊重他人。
16. 偶尔放纵自己一下。
17. 有空多充充电。
18. 学会检讨自我。
19. 不要财迷。

第五节 学生社团与团体活动

学习知识不是上大学的唯一目的,"知识、能力、素养"并重是大学教育的目标,但知识、能力和素养不能也不可能完全在课堂上获得,因此第二课堂、第三课堂也是大学生提高自己的重要途径,大学里,学生社团组织的各种活动,是第二、第三课堂的主体,参加适合自己的社团,适度参加团体活动,对大学生的成长具有不可替代的作用。

【案例16】

小赵,男,大一新生,性格外向,爱好广泛,活泼开朗。小赵入学成绩名列前茅,在中学时期就担任班长,有很强的领导能力和人际交往能力,刚进入大学便在班级中脱颖而出,同学们也都喜欢和他相处,然而,最近小赵开始有了自己的烦恼。原来,刚进入大学,爱好广泛的小赵就被丰富多彩的大学社团所吸引,经过再三考虑,小赵选择了自己最喜欢的四个社团,由于个人能力突出,社长都很器重他,刚开始他很高兴,可渐渐地随着社团工作的日益繁重,小赵需要花很长时间在社团工作上,有时甚至为了组织活动不得不选择逃课,眼看到学期末了,同学们都在忙着复习,准备期末考试,小赵却常因社团工作脱不开身,为此,他很苦恼,很焦虑。

【案例解读】

对于步入大学的新生来说,刚刚经历过高考的洗礼,摆脱了略显单调枯燥的高中生活,五花八门的社团无疑是非常具有吸引力的,然而,在面临社团的选择时,许多同学便出现了各种问题,案例中爱好广泛的小赵因选择的社团过多,严重地影响了自己的正常学习和生活,带来了原本可以避免的烦恼。

在面对五花八门的社团时,如何做出选择是同学们面临的重要问题,接下来的内容从学生社团的组织及种类、如何选择社团、参加学生组织的利和弊等方面进行了分析,希望能对同学们有所帮助。

一、学生社团的组织及种类

学生社团是由有共同志趣、爱好的学生自愿组成的并经学校批准认可的学生群体组织。学生社团的组织和活动,实际上是一种校园文化群体的组织与活动。它是校园文化中不可忽视的一个方面。各种类型的学生社团,有力地推动着校园文化的发展,遍及校园的各种学生社团通过组织种种活动,对学生素质的提高起到了积极的作用。

目前,大学学生社团种类比较多,概括起来大致可分为四类:第一类是知识型社团。这类社团以理性的文化知识为主要内容,具有理性思辨的特征,包括一些专业知识性社团、学术研究性社团和政治性社团等。第二类是创造社团。这类社团以创造、创作、发明为特征,以培养人们的动手能力和锻炼思维为目的,如各种文学社团、科技兴趣小组等均属于此类。第三类是文娱社团。这类社团以文娱、体育、艺术等方面的活动为主要内容,以追求感性的或感官刺激为主要特征。第四类是服务社团。这类社团是指校园中一些以提供服务为手段的社团组织。这四种类型的学生社团又可以分为两大类:一类是同学生的学习密切相关的各种兴趣小组,如英语、计算机等,这些学生社团组织是课堂教学的辅助形式,对于提高学习效率、拓展和巩固知识很有帮助;另一类是同学生的业余生活密切相关的各种社团组织,如诗社、文学社、书法美术社等,这些学生社团对于丰富业余生活、培养生活乐趣,陶冶情操,提高审美鉴赏能力大有裨益。学生社团是学校教育、教学活动的补充和调节,对学生的全面发展发挥积极的作用,学生社团组织具有以下特点。

1. 社团组织具有多层次性

在社团组织活动的规模上,有班、年级、系、跨系及全校等多层次的规模。一般来说,班、年级中的社团组织,受人数等因素的限制,规模小,但活动次数较多,社团中各个成员彼此熟悉,活动容易进行。而系、校级社团活动,多数为重大节日或围绕学校中心工作而开展的系列性大型活动。此类活动内容丰富,人数众多,持续时间较长,且影响面广。从学生社团的活动范围来看,也具有多层次性特点,并表现为开放性的发展趋势。如年级以下的活动、全校范围的活动、各个学校相互间组织的活动,以及社会范围内的调查与实践活动等。此外,组织活动的部门和单位具有多层次性。由于各种社团组织隶属于不同的部门,所以他们中的成员开展的活动由不同主管者负责,开展的活动也不一样,各年级社团组织的活动,学生中党团组织开展的活动,全校性学生社团开展的活动,等等。活动负责者的多层次性,使社团活动数量增加,内容各不相同,形式多样化,呈现出纵横交叉的主体性特征。

2. 活动内容的广泛性

由于学生社团是根据某种需要而结合起来的群众性组织,而且成员广泛,因此,他们对活动内容的追求有广泛的兴趣。一方面,有的学生需要丰富的课余文体活动,以缓解紧张学习带来的疲劳,而有的学生则是希望通过参加社团活动,锻炼自己的才干,培养自己各方面的能力,为毕业后适应社会生活做准备。另一方面,有的学生对政治颇感兴趣,十分关心社会的发展与进步,渴望从活动中更多地了解社会,寻求理想、信念、道德、人生道路和人的社会价值等问题的正确答案;有的学生则追求知识,希望通过社团活动,扩大自己的知识面,了解其他专业的情况,特别是对新兴学科、边缘学科很感兴趣。总之,成员的活动动机是多方面的,因而社团组织活动的内容也呈现出丰富多彩的特点。另外,社团活动中各种信息的传播,开阔了社团各个成员的眼界,使他们的兴趣、爱好迅速扩展,产生了求乐求美、追求自我完善的多种需求。不仅追求知识的富有,而且更倾心于精神的寄托、感情的满足和心理的平衡,形成了对文学、音乐、舞蹈、美术、书法、摄影等文娱活动的爱好和追求。

3. 活动形式的多样性

随着学生社团活动内容的不断充实,多种多样的社团组织形式也应运而生。不同类型的学生社团根据各社团的特点开展形式多样的社团活动,对学生素质的全面提高和个性的张扬起到了积极的推动作用。

二、如何选择社团

每逢大一新生入学,便可以看到各种社团组织为自己招兵买马而大张旗鼓,其门庭若市的场面绝不亚于毕业生就业洽谈会。目前每所大学都有很多各种类型的学生社团,每个社团成员少则几人或数十人,多则几百人乃至上千人。而学生的报名动机也是林林总总:锻炼能力、扩大交际圈、心理寄托、打发日子等。社团组织已经成为大学生展示自我的一个舞台,它是校园里的一种独特文化,丰富了学生的业余生活。面对各式各样的社团纳新广告,眼花缭乱的社团活动,你该如何做出自己的选择?

1. 兴趣是最好的老师

选择社团时首先要考虑自己感兴趣的是哪一方面,自己擅长什么。每个人都有不同的兴趣爱好,社团组织如同中学时代的兴趣小组,如果没有兴趣,参加这个社团只能成为你的负担,既浪费时间又浪费精力和金钱。擅长文艺的同学可以到话剧社、合唱团或舞蹈协会;喜欢演讲的同学可以找到演讲协会、文学社;爱好运动的同学有篮球协会、登山协会、轮滑协会作为挥洒兴趣的天地;爱护环境、爱好自然的同学可以参加环境保护协会;喜欢新闻采编的同学,院报、广播台是你们施展才能的平台;热衷摄影的同学不妨到摄影协会去体验一下。如此多的社团,只要感兴趣,你总能找到最适合自己的一个。

2. 了解社团,慎重选择

许多新生在选择参加社团时并没定一个明确的立场和方向,有的学生参加社团仅凭三分钟热情,不能持之以恒;有的同学在参加社团之前对其并没有充分了解,哪里热闹往哪里去;也有一些同学本来没想参加社团,但看到别人都参加了,也一起报了名;有的同学甚至报了四五个乃至更多的社团,这样的结果非但不能发挥自己的特长、锻炼自己的能力,反而会造成混乱甚至影响到学习。选择社团时,要综合多方面的因素和条件,社团的性质和活动形式与你的兴趣、你的时间安排、你的未来发展等是否相关。试想一下若自己加入该社团后将会做哪些工作或举行哪些活动,然后考虑自己是否适合该工作,该工作是否适合自己。考虑清楚后再做决定,切不可草率。如果匆匆忙忙选了一个社团,待了一段时间后觉得不适合,就很快放弃,可谓"来也匆匆,去也匆匆",结果什么也没学到,还浪费了时间。

3. 并非越多越好

参加社团就需要组织活动,参加会议,实践服务,这些都是需要花费你很多业余时间的。参加社团组织固然好,但是学生的主要任务还是学习,如果社团活动影响到正常的学习,那就得不偿失了。有的人觉得社团活动丰富多彩,很有意思,就一连参加好几个社团,整天不是到这个社团开会,就是去那个社团值班,如此忙碌,难免顾此失彼,更有甚者严重影响学业。建议新生选择一两个自己最感兴趣的、最擅长的社团即可。

4. 功利性不可太强

抱着功利性的想法去参加社团是非常不可取的。有的学生觉得参加社团可以在每年的综合测评或品德考评时加分,从而获得荣誉等;有的学生希望能够在社团中混个"一官半职",以此来提高自己的知名度;有的学生认为如果不参加社团,自己的经历太单调,将来的毕业简历上内容不丰富……这些想法无疑会使原本纯洁的社团文化蒙上了一层不太纯洁的色彩。那么参加社团工作到底为了什么?社团为大学生提供了一个与人和社会接触的机会,从中可以提高自己的社交能力、实践能力、自制能力、生存能力,弥补性格上的缺陷,也可以增进同学之间的相互了解,结识更多的新朋友。

5. 选择我喜欢,喜欢我选择

通常,每个社团都会有明确、独特的主旨,强调的是兴趣相同和志趣相投,一个好的社团,能够让参与者体验到归属感,同时又能让参与者有一种成就感。但是作为一个社团的成员来说,要想在一个社团当中得到最大程度的锻炼,最大限度地实现自己的价值,就需要充分发挥自己的主动性,投入足够的热情和活力,开拓自己的思维。如果你真正喜欢一个社团,想在这些组织当中获得各个方面的锻炼,获得一种成就感并得到丰富的人生经历,那就必须充分发挥自己的积极性,努力去承担责任,奉献自己的力量。

社团是一个大舞台,也是一个人生实验室,在丰富的活动中,有各种机会可以让你锻炼生活所需要的各种素质和能力。在社团中,可以培养团队合作能力和领导才能,也可以发挥你的专业知识。但更重要的是做一个诚心诚意的服务者和志愿者,或者在担任学生工作时主动地充当沟通同学和老师之间的桥梁,锻炼自己的沟通能力,服务同学和老师,这些经验都很宝贵。

社团活动同样也需要坚持,对多数社团来说,它们出于各种原因,多少都存在一些不尽如人意的地方,有时候组织的活动不会太成功,甚至有时是很失败的。但为什么我们会选择这个社团?因为我们喜欢它,那么,对于自己喜欢的事情就一定要多付出一点。行百里者半九十,很多时候要想有更大的收获就必须有一颗恒心,学会坚持和执着。

在社团这样一个组织结构相对松散的环境里,由于没有严格的规章制度的约束,大家的积极主动性和兴趣成为联结各个社团成员的纽带,如果不以一种积极向上的态度在社团里参与各项活动,势必会影响社团活动的效果,对于作为社团成员的自己,收获也将大打折扣。

因此,在参加社团活动的时候,一定要充满激情和活力,全身心地投入进去,付出越多,你便会收获得越多。

三、参加学生组织的利和弊

1. 学生组织是一个包容的团体

在这个团体中你可以通过参与各种活动、完成不同任务获得以前无法得到的经历和体验,使自己的领导力、处理实际问题能力、沟通能力等各方面得到全面的提升。学生组织会允许你和你的同伴们因一些原因犯各式各样的错误,在不断的犯错和改正中得到提高。在学生组织中你会遇到很多优秀的师兄师姐,可以帮你解决刚入学遇到的很多生活、学习与工作中的困难和困惑。

2. 学生组织是一个难得的平台

在学生组织中,同一个部门的同学经常为了同一个目标,在一个接一个的任务和活动中结交下深厚的"革命友谊",在任务与活动之后的总结和聚餐中进行深厚的感情交流,相比同班同学,在学生组织中更容易找到自己的大学挚友。同时,通过学生组织这个平台你还有机会经常参加校外的各种活动,与其他高校的学生干部进行交流。

3. 学生组织是一个强有力的督促

大学的课程比高中松散很多,不上课、不交作业、上课不认真听讲都不会引起像高中一样严重的后果,因此也导致了很多同学到了大学后失去自我管制能力,过上颓废的生活,大学毕业时感慨什么都没学到。若你加入了一个学生组织,作为一个部门成员你将承担一定的职责与任务,同时你周围的很多同伴也会和你产生合作与竞争关系,学校普遍对学生干部都会有学习成绩上的要求,这些要求在主观和客观上都迫使你无法过上特别安逸的生活。当你学习压力大的时候你可以适当减少学生工作,但当你学习压力小的时候,学生工作将填补你的生活,不会让你觉得百无聊赖。

参加学生组织确实会给你带来很多好处,但同时也确实会给你带来诸多麻烦与苦闷,具体来说,弊端有:

1. 参加学生组织会占用大量的课外时间

假设一下,你刚刚进入大学,面对各具特色的学生组织招新,一口气报名加入了七个学生组织的相应部门,接踵而来的是每天晚上都有部门例会要开,每个周末都会有不同活动要参加,虽然不会导致翘课,但是你的课余时间被挤压殆尽。在大量时间被占用的同时就是很大的机会成本损失,你不会有时间去利用课余时间做些兼职或实习,全心全意准备各种考试。

2. 参加学生组织会占用大量精力

其实相比时间来说,精力的占用更可怕,可能你不需要每时每刻都参加活动,但是学生活动的周期往往很长,在这段时间中你的精力很难完全集中在学习或者其他方面,上课容易走神和疲惫,很难静下心来。若你成为团、学生组织中的学生干部,面对年纪比你小的"下属",很容易忘记学生组织的职能分工不同主要来源于年纪的不同,产生优越感,甚至会滋生一些"官僚作风"。

推荐资源

一、网站

1. 人人 http：//www.renren.com

大学生聚集地,同学朋友们都在那里。

2. 知乎网 http：//www.zhihu.com/

一个真实的网络问答社区,社区氛围友好与理性,连接各行各业的精英。

3. 丁香园 http：//www.dxy.cn/

一个几乎没有任何商业赞助的网站,能够一直坚持创立之初就立下的"独立、非营利、纯学术"的专业自由交流平台理念的网站。

二、电影

1.《阿甘正传》

美国近代史的缩影。无须多言的经典。"人生就像一盒巧克力……"经典的台词。也许你会觉得自卑,比你有能力的人简直太多了,你有多么的不起眼！但是你总会比智商只有70的阿甘强吧！并不是所有人都能够成为阿甘,我们都是平凡人,如果可以就给自己树立一个目标,一直走下去。

2.《天使艾米丽》

作为新人,来到新环境,也许会受到排斥与冷落。想处好人际关系,也许你可以像艾米丽一样,去主动关心别人,做一些小小的努力,哪怕换来的是一个微笑或一声谢谢,但是你逐步建立起来的良好的人际关系会让你事半功倍。

3.《肖申克的救赎》

现代版本的《基度山伯爵》,这部1995年拍摄的片子,无论从哪方面讲都是经典中的经典,情节的紧凑,主题的深刻,演员的阵容,音乐的配合,所以获得了8项奥斯卡提名,更成为影迷心中的励志经典。当安迪在雷电风雨交加的夜晚爬出监狱下水道和排泄管后,脱去衣衫,伸出双臂去拥抱自由的风雨的时候,相信观众都有些热血沸腾吧。

4.《百万美元宝贝》

对于整个电影,正如导演伊斯特伍德所说,"这不是一个关于拳击的故事,而是关于希望、梦想和爱的故事"。

5.《跳出我天地》

你是否有这样的难题,你找的工作是你不喜欢的,或者与你大学辛辛苦苦所学的专业完全不对口,完全提不起你的兴趣,那么你会妥协吗？看看这部影片。11岁的矿工之子,在面对家里的男孩一定要练拳击的传统,他勇于挑战,坚持练自己钟爱的让贫民老百姓不能期冀的芭蕾舞,最终梦想成真。看一看吧,一个孩子都有这样的决心与勇气,那么你会怎么选择？

6.《黑暗中的舞者》

一部震撼心灵的影片,具有深渊一般的穿透力,歌舞片中少有的经典。现实与理想,执着与信念,主题深刻得让人窒息。

三、图书

1.《现在,发现你的优势》

这本书也是经典之作,是盖洛普公司的两位高管所作,最新出了一本《现在,发现你的职业优势》。它的核心观点是人们应该去识别天生才干,而不是去尽力弥补弱点。中国学生一般都被训练成自身的弱点专家,可是问他有什么优势,有什么喜好,多数人都会困惑,这本书的实际指导意义并不大,但是在思路启发上是革命性的。

2.《做最好的自己》

李开复老师多年来与中国大学生对话的心血凝结之作。这本书有很好的思想和理论体系,相信上进的中国大学生早已人手一本。

3.《读大学,究竟读什么》

这本书应该距离学生的视角最近,提出了一个学长的振聋发聩的声音。那些在上学阶段不知道怎么消磨大学时光的同学,可以感到醍醐灌顶。

4.《求职,从大一开始》

作者覃彪喜先生试图通过这本书让大学生从入学就开始规划职业生涯,扎扎实实地塑造核心竞争力,而不是到了求职的时候才投机取巧、临阵磨枪。决定求职结果的并不是面试那十几分钟,而是整个大学。对于一名大学新生而言,如果能够在入学之初就看完这本书,实乃一大幸运!

第三章

大学学习

【本篇导读】

从高中到大学，是人生的重大转折。莘莘学子放下了高考的重担，怀着激动和期盼的心情迎来了大学生活，开始追逐自己的理想。但对很多同学来说，大学时期也许是人生中最后一次系统性地接受教育和学习知识的机会，大学学习中最重要的学习内容之一就是学会学习。联合国教科文卫组织国际教育发展委员会在其所编著的《学会生存》中指出："大学期间，最为重要的任务不在于掌握多少现成的知识，而在于学会学习；不在于学问有多深，而在于掌握做学问的方法。只有学会了学习的技能，才能面对新知识、遇到新情况而心不虚，从容应对。"学会学习对大学生来说，其实质性含义就是在掌握科学的学习策略基础上，形成学习的自主性、自觉性。大学在学习的内容、方法和要求上，比起中学的学习发生了很大的变化。

那么，我们应该怎样珍惜大学时期的学习生活，顺利走完大学的路程呢？本篇将针对刚刚进入大学校园的新生，讲解大学学习的特点、任务与方法，并介绍如何做好课堂笔记，如何培育优良的学风，以期能够引导大学新生尽快适应大学学习生活，激发学习热情，端正学习态度。

第一节 大学学习特点

学习是构成大学丰富多彩生活的中心内容，也是大学生最重要的职责与使命。大学与中学同属于学习的不同阶段，大学阶段的学习与中学阶段的学习相比，有自己的鲜明特点，在学习方式、学习容量、学习意向以及学习方法等方面都发生了较大的变化。对于刚刚进入大学的新生而言，如何适应这些变化，尽快了解和掌握大学学习的基本规律，是每一名新生需要面对的问题。

【案例1】

法律系大一新生琪琪来自北方的一所重点高中，原来学校对学习要求很严格，每天早晨七点到晚上十点都必须学习，而且每周一小考，每月一大考，琪琪是其中的佼佼者。在大学她继续着朝七晚十的作息时间。然而不久她就开始困惑，发现大学老师管得很少，家长又不在身边，多数课是大课，教室不固定，座位随意坐，除了上课以外，她不知道该干点什么,在自习室该看什么。而且大部分学科就只有期末一次考试,她这样的学习会有效果吗?大学该如何学习?

对琪琪来说,大学的学习与她本来擅长的方式有较大的不同。高中的学习更倾向于被动接受,而大学学习更靠近主动发现,需要更多主动的认可参与。

【案例解读】

如果说高中的学习像"盒饭",那么大学更像是"自助餐",如何选课,如何安排学习时间,如何选择学习方式,全由自己做主。显然,面对这样的自主,琪琪一时还难以适应。

大学与中学的最大区别,在于教学方式的不同。高中阶段虽然也倡导素质教育,但多数学校仍然围绕"高考"这根指挥棒在转,为了追求高升学率,往往采取的是"灌输式"的教学方法,学生们习惯于老师教什么就学什么,完全是一种被动的学习。而大学要求学生不仅有广泛、坚实的理论基础,更重要的是应具备熟练的基本技能,因而课堂教学相对中学而言要少得多。面对这一转变,可能有部分同学感到不适应,不知道自己要学什么,如何去学,往往表现为下课后无所适从,茫然无绪。要想真正学到知识和本领,除了继续发扬勤奋、刻苦的学习精神外,还要适应大学的教学规律,了解、掌握大学的学习特点,选择适合自己的学习方法,构建自己的知识与技能体系,以适应社会的需要。

为圆满完成大学阶段的学习,促进自身全面发展,作为大学生应对大学学习的特点有一定的了解,这是非常必要的。如果还像琪琪那样试图把所有知识都记住、掌握,会把自己弄得身心疲惫,还不得法。大学学习需要我们思考知识之间的联系,了解学习的特点。

大学学习是人的一生中学习的最重要的阶段。它不仅具有人的学习的一般特点,又有学校学习的特殊特点,同时还具有大学学习的更为特殊的特点,这些特点反映着大学学习的特殊规律。了解掌握这些特点和规律,对于提高学习效果和学习成绩是十分必要的。大学学习的主要特点如下。

一、学习任务、学习内容不同

大学阶段的学习与中小学阶段的学习相比较,中小学阶段进行的是普通基础教育,而大学教育则是高等专业教育。大学阶段的学习是与专业直接接轨的、层次更高的、需要进一步发挥积极主动精神和创造精神的学习。它在学习任务和学习内容方面与中小学阶段的学习相比都发生了较大的变化。具体地讲,表现为以下几点。

第一,学习任务不同。中小学阶段的主要任务是向学生传授科学文化基础知识,一般只学习十门左右的课程,而且主要讲授一般性的基础知识,为他们的升学或就业做准备。大学阶段则是以培养高级专门人才为目标,使学生在中学学习普通文化科学知识基础上,进一步学习和掌握专业知识与专门技能,把他们培养成各部门各行业所需要的高级专门人才。大学里所开设的课程分公共课、基础课、专业基础课、专业课四个层次,每一个层次又由许多门课程综合而成。一般来说,大学四年需要学习的课程在40门以上,每一个学期学习的课程都不相同,内容量大,因而学习任务远比中学重得多。大学这种专业的目的性,更具体地体现了社会对某一专业的需求,体现了大学学习与社会需要的密切联系。

第二,学习内容不同。中小学阶段的学习是基础性、多科性、全面性、非专业性的,大学阶段则是一种专业性很强的教学,它围绕某一专业开设各种课程,教学内容较专、较深,且与实际应用联系得更加密切。大学一、二年级主要学习公共课程和基础课程,大学三年级主要学习专业基础课和部分专业课,大学四、五年级重点学习专业课和进行毕业设计、做毕业论文。为了全面提高学生素质,学校还开设了人文类选修课程,学生只有按规定选修人文课程、取得相应学分后,才能毕业。大学的课程有必修课、选修课之分。必修课是指学生完成本专业学习任务,取得本专业学位证、毕业证书所必须学习的课程。选修课包括专业选修课、公共选修课,前者是针对本专业学生,而后者则是面向全校学生。

二、教学方法和学习方法不同

第一,教学方法不同。大学教师讲课有以下特点:一是介绍思路多,详细讲解少。主要讲授重点、难点内容,而且许多教师都使用多媒体授课,授课进度比较快。二是抽象理论多,直观内容少。三是课堂讨论多,课外答疑少。四是参考书目多,课外习题少。此外,大学学习的教学环境也发生了变化。在大学里,每个班没有固定的属于自己独享的教室,有时第一堂课可能在这一栋楼的某个教室学习,但第二堂课又会到另一栋楼去听课,与自己一起上课的可能还会有不同专业的同学。针对这样的变化,新生必须尽快适应大学环境,主要从以下几个方面去努力。

其一是熟悉学习环境,弄清楚学校建筑布局,特别是要弄清楚课程表上"一教×××"等以简称出现的建筑物的准确位置,避免找不到上课地点。

其二是认真学习教学计划指导书上有关本专业公共课程、专业课程、专业基础课、选修课的设置情况,了解本专业培养方案和获得学位证书、毕业证书的必要条件,做到有的放矢。

其三是充分利用教学环节。首先是课前主动预习,发现课程重点和难点,了解课程的前后关系及内在联系。其次是努力提高听课质量,紧跟老师的思路,适时做好笔记。再次是要重视作业,大学的作业量少而精,着眼于加深对原理的理解和思考方法的培养。最后要做到自觉复习,及时消化课堂繁杂的教学内容,最终达到开阔思路、扩展知识领域、为进一步学习创造条件的目的。

其四是科学安排学习时间。新的学习方式为学生安排时间提供了较大的自由度。新生可以制定一张时间表,认真落实时间计划安排,合理地确定各个时间段的学习内容,努力提高学习效率。

第二,学习方法不同。在中小学阶段,一切教学活动基本上都是由教师安排的,学生基本上是由教师"领着走";而大学则不是这样,它更加注重培养学生独立学习的能力,要求学生学会独立思考、独立学习、独立研究,对学生的学习过程不像中小学管得那么具体细致。大学生可以通过基础理论课、专业课、实验课、社会实践课、毕业设计(论文)写作等形式独立研究问题,开展科研活动。

三、学习性质、学习层次和学习要求不同

大学阶段的学习是在一段较为集中的时间里,在教师的专门指导下,进行的一种分专业、有教学目的和有计划、有系统、有组织的学习。它以学习书本知识为主,同时又要掌握一定的实践能力。具体讲有以下一些特点。

第一,大学学习的专业性。

大学是为国家培养高级专门人才的,所以大学生的学习具有一定的专业方向性,学习的内容是围绕专业方向的需要展开的。事实上,从报考大学的那一刻起,专业方向的选择就提到了学生面前,录取以后,专业方向就已经基本确定。大学阶段的学习,主要是要求学生掌握所学专业的理论知识和基本技能,这种专业性的特点决定了大学的"教"与"学"的全过程。

需要明确的一件事是,任何人所适合的职业或者专业都是一个大体的范围。我们需要牢记,无论职业选择还是专业选择,都是双向的。"选择我所喜欢的,喜欢我所选择的。"既然你已经选择了这个专业,就应当意识到这个专业将陪伴我们走过四五年的学习时间,且日后也将成为我们融入社会、赖以生存的重要手段之一。虽然有时是专业选择了我们,我们也必须完成从不情愿到主动热爱的转变过程,逐渐了解它并尊重它。学习什么样的专业并不重要,重要的是自己能不能将自己的特长找出来,并将它发挥出来,专业的不对口并不是阻碍自己前进的绊脚石,关键看你有没有才能,有没有独到的思维,有没有观察、分析问题的独特见解和眼光。

第二,大学学习的自主性和选择性。

中学时期,老师教学生是"手拉手"领着教,老师安排得详细周到,不少同学养成了依赖老师,只会记忆和背诵的习惯。而大学老师则是"老师在前,学生在后引着走"教,提倡学生自主学习,课外时间要自己安排,逐渐地从"要我学"向"我要学"转变,不采用题海战术和死记硬背的方法,提倡生动活泼地学习,提倡勤于思考。大学老师的课堂教学往往是提纲挈领式的,经常只是讲授课程体系中的重点、难点、疑点或者是老师最有心得的部分,其余部分都要由学生自己去攻读、理解和掌握,老师也不会布置大量的复习题和练习题。大部分的时间是留给学生自己支配的,是留给学生自学的。因此,如何培养和提高同学们的自学能力就显得尤为重要。这种充分体现自主性的学习方式,将贯穿于大学学习的全过程,并反映在大学生活的各个方面。

选择性是大学学习的又一重要特点。一般来讲,专业对口是相对的,不可能达到专业完全对口。在学好专业知识的基础上,学有余力的同学根据自己的兴趣、爱好、能力及社会要求,通过较多地选修其他课程或自学其他辅助专业,扩大自己的知识面,成为"厚基础、宽口径、高素质"的人才,为毕业后更好地适应工作打下良好的基础,这对于学生自身的成长和社会的发展都有积极的促进作用。当然对于专业课和选修课,大学生必须有一个正确的认识。专业课和选修课是相辅相成的,专业是基础,是前提;在学好专业之外,大学生才能选择其他课程来丰富自身知识储备。

第三,大学学习的独立性和创造性。

大学学习与中学学习截然不同的特点是依赖性的减少,代之以独立自觉地学习。大学的学习要求大学生具有独立学习知识、掌握专业理论、从事科学研究的能力,要求培养大学生具有独立学习和研究的能力。大学学习的独立性贯穿于大学"教"与"学"的每个阶段和环节。大学生在学业上已开始走向自立,教师在学习过程中只起着指点性的"引导"作用,而不是全面直接地指导,"师傅领进门,修行在个人"这句古语,在大学表现得更加明显。

大学生的创造性，是指在学习过程中的创造意识和创造活动。这是由大学生自身的特点和大学教育的特点决定的。大学的学习不仅仅是对已有的专业理论知识和应用技能的掌握，同时，还要在此基础上，从事探索活动、发展创造能力、培养创新精神。大学生自身的智力条件和大学的教育条件为大学学习的创造性奠定了必要的基础。因此，大学生在学习时，不仅仅是知识的接收器，还要对现有的知识进行梳理、整合、体验、思考、加工，使之变为"自我"的知识，并且有可能创造出新的知识。大学要求学生在学习知识的过程中，不拘泥于书本，不迷信权威，不墨守成规，以已有的知识为基础，结合学习的实践和对未来的设想，独立思考，大胆探索。

第四，大学学习的互补性和广泛性。

大学阶段的学习，还具有较高层次的互补性的特点。这种互补表现为大学生之间的互补、大学师生之间的互补、同一专业之间的互补、不同专业之间的互补等。这种互补不同于中小学学习的互补，它是一种文化知识层次较高、具有较强专业性的互补。大学一般具有较浓厚的互相交流、民主讨论的学术氛围。大学生应积极参与进去，加强专业沟通和交流，进而锻炼和提高自己敢于发表独立见解、阐明个人看法的能力，在互补和互相交流之中增进交往，不断提高自己的知识文化水平。

大学生在系统学习知识、不断掌握专业技能的过程中应注意开拓自己的思维能力，上课时间之外，大学生有较多时间可以自由支配，能够在学校提供的丰富多彩的校园活动中广泛地学习，如学生通过跨校、跨院、跨系选修相关的交叉学科课程，参加第二课堂等活动来获取知识，以及通过参加各种学术报告、知识讲座、专题讲座、查阅图书资料、动手实验、互联网等途径获取知识。也可以通过参加社会调查、参与教师的科研课题、撰写相关论文等途径来培养自己的创新能力，从而不断解决"高分低能"的不良倾向。学习渠道的广泛性，使"死"学习变为"活"学习。

第五，大学学习的实践性。

所谓实践性特点，是说大学生在课堂上、书本上学习的基本知识和基本理论，要通过参加一些实践性环节加以巩固，增长一些书本上学不到的知识和技能。大学生既要重视理论学习，又要重视实践环节，在实践中发现自己在实际动手能力方面的差距，完成从知识到能力的过渡。因此，大学阶段的学习，既有理论课又有各种形式的实习课，其目的就是提高大学生的基本实践能力和应用技能。大学生学习的专业知识主要是书本知识，但只有能够把这些书本知识在实践中加以运用，与实践紧密结合，用于解决实际问题，才算真正掌握了这些书本知识，才能适应社会对大学生的要求。有研究表明：我们可以记住阅读信息的10%，视觉和听觉信息的50%，谈话内容的70%，亲身经历的90%。

对于大学阶段学习的这些特点，新入学的大学生应充分了解和掌握，只有这样，才能因势利导，调整自己的心态，尽快由中学生的心态转为大学生的心态，进入大学生的角色，适应大学的学习生活，圆满完成大学阶段的学习任务，在大学毕业时，向人民、向社会、向父母交出一份满意的答卷。

第二节　大学学习任务

　　学习知识、掌握技能是大学生的主要任务,是大学生活的中心内容。从入学起,每位学生就应该牢固树立这一意识。其他任务和事情都要紧紧围绕这个中心来进行,不能干扰和影响这个中心。今天的努力是为了将来的成功。如有人说:"就教育而言,现在就是未来,未来也就是现在。"大学生只有在大学期间学好基础理论知识和专业理论知识,努力建立合理的知识智能结构,全面提高自身素质,才能在未来有所作为、有所成就,真正为社会做出一番事业,更好地实现自己的人生价值和理想。

【案例2】
　　记者采访一个放牛娃:
　　记者:"你在这儿放牛做什么?"
　　放牛娃:"让牛长大!"
　　记者:"那牛长大以后呢?"
　　放牛娃:"卖钱,盖房子。"
　　记者:"有了房子又做什么呢?"
　　放牛娃:"娶媳妇,生娃。"
　　记者:"生了娃呢?"
　　放牛娃:"让他也来放牛呗!"
　　有个大学生看了之后,想到自己。读书为了什么?考大学,找一份好工作。有了好工作又怎样?找一个好老婆。然后呢?生孩子,让他也读书,考大学,找工作,娶媳妇……

【案例解读】
　　这个放牛娃的故事,很多人把它当成个笑话。大学中也不乏这样的声音:我这样辛苦学习为了什么?努力不一定得高分,得高分不一定找到好工作。这可能是大学中"郁闷"流行的部分原因。

　　到底学习对你个人意味着什么?你的生活如果没有学习会变成什么样子?这时,你心底会出现什么样的声音,会浮现什么样的画面?也许是儿时聚精会神地观察蚂蚁搬家,也许是答对老师问题的得意,体味学习这个伴随我们生活的朋友,一定是酸甜苦辣、五味俱全。

　　大学的学习又是怎样的呢?大学,这可能是你一生中最后一次系统性地接受教育;这可能是你最后一次能够全心建立你的知识基础;这可能是你最后一次可以将大段时间用于学习的人生阶段,也可能是最后一次可以拥有较高的可塑性、集中精力充实自我的成长历程;这也许是你最后一次能置身于相对宽容、理想的环境中学习为人处世之道。

　　学习一词,最早见于《礼记·月令》:"鹰乃学习。"学,是效,仿效、效法、模仿;习,是反复,一次又一次地练习、锻炼。学习的本意是指鸟类反复学飞。孔子说:"学而时习之,不亦说乎",是说从老师那里学到的东西要经常复习、练习。

　　联合国21世纪教育委员会对于学什么提出了更概括的阐述:学会求知、学会做事、学会共处、学会做人。这些是支持现代人在信息社会有效地工作、学习和生活,并有效地应付各种危机的四种最基本内容。其中,学会求知,并不是记住尽可能多的系统知识,而是掌握学习知识的手段,即学会学习。所谓学会学习,不仅仅指学习者要善于选择学习内容、学习途径、学习方式,也指学习者要使自身的学习活动符合自己的个性,构造趋向于目标的步骤,选择科学的学习方法,自如地开展学习,并能及时反馈和进行自我调控,即不管是在学校还是走出校门,都能自主、自觉地去学习,因为这是一个需要终身学习的社会。

【案例3】

原谷歌全球副总裁李开复博士曾收到一位学生来信:

就要毕业了,回头看自己所谓的大学生活,我想哭,不是因为离别,而是因为什么都没学到。我从来没有弄清自己想要什么,而大学的时间太自由了,没有了高中的紧张,我真的是浑浑噩噩地过了四年。

现在快要毕业了,要面对将来的面试、工作,我却不知道,自己的人生将在哪里开始,如果只是凭着自己学到的东西,我无法做任何事,我不能胜任任何工作,我甚至不知道自己的简历应该怎么写。因为我花在学习上的时间实在太少了,而我掌握的知识也实在太少了。

大学对我而言最大的经验也许是——对什么都没有的忍耐和适应……

【案例解读】

这封信道出了不少大三、大四学生的心声。大学期间,有些学生放纵自己,虚度光阴,还有些学生始终找不到正确的学习方向,当他们被第一次补考通知唤醒时,当他们收到第一封来自招聘企业的婉拒信时,这些学生才惊讶地发现,自己的前途是那么渺茫,一切努力似乎都为时已晚……

这一切源于对大学生活缺乏明确的规划。没有目标就没有方向,没有目标,大学将学无所成。目标是人生前进的方向,而有的同学在进入大学之初就有一个明确而清晰的规划,他们把自己在课内的学习、生活、交际以及课外的进修、实习都安排得井井有条,完善了自己,也为自己的未来奠定了坚实的基础;走出校门后,他们凭借自己实实在在的能力获得心仪的职位,并在职场中稳步前进。

大学期间的学习,要想学会可以一辈子都能用得上的而且不会忘记的知识是不可能的,因为时代是发展的,我们的记忆力也是有限的。那我们在大学期间要学些什么呢?

一、课堂学习

(一)学习态度、学习兴趣、学习目标——一个都不能少

1. 端正学习态度

学习知识是为了提高我们自身的价值,而不是为了他人而学习。在学习中,难免会遇到这样或那样的困难,但是我们不能灰心,应该保持一种积极向上的乐观的态度。我们不能一味地只看中分数,只注重结果而不去管过程,这样到头来是欺骗了我们自己,所以我们要以一颗平常心来看待一切。

【案例4】

小李在高中时学习成绩良好,在老师和父母的监督下,小李生活的唯一重点就是学

习,目标是考上大学。很多年长的朋友告诉小李,大学生活不仅丰富多彩而且充满自由。金秋之初,伴随着高考的喜悦,小李走进了大学殿堂,准备开始美好的大学生活。大学里再也没有父母的唠叨和管教,可以自由支配所有课余时间。上网玩游戏成为小李主要的课余活动,网络游戏对小李来说非常新鲜、有趣,即使收到了补考通知单也未能唤醒沉溺其中的他。转眼间,大学快要毕业了,回首自己所谓的大学生活,小李感慨万千,甚至想哭,不是因为离别,而是因为什么都没学到……

【案例解读】

中国某高校调查显示,在临近毕业的学生中,有近40%认为自己在大学中最后悔的事是"没有用功学习,虚度了大学时光"。美国哈佛大学图书馆有这样一条训言:"此刻打盹,你将做梦;而此刻学习,你将圆梦",意在告诉大家,人的时间和精力都是有限的,如果你想在进入社会后,在任何时候、任何场合下都能得心应手,那么你在哈佛的学习期间就没有晒太阳的时间。在哈佛广为流传的一句格言是:"忙完秋收忙秋种,学习,学习,再学习。"

2. 培养学习兴趣

大学中,有过上面体验的同学不在少数。据调查,对学业不感兴趣是导致他们学习成绩不佳的最主要原因。另有调查发现大学生选择专业时根据自己兴趣的不足一半,一多半的同学会考虑就业前景、热门、容易录取等因素。本来就是所学非所爱,内部动机不足,而全靠外部动机来上的学,因此进入大学后发现专业与想象的就业前景或兴趣不同,很容易心灰意冷,出现学习动力的"真空带"。

但有的时候我们是因为不了解而推说自己没兴趣,从而拒绝了解新事物的机会。一看授课的老师是个个子矮小、没有外貌魅力的老人就立刻趴下睡觉,觉得这课肯定没有意思,甚至人云亦云,别人说学什么没有用,就认为对自己肯定也没用。只要时刻保持好奇心和开放的心态,亲自去体会、尝试,就一定会发现你的兴趣所在,给你的大学生活带来新的局面。

3. 明确学习目标

世界著名撑竿跳高名将布勃卡有个绰号叫"一厘米王",因为在一些重大的国际比赛中,他几乎每次都能刷新自己保持的纪录,将成绩提高一厘米。当成功地越过6.25米时,他感慨地说:"如果我当初就把训练目标定在6.25米,没准会被这个目标吓倒,甚至连原来跳过的高度也跳不过去了。"

规划自己的大学生活,设定自己的学习目标,乃至生活目标,也是这样的。要按照优先顺序,列出多个目标,并把目标分成"一定要完成的""尽力要完成的""可能要完成的"三类。对你的目标进行管理需要遵循SMART原则:

第一,目标必须是具体的(Specific)。比如把目标定为"看完这本书的第八章"比"对这本书进行学习"要具体得多,可操作性更强。

第二,目标必须是可以衡量的(Measurable)。可以通过核查来确定是否达到目标。

第三,目标必须是可以达到的(Attainable)。目标应适合自己的实力。中等难度的目标具有一定的挑战,但是并非高不可攀。

第四,目标必须与其他目标具有相关性(Relevant),是一个目标群。

第五，目标必须具有明确的截至日期(Time-based)，有一定的时间压力。

4. 讲究学习方法

在大学期间，学习专业知识固然重要，但更重要的还是要学习思考的方法，培养举一反三的能力。只有这样，大学毕业生才能适应瞬息万变的未来世界。

微软公司曾做过一个统计：在每一名微软员工所掌握的知识内容里，只有大约10%是员工在过去的学习和工作中积累得到的，其他知识都是在加入微软后重新学习的。这一数据充分表明，一个缺乏自学能力的人是难以在微软这样的现代企业中立足的。

自学能力必须在大学期间开始培养。许多同学总是抱怨老师教得不好，懂得不多，学校的课程安排也不合理。大学生不应该只是跟在老师的身后亦步亦趋，而应当主动走在老师的前面。最好的学习方法是在老师讲课之前就把课本中的相关问题琢磨清楚，然后在课堂上对照老师的讲解弥补自己在理解和认识上的不足之处。

有太多的大学生抱怨在大学里学不到什么东西，果真如此吗？抱怨的人自己是否知道，在大学里究竟应该学什么？大学是人一生中最为关键的阶段。从入学的第一天起，你就应当对自己的大学生活有一个正确的认识和规划。

（二）基础知识的学习

基础知识的学习包括数学、英语、计算机和互联网学习，以及本专业要求的基础课程学习。有许多大学生梦想在毕业后就立即能做"经理""老板"，还有许多大学生入学时直接选择了管理专业，因为他们认为从这样的专业毕业后马上就可以成为企业的管理者。可不少学生进入管理专业后，才发现自己对本专业的学习毫无兴趣。其实，管理专业和其他专业一样，都是传授基础知识和基本方法，没有哪个专业可以保证学生在毕业时就能走上领导岗位。无论同学们所学的是哪个专业，大学毕业才是个人事业的真正开始。想做企业领导或想做管理工作的同学也必须从基层做起，必须首先在人品方面学会做人，在学业方面打好基础。

如果说大学是一个学习和进步的平台，那么，这个平台的地基就是大学里的基础课程。在大学期间，同学们一定要学好基础知识（数学、英语、计算机和互联网的使用，以及本专业要求的基础课程）。在科技发展日新月异的今天，应用领域里很多看似高深的技术在几年后就会被新的技术或工具取代。只有对基础知识的学习才可以受用终身。另外，如果没有打下好的基础，大学生们也很难真正理解高深的应用技术。

1. 学习数学

数学是理工科学生必备的基础。很多学生在高中时认为数学是最难学的，到了大学里，一旦发现本专业对数学的要求不高，就会彻底放松对数学知识的学习，而且他们看不出数学知识有什么现实的应用或就业前景。但大家不要忘记，绝大多数理工科专业的知识体系都建立在数学的基石之上。同时，数学也是人类几千年积累的智慧结晶，学习数学知识可以培养和训练人的思维能力。通过对几何的学习，我们可以学会用演绎、推理来求证思考的方法；通过学习概率统计，我们可以知道该如何避免钻进思维的死胡同，该如何让自己面前的机会最大化。所以，大家一定要用心把数学学好，不能敷衍了事。学习数学也不能仅仅局限于选修多门数学课程，而是要知道自己为什么学习数学，要从学习数学的过程中掌握认知和思考的方法。

2．学习英语

21世纪里最重要的沟通工具就是英语。学习英语的根本目的是掌握一种重要的学习和沟通工具。比如在软件行业里，不但编程语言是以英语为基础设计出来的，最重要的教材、论文、参考资料、用户手册等资源也大多是用英语写成的。那么，我们该如何学好英语呢？最重要的学习方法就是尽量与实践结合起来，不能只"学"不"用"，更不能只靠背诵的方式学习英语。读书时，大家应尽量阅读原版的专业教材（如果英语不够好，可以先从中英对照的教材看起），并适当地阅读一些自己感兴趣的专业论文，这可以同时提高英语和相关专业的知识水平。此外，大家完全可以用有趣的方法学习英语，如多看一些名人的对话或演讲，多读一些小说、戏剧甚至漫画。初学者可以找英文原版的教学节目和录像来学习，有一定基础的则应该看英文电视或电影。听英文广播也是很好的练习英文听力的方法，每天最好能抽出半小时到一小时的时间收听广播并尽量理解其中的内容，有必要的话还可以录下来反复收听。总之，勇于实践、持之以恒是学习英语的必由之路。

3．计算机和互联网学习

信息时代已经到来，大学生在信息科学与信息技术方面的素养也已成为他们进入社会的必备基础之一。虽然不是每个大学生都需要懂得计算机原理和编程知识，但所有大学生都应当熟练地使用计算机、互联网、办公软件和搜索引擎，熟练地在网上浏览信息并查找专业知识。在21世纪，使用计算机和网络就像使用纸和笔一样是人人必备的基本功。不学好计算机，你就无法快捷、全面地获得自己需要的知识或信息。

4．专业基础课程学习

每个特定的专业都有它自己的基础课程。以计算机专业为例，许多大学生只热衷于学习最新的语言、技术、平台、标准和工具，因为很多公司在招聘时都会要求这些方面的基础或经验。这些新技术虽然应该学习，但计算机基础课程的学习更为重要，因为语言和平台的发展日新月异，但只要学好基础课程（如数据结构、算法、编译原理、计算机原理、数据库原理等）就可以万变不离其宗。曾有人生动地把这些基础课程比拟为计算机专业的内功，而把新的语言、技术、平台、标准和工具比拟为外功。那些只懂得追求时髦的学生最终只知道些招式的皮毛，没有内功的积累，他们是不可能成为真正的高手的。虽然我们鼓励大家追寻自己的兴趣，但在这里仍需强调，生活中有些事情即便不感兴趣也是必须做的。例如，打好基础，学好数学、英语和计算机的使用就是这一类必须做的事情。打基础是苦功夫，不愿吃苦是不能修得正果的。

（三）大学的课程设置

目前，高校的课程设置一般分为必修课和选修课两大类。

1．必修课

必修课是指指导性教学计划中规定学生必须修读的课程。即根据专业培养目标和毕业生基本培养规格，要求学生必须掌握的基本理论、基本知识、基本技能所确定的该专业学生必须修读的课程或环节。必修课由公共必修课、学科必修课、专业必修课和实践性环节必修课构成。学生必须修读课程计划规定的全部必修课，并取得相应的学分。公共必修课包括思想政治理论课、公共体育课、公共外语课、计算机与信息技术应用基础,以及各专业必备的公共基础课,如高等数学、经济数学、大学物理等课程;学科必修课是根据本专业的培养目标、培养要求制定的,包括基础理论课和学科综合课;专业必修课包括专业基础课、专业主干课、一般专业课等。

2. 选修课

选修课是指学生自主选择学校开设的除必修课以外的任何课程。对选修课的学习,应注意克服仅仅停留在浅层的了解和获知的现象。大学生对待选修课的学习一般说来兴致较高,认为选修课可以开眼界、长见识,扩大自己的知识面。而且选修课的学习要求不严,大学生较少产生逆反心理。但选修课在大学生心目中的地位和分量毕竟不如专业课和公共课,大学生真正投入学习的不多。学习目的较模糊,学习动机不强,学习既不消极也不太积极,上课时注意力集中程度不高,认识能力也较少充分发挥。为了拓宽知识面,反映专业方向要求,学生可根据本人的兴趣爱好在一定范围内选修相应课程。值得注意的是,选修课程包括:专业指导性教学计划内课程性质为"选修"的课程和本专业指导性教学计划未开设而非专业指导性教学计划开设的全部课程。选修课的主要功能体现在:有利于优化学生的知识结构,有利于深化学生的基础知识和专业知识,有利于加强学生的文化素质教育。

选修课包括限定选修课和其他选修课两类。

一是限定选修课,是指限定学生在一定范围内选修的课程。它是根据专业教学计划,按照专业或专业方向,分设若干门或若干组选修课,学生必须选读其中一组至几组或按要求选读若干门课程,并取得规定的学分。限定选修课的学分一般不得以任意选修课的学分替代。超过规定的限选课学分,可替代任意选修课学分。学生若要达到毕业条件,必须达到学校规定的最低限定选修课学分。

二是其他选修课,是指学校为完善学生知识结构、拓宽学生知识面、提高学生综合素质而开设的课程,学生可以根据个人志趣和知识基础在全校范围内进行选修,并取得规定的学分。各高校根据学校专业人才培养目标,一般都设置了最低选修学分,学生应正确把握其他选修课的范围和最低学分要求,合理安排选读时间。大学新生对选修课的学习,应注意不要仅仅停留在浅层的了解和获知上,更要杜绝为了获取学分才选修某些课程、"选而不修"的不正常现象。

3. 如何对待必修课和选修课

通过以上介绍,相信同学们对必修课和选修课有了一定的认识。那么如何正确对待必修课和选修课的学习呢?

不同专业的大学生有不同的专业课,在对待本专业课程的学习时,首先是学习态度一定要端正,不管喜欢与否,都要尽力学好;其次是学习目标要明确,要不断端正学习动机、提高学习兴趣,主动克服各种学习困难,做到直接学习兴趣和间接学习兴趣的结合。

在实施选修课制度的实践过程中,有的学生对选修课认识不足,重视不够。一方面,学生不了解选修课的目的,没有充分认识到选修课的重要性,所以在选课的时候随意性比较大,存在混学分的现象;另一方面,有的学生认为选修课的要求一般不像必修课那样严格,因此,在选课时,就选教师要求不严、考试容易过关的课程。这样一来,在一定程度上影响了选修课的教学质量,不能很好地达到开设选修课的目的。因此,学生在选课前,首先,要了解选修课的基本内容、学时、学分、选修要求、主讲教师等基本情况,从学生自身所学专业的角度进行选课分析,使所学知识能够系统化。其次,要有一定的学习兴趣,这是学生积极主动学习的基础。最后,根据学习时间和精力,在每学期选课时要控制数量,避免过多,以免影响学习效果。

二、课外学习

(一)实践贯通:做过的才真正明白

上高中时,许多学生会向老师提出"为什么、有什么用"的问题,通常,老师给出的答案都是"不准问"。进入大学后,这些问题的答案应该是"不准不问"。在大学里,同学们应该懂得每一个学科的知识、理论、方法与具体的实践、应用如何结合起来。有一句关于实践的谚语是这样说的:"我听到的会忘掉,我看到的能记住,我做过的才真正明白。"

无论学习何种专业、何种课程,如果能在学习中努力实践,做到融会贯通,我们就可以更深入地理解知识体系,可以牢记学过的知识。因此,建议同学们多选些与实践相关的专业课。实践时,最好是几个同学合作,这样,既可经过实践理解专业知识,也可以学会如何与人合作,培养团队精神。如果有机会在老师手下做些实际的项目,或者走出校门打工,只要不影响课业,这些做法都是值得鼓励的。外出打工或做项目时,不要只看重薪酬待遇,有时候,即便待遇令人不满意,但有许多培训和实践的机会,也值得一试。

以计算机专业为例,实践经验对于软件开发来说是必不可少的。微软公司希望应聘程序员的大学毕业生最好有十万行的编程经验。理由很简单:实践性的技术要在实践中提高。计算机归根结底是一门实践的学问,不动手是永远也学不会的。因此,最重要的不是在笔试中考高分,而是实践能力。例如,有一批爱好编程的学生建立了一个讨论软件技术的网站,在其中共享他们的知识和实践经验,并成功举办了很多次活动(如在各大高校举办校园技术教育会议),还出版了帮助学生提高技术、解答疑难方面的图书,该网站有多位成员获得了"微软最有价值的专家"的称号。

(二)为人处世

未来,人们在社会里、在工作中与人相处的能力会变得越来越重要,甚至超过了工作本身。所以,大学生要好好把握机会,培养自己的交流意识和团队精神。

1. 学会真诚、宽容

以诚待人,以责人之心责己、以恕己之心恕人。对别人要抱着诚挚、宽容的胸襟,对自己要怀着自我批评、有过必改的态度。与人交往时,你怎样对待别人,别人也会怎样对待你。这就好比照镜子一样,你自己的表情和态度,可以从他人对你流露出的表情和态度中一览无余。最真挚的友情和最难解的仇恨都是由这种"反射"原理逐步造成的。

2. 培养真正的友情

如果能做到第一点,很多大学时的朋友就会成为你一辈子的知己。在一起求学和寻求自身发展的道路上,这样的友谊弥足珍贵。交朋友时,不要只去找与你性情相近或只会附和你的人做朋友。好朋友有很多种：乐观的朋友、智慧的朋友、脚踏实地的朋友、幽默风趣的朋友、激励你上进的朋友、提升你能力的朋友、帮你了解自己的朋友、对你说实话的朋友等。

3. 学习团队精神培养沟通能力

社团是微观的社会，参与社团是步入社会前最好的磨炼。在社团中，可以培养团队合作的能力和领导才能，也可以发挥你的专业特长。但更重要的是，你要做一个诚心诚意的服务者和志愿者，或在担任学生工作时主动扮演同学和老师之间沟通桥梁的角色，并以此锻炼自己的沟通能力。把握在大学时学习人际交往的机会，因为大学社团里的人际交往是一种不用"付学费"的学习，犯了错误也可以从头再来。在班级里、社团中，多观察周围的同学，特别是那些你觉得交往能力和沟通能力特别强的同学，看他们是如何与人相处的。

（三）多读书

在上大学期间应该多读书，这里讲的读书，是指教材之外的书籍。我们的课余时间是很充足的，而我们阅读的时间却很少。一方面，我们常常会觉得自己的知识面狭窄，见识太少；另一方面，我们常常会因为这样那样的借口去逃避读书。

1000年前，宋朝的皇帝赵恒（宋真宗）曾经说过："富家不用买良田，书中自有千钟粟；安居不用架高堂，书中自有黄金屋；娶亲莫恨无良媒，书中自有颜如玉。"皇帝这一段有关学问的"花言巧语"，虽然露骨到了极点，却也十分写实。读圣贤书，所为何事？做官哪！功名利禄啊！我们读书，不为名，不为利，不为颜如玉，那到底为了什么？

1. 为生存而读书

中国从2001年开始已经步入老年社会，未来，年轻人的负担将远远超过现在。社会问题的解决将比现在更复杂。而21世纪，"知识经济"与"全球化"将持续冲击每一个人。结果之一是200年来的"国家资本主义"被"全球资本主义"所取代；结果之二则是持续地"落差扩大"。全世界将只有四十几个国家能"跟上"新经济的列车，大多数的国家和人口，会越来越落后。即使在这些有机会的发展国家之中，财富增加也往往集中在前10%的人口。更可怕的是，许多人18~22岁（大学阶段）所学到的技能，日后能持续运用在职场上的将越来越少。于是，培养终身学习的兴趣与能力，将是最重要的生存关键。其中，阅读就是最核心的能力。

2. 为免于恐惧而读书

400多年前，英国的哲学家培根（Francis Bacon）说："知识就是力量！"当然，这句话代表了培根对人类理性的信心。事实上，由哥白尼、伽利略等先驱所带动的科学革命，以及后来因为技术革新而进一步造成的工业革命，确实彻底改变了人们的生活处境。不但让人们挣脱了中世纪教会的思想桎梏，也让广大的普通大众逐渐摆脱"命薄如纸"的贫穷循环。于是，人们基本的生存恐惧得以解除。

3. 为提高内在品质而读书

哲学家培根推崇阅读，理由是全面的。他说"读书可以让人精神愉悦、言辞优雅、工作有效能"。他认为阅读使人充实、使人获得知识，就像肉体上的缺陷可以用适当运动来治疗,精神上的缺陷也可以用不同的学问来弥补,于是有了这一段脍炙人口的名言:"历史使人明智,诗歌使人灵秀,数学使人周密,博物使人深沉,伦理使人庄重,逻辑与修辞使人善辩……"所以说,阅读可以提升人生的质量。

我们接受了十几年的应试教育,我们头上,只有考试那么大的一小片蓝天,除此之外,我们别无所知。阅读,能让我们感知考试之外的另一个世界,是让我们跳出井口的动力。

三、建立合理的知识结构和智能结构

掌握了大学的学习特点,就要遵循大学学习规律,争取在大学学习的过程中既要积累丰富的知识,又要培养和开发自己的智能,建立起合理的知识智能结构,以适应社会进步和科技发展的要求。

(一)合理知识结构的构建

知识结构是人们视野、思想、观念的基础。大学生要成为一个对社会作出更多贡献的人就必须掌握相应的知识,构建一个合理的知识结构。那么,什么样的知识结构才是合理的?在这里,介绍几种人们目前总结出来的知识结构模型。

1. 塔式知识结构

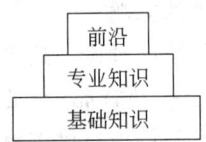

塔式知识结构一般分为三层,塔的底层为基础知识,强调基础知识要宽、要广、要博;中间层次为专业知识,专业知识要专、要精、要深;上层是前沿知识,前沿知识要快、要新。这种知识结构的优点是有利于接近科学前沿,从事科学攻尖。

2. 网络式知识结构

网络式知识结构是以专业知识为"中心点",把其他与之相关、相近、作用较大的知识,作为网络的各个"扭结",相互联结构成一个适应性大的知识网状,其特点是综合性比较强,专业性不太强,适应性较大。

3. T形知识结构

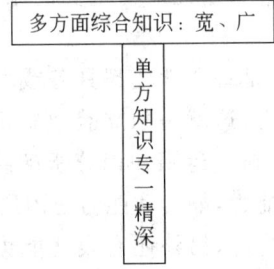

这是用英语字母"T"来比喻知识结构的组合形式。"—"表示人才知识结构的广博度,意指人才知识面较宽,"|"表示人才知识的专深性,意指人才的专业知识比较精深,把

"一"与"丨"结合起来,就是既有一定的深度和专长,又有广博知识面的"T"形人才。具有这种知识结构的人才适应性和创新能力都较强。

此外,法国管理专家法亚尔通过对企业管理的分析提出了帷幕式知识结构,国外经济管理学家针对经济管理人才的特点还提出了蛛网式知识结构,我国企业界人士还提出了飞机式知识结构,这里就不作详细介绍了。

(二) 合理智能结构的构建

智力是指人们认识理解客观事物并运用指挥知识经验等解决问题的能力,包括观察力、注意力、记忆力、想象力和思维力。智力是人们从事各种活动所必须的基本能力,它属于认识活动的范畴。能力是人们运用知识和智力成功地进行实际活动的本领,是人们的智力在各种不同条件下的综合表现。如人们的自信能力、操作能力、创造能力等。它属于实际活动范畴。智力偏于认识,能力偏于活动,二者有一定的区别。但人们的认识和活动又是统一的,认识离不开一定的活动基础,活动又必须有认识参与,所以智力与能力是密切联系的,二者是互为前提、互相制约、互相促进的交叉关系。能力中有智力,智力中有能力,智力和能力的总和叫智能。智能结构是指一个人智力和能力的有机组合。由于社会的各种性质、各个层次、各种规格的人才要求不同及每个人的个性差异,其智能结构也是有差异的,但都有一个使之优化、合理的问题。

美国霍华德·加德纳提出了多元智能理论。这个理论认为人类至少具有七种以上智能:一是数理逻辑分析智能;二是语言技巧智能;三是音乐智能;四是身体运动智能;五是空间位置智能;六是人际关系智能;七是认识自己的智能。他认为全面教育应该开发每个人身上这七种智能,最大限度地发挥人的智能。我们暂且不对这种理论进行评价,但它说明了人的智能结构应该是多元的,这种多元的智能如何组合,主要应该考虑对科技发展和社会主义建设的适应性、专业的特点、个性的差异以及智能结构中各种能力的层次性。这里主要谈谈智能结构中的层次性,也就是说在智力和能力中所包含的各因素并非都是平行的,而是呈现出一定的层次性。如智力因素中思维能力是核心,思维能力的发展可以促进其他智力因素水平的提高。实际上很多大学生在大学阶段,观察力、注意力、想象力和逻辑记忆力的较大提高,都源于思维能力的提高。所以大学生要特别重视提高自己的思维能力。当然其他智力因素也不能忽视,如观察力,巴普洛夫说过:"不学会观察,你就永远当不了科学家。"想象力是进行科学研究极为重要的条件,可以说,没有想象力,就没有创造。

在诸多能力中,各种能力也不是每个学生都具备或均衡发展的。但其中有一些是每个大学生都应具备的最基本的能力,这就是独立获取知识、信息的能力——自学能力;独立发展知识的能力——创新能力;独立运用知识分析解决问题的能力——实践能力。在这三种能力下还有一些属于亚层能力,如实践能力之内所包括的实际操作能力、组织管理能力、社会交往能力、经商理财能力等,另外还有表达能力、研究设计能力等也是重要的。但对这些基本能力及水平的要求,每个学生可以根据社会需要、所学专业、职业特点和兴趣擅长而加以合理地组合。

四、学会利用学习资源

在当今社会,知识更新的速度越来越快,获取知识是大学生必须具备的重要能力之一。不会自学或没养成自学的习惯,将会被时代前进的步伐远远抛下。每所大学里都拥有许多的学习资源,关键在于你如何最充分地加以利用。善于通过多种渠道的学习资源来获取知识,无疑可以使你的大学学习更加成功。因此,善于充分地利用大学的学习资源,培养和提高自学能力,是我们适应大学学习的一个重要方面,也是我们树立和实践终身学习理念的基本条件。

1. 问老师,请教同学

孔子曰:"三人行,必有我师焉。"大学几年,与我们朝夕相处的,正是我们的老师和同学。老师和同学不仅是自己的学习伙伴,也是最好的知识来源。作为课堂学习的延伸,大学新生要善于向老师请教,勇于提出问题。不要为自己的问题是否太幼稚而担忧,只要这一问题是你经过深思,四处寻找答案而"百思不得其解"的,就可以提出来。你必须主动去学习,而不是被动地等着老师来教导你。老师随时都在,但如果你不去敲他的门,他也不会来找你。当老师尽心尽力地提供给你建议时,你要学会倾听,要真正抓住他所说的重点,才能正确地理解他所要表达的意思。

学校里有许多有经验、有知识的同学、学长,要与他们多交流,他们的经验和教训对我们的帮助是最直接的。遇到困难,要虚心请教,看看别人是怎样处理类似情况的,而且,请教同学也是得到答案最快的方式。正所谓"闻道有先后,术业有专攻",每个人的专长不同,每个人对问题的理解和认识都不尽相同,只有互帮互学,大家才能共同进步。当然,对于本专业的学长,我们更应多多请教,因为他们经过了专业课程的学习和考试,对课程内容的重点难点、老师出题的思路及方向、学习时要注意的相关问题,以后在工作或研究中本课程的哪些知识有用都有所了解,这样可以让我们在学习中少走弯路,尽快达到目的。

2. 充分利用网络和图书馆资源

随着国际互联网的不断发展,网络已经成为当今最大的信息库和获取知识最快捷的手段。合理地、有计划地利用网络,可以极大地开阔自己的思路、拓宽知识面,这也是大学生学习的主要方式之一。通过网络,大学生可以和世界各地的人交朋友,了解世界每个角落的风土人情,收看最新的新闻信息、科技动态,参加各种论坛和社区、在线交谈,在网友的帮助下寻找难题的答案。

图书馆是大学生培养自学能力、获取丰富知识的重要场所之一。对于大学新生的学习来说,图书馆是第二课堂,是大学生最亲密的"伙伴"。与中学不同,大学的学习更多地要靠你的自觉性。能否更好地利用图书馆,几乎就意味着你的大学学习是否成功。图书馆有课堂所学知识的延伸和课堂以外的各种综合性知识,大学生可以借助图书馆的丰富藏书、参考工具书和各种报刊资料,以及各种有利条件,不断提高自学能力,补充课堂上未学到的知识,扩宽自己的知识领域,丰富自己的综合知识,提高自己的文化素质。

大学新生入学后办理完阅览证、借书证之后不妨先去学校图书馆浏览一番,弄清楚怎样使用电子检索系统找到自己想要的书,怎样浏览图书馆新进的书籍,每个阅览室有些什么方面的图书,外借书一次可以借阅几本,续借有什么要求,怎样预约书籍等问题。你还要特别关注电子图书馆。与传统图书馆藏书不同的是,电子图书馆的众多图书不再孤立散布在世界各地的图书馆中,而是永久性地存储在硬盘、光盘之中,或流动在全球信息网络中,成为全球人类共享的信息财富。你可以直接从网络上进行资料传递与查询,并将感兴趣的内容下载到自己的计算机中。

3. 善于参加讲座

讲座是大学生获取知识的一个重要途径。大学会针对各类主题举办各种类型的讲座,或请本学校的老师来讲,或请校外的知名学者或专家来讲,对此同学们要积极地参与。北京大学校长许智宏认为,讲座给大学生们"提供了一个辩论的讲坛"和"前人与后人交流的场所"。"在思想的激烈碰撞中,迸发的火花或许就成为照亮他们一生学术生涯的明灯"。也有人曾戏言,在大学里,课可以不上,但讲座决不可以不听。学术讲座可以使大学生聆听大师级人物讲解某一方面的学术前沿问题。因为高校学术讲座是关注学科前沿、透视社会热点的重要窗口。高质量的学术讲座增强了高校的知识"辐射"功能。戴尔谈全球经济、何振梁述中国申奥、章培恒论中国古典文学……讲座最吸引学生的地方,就是能直接感受专家、学者们的思想火花。在传媒高度发达的今天,大学学术讲座往往成为社会瞩目的焦点。比如中央电视台的百家讲坛、香港凤凰卫视的"世纪大讲堂"、湖南卫视与湖南大学在岳麓书院定期举办的名人讲座,都吸引了众多大学生的目光,也是大学生有效学习的重要方式。

通过听讲座不可能学到系统的知识,但是,一场好的讲座或许可以让你获得一种新的思维方法,对于某一个具体的问题获得某些更深入的见解。最好是能在听讲座前做一些准备,如针对讲座的主题做一些分析、针对主讲者做一些了解等,这将有利于你更好地把握讲座的内容,事半功倍。如果能够在讲座现场或讲座结束后就某些疑问与主讲者沟通交流,那将对你有一个很好的提升。

【拓展——哈佛学生是如何度过大学四年的】

央视《世界著名大学》制片人谢娟曾带摄制组到哈佛大学采访。她告诉记者:"我们到哈佛大学时,是半夜2点,可让我们惊讶的是,整个校园当时是灯火通明的,那是一个不夜城。餐厅里、图书馆里、教室里还有很多学生在看书。"

"那种强烈的学习气氛一下子就感染了我们。在哈佛,学生的学习是不分白天和黑夜的。那时,我才知道,在美国,在哈佛这样的名校,学生的压力是很大的。"

"在哈佛,到处可以看到睡觉的人,甚至在食堂的长椅上也有人在呼呼大睡。而旁边来来往往就餐的人并不觉得稀奇。因为他们知道这些倒头就睡的人实在是太累了。在哈佛,我们见到最多的就是学生一边啃着面包一边忘我地在看书。"

"在哈佛采访,感受最深的是,哈佛学生学得太苦了,但是他们明显也是乐在其中。是什么让哈佛的学生能以苦为乐呢?我的体会是,他们对所学领域的强烈兴趣。还有就是哈佛学生心中燃烧的要在未来承担重要责任的使命感。从这些学生身上,你能感到他们生命的能量在这里被激发了出来。"

谢娟说:"在哈佛学习的一个北大女孩跟我说,哈佛的本科生,每学期至少要选修4门课,一年是8门课,4年之内修满32门课并通过考试才可以毕业。一般而言,学校都要求本科生在入校后的头两年内完成核心课程的学习,第三年开始进入主修专业课程的学习。"

"只有最聪明的天才学生可以在两三年内读完这32门课,一般的学生光应付4门课就已经忙得头晕脑涨了,因为在课堂上教授们讲得飞快,不管你听得懂听不懂,课后又留下一大堆阅读材料,读不完你根本就完成不了作业。"

"那个北大女孩说,我在这里一个星期的阅读量是我在北大一年的阅读量,而且,哈佛的作业量要求很大,她说,我们课后要花很多时间看书,预习案例。"

每堂课都需要提前做大量的准备,课前准备充分了,上课时才能在课堂上和别人交流,贡献你的个人思想,才能和大家一起学习,否则,你是无法融入课堂的教学中的,当每个学生都投入时间认真准备了,才可以快速推进课堂讨论的进程,而之前如果不读那么多的书,你就无法参加到课堂讨论之中。

某教授对学生说,你学我这门课,你就一天只能睡两小时。学生想,那么,我学4门课,我就没有睡眠时间了,我就得倒贴睡眠时间了。

哈佛的博士生,可能每三天要啃下一本大书,每本几百页,还要交上阅读报告。从哈佛经过一座桥便是波士顿,前人类学系主任张光直在哈佛读博士那几年,都没有上过桥、没有去过波士顿。

第三节 大学学习方法

知识经济时代的一个重要特征就是知识的更新比以往任何时候都要来得迅速,新的知识不断地产生,旧的知识不断地被替换。掌握正确的学习方法,建构适应社会发展的知识和能力,是现代大学生面临的重要课题。成功者的实践证明,学业的成败不仅在于勤奋和刻苦,而且更在于是否善于学习。人才学家认为,只有运用正确的学习方法,才能更好地发挥天赋的智慧和才能,才能事半功倍。因此,有人说,大学学习,与其说是学知识的,倒不如说是学方法的。由此可见,掌握科学的学习方法对大学生来说是很重要的。

一、大学学习方法的形成

大学是一片的神奇土地,在这块土地上辛勤耕作,自会"种瓜得瓜,种豆得豆"。在这里,你可以尽情施展自己的才华,而学习方法就是你获得才华的有力工具。创造最佳学习方法要注意以下两点:第一点,以提高学习效率为标准。掌握学习方法的根本目的是提高学习效率,学有所获。究竟哪种学习方法是适合自己的最佳方法,要看它是否有利于提高学习效率。第二点,因人而异。有的方法适合别人,但并不适合自己,不同年级、不同专业、不同学生适合的学习方法都可能不一样。

1. 明确的学习目标

目标是人们欲求获得的成果或将要达到的标准,它是行动的指南。合理的目标能够诱发人的动机,规定行为方向。学习目标有近期和远期之分,人们确立远期目标的过程也就是理想的形成过程。目标要高低适度,同时根据条件变化适当调节。

2. 锲而不舍,持之以恒

很多同学在制订学习计划时热血沸腾,但一遇挫折便锐气大减。"激流勇进"、"自胜者强","唯志坚者始遂其志"。应在实践中发展自己的耐力和控制力,增强对挫折的承受力,排除各种干扰。

3. 制订合理的学习计划

计划是我们学习道路上的向导,指引我们学习前进的导向灯,没有计划的学习注定是盲目的、毫无章程的。不管是长期的学习计划还是短期的学习计划,我们都要制订,以引导我们的学习思路,使我们能在长期的学习中不迷失方向。科学家告诫我们:"你热爱生命吗?那就别浪费时间,因为时间是组成生命的材料。"大学与中学的一个显著区别就是大学生可以自由支配的时间大量增加。时间的利用对大学生的成才至关重要,从某种意义上说,我们的学习就是和时间赛跑,谁能驾驭时间,谁就赢得了学习的主动权,谁就能奔向成功的彼岸。制订科学合理的学习计划,就要明确每天干什么,每个月或每年要达到什么目标。

4. 劳逸结合

古人云:文武之道,一张一弛。只有会休息的人才会工作。有些大学生,他们有良好的学习愿望和刻苦的学习精神,从早到晚不停地看书、做作业,但学习效果并不理想,长期这样甚至可能酿成疾病,这就是不注意劳逸结合的结果。"身体是革命的本钱",要想更好地学习,我们必须有一个健康的身体支撑着,而如果大脑处于长期工作时,就会使大脑严重缺氧,导致学习倦怠,让人没精神,总想睡觉,不利于学习,所以要科学用脑,做到劳逸结合。比如,学习了两三个小时,就去锻炼一会儿,再回来学习。

学习对脑力消耗非常大,要想始终保持良好的学习状态,必须做到以下几点:第一点,充足的睡眠时间。第二点,适当的锻炼,最好每天安排1个小时的文体活动。无数事实证明,虽然体育锻炼占去了人们一定的时间,但它却帮助人们赢得了更多的精力和活力,从而使人们情绪饱满、精神愉快地工作和学习。第三点,良好的生活习惯(如不抽烟、不酗酒、按时作息等)。另外,乐观而开朗的性格,适当注意饮食营养,也都是保证身体健康的重要条件。

二、大学学习基本方法——学会自学

自学能力的培养,是适应大学学习自主性特点的一个重要方面,每个大学生都要养成自学的习惯。只有努力自学,才能具备良好的适应性。正如《学会生存》一书的作者埃德加·富尔在联合国教科文组织呈送的报告中所说:"唯有全面的终身教育才能使你避免因知识落伍而失去晋升或被淘汰的厄运,有利于新工作的变动,弥补你知识上的不足,使你获得事业上的成功。"我国著名的物理学家钱伟长教授曾经说过:"一个人在大学四年里,能不能养成自学的习惯,学会自学的本领,不但在很大程度上决定着他能否学会大学的课程,把知识真正学懂学活,而且影响到大学毕业以后,能否不断地吸取新的知识,进行创造性的工作,为国家做出更大贡献。"由此可见,培养和提高自学能力,不仅是大学生必须完成的一项重要任务,也是进行终身学习的基本条件。因此,学会自学,靠自学去理解老师传授的知识,靠自学去获取新知识,是青年大学生必须掌握的技能,也是适应社会、寻求发展的必然选择。每个大学生都必须制订出明确的学习目标和科学的学习计划,不断提高学习自觉性,加强自学能力的培养和自学习惯的养成。

当然他是引用教育家的话,但这话讲得很有道理。所谓"剩下来的东西",其实就是自学的能力。当今社会,知识更新越来越快,三年左右的时间人类的知识量就会翻一番,不会自学或未能养成自学的习惯,不会更新知识是不行的。由此可见,自学不仅在大学四年很重要,而且在人的一生中也很重要。在大学里不论是知识的获得,还是知识的消化和巩固,大学生主要靠自学。因此,每个大学生都必须加强自学能力的培养和自学习惯的养成。那么,在校学生如何培养自学能力呢?

(1) 要有学习的自觉性。自学主要是学生自己学习,如果缺乏学习的自觉性,自学也就不能成立。

(2) 自学要有计划性。如果没有学习计划,就容易受到外界因素的干扰而影响自己的学习,而且没有计划的学习容易缺乏动力。因此我们必须根据社会需要和自己的水平、能力,制订出明确的学习目的和科学的学习计划。

(3) 自学要有时间性,即要有时间保证。要充分利用好课余时间,并合理地支配和利用它。如课前的预习和自学,要安排在老师上课之前。如果自学中对一些问题感到疑惑不解,就可以有目的地在课堂上听老师讲解此问题,或主动提出问题请老师解答,从而大大提高听课效率。对课堂所学的知识课后我们应该及时地安排时间进行复习和巩固,对不懂的知识,要设法请教老师或者查阅文献、图书等,解决问题。人的大脑遗忘速度很快,如果课后不及时地安排时间复习,而是等所学的东西忘得差不多了再复习,就成了重新学习,费时费力,效果也不好。

(4) 要善于充分利用各种条件和手段。大学生获取知识的途径是非常广泛的,要学会利用图书馆的图书、实验、实习、科研活动等专业性训练环节来丰富拓展自己的知识。

三、大学学习常用的方法

前人总结了很多值得借鉴的学习方法,《弟子规》也讲"读书法,有三到,心眼口,信皆要"。"三到四边"法(心到、眼到、手到,边看、边批、边画、边写)、结构学习法、比较学习法等,学习方法之多,可谓不胜枚举。但是我们在学习中并不需要将所有的方法都用到,而应找到一些适合自己的学习方法,才能为大学学习打下良好的基础。在大学的学习过程中有以下几种常见的学习方法。

1. 循环式学习法

学习成效与记忆能力密切相关。德国心理学家艾宾浩斯一项关于学习记忆的实验研究结果表明,学习中人的遗忘具有先快后慢的规律,如果加以及时复习,就可达到巩固记忆的目的。事实上,在学习过程中,记忆能力再强的人也难以做到对所学的教学内容过目不忘。因此,循环式学习法就是要求大学生在每节课后,在新的信息传入大脑后,印象还没有逐渐消去以前,对所学的内容及材料及时整理,在不同的时间内多次采取中学习—复习—再复习的方法,以达到增强记忆、巩固学习效果的目的。

2. 四环式学习法

这种学习方法是指通过由面到点、由表面到实质的综合概括,把握学习内容之间的联系,在较短时间内掌握全部材料内容的一种方法,包括精读材料、编写提纲、尝试背诵、有效强化四个环节。第一环节是分析—综合,抓住重点。就是对所学的内容进行认真的分析、综合,把握其要点、重点和难点及材料间的必然联系。第二环节是编写提纲。要求在理解所学内容的基础上,细致地进行筛选、概括、组织,然后根据所学内容的性质,用自己的语言提纲挈领地编写提纲,列出每一问题的要点。第三环节是对学习材料进行迁移内化。根据理解和所列提纲,认真寻找材料间的内在联系,进行背诵、记忆、分析、推理。第四环节是浓缩提纲,强化记忆。即用最简短的语言,抓住材料的实质和核心内容,把提纲压缩成简纲(关键的几个字),以强化记忆,加深印象。

3. 框架式学习法

这种方法指将有关的知识通过有条理的分析,归纳成一个个"框架",以便理解和记忆。例如,我们在学习某一学科或阅读某一本书时,往往会根据学科或书本的知识和内容及其内部之间的联系,建立一个知识"框架"。这样不但便于我们理解和记忆内容,而且也便于我们每学一点新的知识,就能自觉地把它投到这个"框架"里去。不断向这个框架增加新的"信息",并经常在头脑中呈现这个"框架"的内容,整理"信息",调整信息的位置,这样就会取得更好的学习效果。

4. 设问式学习法

这种方法是指在学习过程中,对遇到的各种问题,要养成问个"为什么"的习惯。如果是前人问过的,但还没有解决,我们要敢于再问;如果是前人没有问过的,我们要敢于去问,不要怕错,错了就改。根据遇到的问题,迈出了"问"这个第一步,我们才能根据"问",发挥自己的主观能动性,主动查找资料,寻求解决问题的新方案,从而不断培养自己的创造思维能力。常见的设问推敲法有五种提问形式,即比较法、反问论、逻辑法、变化法、极端法。

5. 螺旋式学习法

这种方法就是用一系列的循环知识单元来代替平铺直叙的知识积累和阐述,每一循环都比前一个循环更高一层、更进一步。这种学习方法以学习者所感兴趣或想研究的内容为目标,掌握与中心内容有直接关联的基本知识,并了解那些有联系、但并不直接有关的知识。经过一个阶段的学习,基本概念得到掌握,公式得到理解和运用,实验现象得到分析,疑难问题得到解释,设想得到丰富和完善,同时还了解与所学内容有关的知识领域。在这一循环的学习中,又会遇到新的概念、新的问题,再以此为新的起点,进一步循环,进一步学习,进一步开阔视野。

6. 实践式学习法

大学学习是学生将高度抽象的专业理论知识运用于实践的活动。理论来源于实践,理论又必须回到实践中接受检验。学习的过程也是人的认识过程,它必然要符合人的认识规律。脱离实践的理论,是无法生存的理论,也是无法掌握的理论。大学生所学的理论,是前人或他人在实践中升华了的东西,这种理论要在实践中才能检验它的真理性。因此,大学生要树立在实践中学习的理念,通过参加课程设计、实习、实验、调查、毕业设计等实践活动,将课堂教学运用于实践,在实践中培养自己的动手能力、操作能力,提高运用知识解决问题的能力、创新能力等。

以上介绍的几种学习方法,都是他人经验的总结。借鉴他人经验,可以少走弯路,提高学习效率。但是,由于个人习惯、思维方式、性格气质、意志品德等具体条件不同,学习方法的选择也应该因人而异。因此,无论选择哪种学习方法,都要结合自身的特点来选择,对别人的经验不能全盘皆收,而要创造性地加以吸收。

第四节　如何做好课堂笔记

课堂笔记是构建知识结构的预制件和原材料,也是课堂学习的备忘录。即使有教科书,也不能代替课堂笔记。做好课堂笔记,是提高听课效率的重要方法,它不但能积累资料、形成信息外储,同时也有助于课后的理解、记忆和复习。

一、课堂笔记的注意事项

如何做好课堂笔记呢?一般来说,做好课堂笔记需要注意以下几个方面。

(一)准备好基本工具

上课前,一定要准备好一个笔记本和一支好用的笔,这是记笔记的基本要求,但是很多同学没有这种意识。如果课堂中再去找同学借文具,就会分散注意力,不能有效地记下老师强调的内容。一个笔记本最好只用来记录一门课程的笔记。另外,在上课前,一定要确保自己的笔书写流畅,可以用不同类型的笔来组织安排你的笔记内容,如有的笔笔头比较粗,可以用来画出自己强调的重点,各种颜色的笔也可以用来突出重点。

上课前,准备一个 U 盘或 MP3 也是必要的。在大学课堂中,多媒体教学已经相当普遍。有的老师会准备一些课外的电子教材或视频,你需要及时地复制这些材料,结合自己的课堂笔记进行学习,你也可以将这些内容整合到你的笔记中。如果老师允许的话,尽量复制老师的上课课件,老师的课件往往条理清晰,且重点难点明确;老师的课件还包括很多课外的补充内容及例子,是最佳的笔记辅助材料。

(二)尽量选择教室前排中央的座位

坐在教室中间或后排有很多缺点。当教室比较大或者当老师声音比较小的时候,我们很难听清楚老师讲的内容,而且可能看不清老师的板书或者课件的内容,也会面临很多的干扰。比如,你前面同学穿的一件漂亮衣服,周围同学小声地聊天,前面同学的小动作,外面走廊里走来走去的其他同学,等等。

如果坐在前面几排,上述缺点和干扰就不存在。坐在教室前排中央的学生常常会取得比较好的考试成绩,这是有一些原因的。你坐得离老师越近,就越难睡着;你坐得越靠前,就越不容易受隔在你和老师之间的同学的影响;你坐得越靠前,越能轻松地看清黑板上的内容;当你坐在前面时,你会更容易获得老师的关注,当你积极回答问题或者参与讨论时,老师会更容易记住你,而这又会提高你上课的积极性,而且当你有疑问的时候,老师也更容易注意到坐在前排的你。当这个过程重复多次时,你就会发现你越来越喜欢这门课程,无论记笔记还是学习效率都会大大提高。另外,当你坐在前面几排时,你会感到一种约束,你做小动作或打盹的次数也会减少。

（三）做好课前预习工作

课前预习是融入课堂的关键，是提高记笔记效率必不可少的过程。在上课之前，复习一下上次课的内容、笔记和作业，可以为本次课程做一些相应的知识储备。在预习时，还要确定哪些内容自己能够理解，哪些内容自己不是太明白，思考本次课程主要内容是什么、学习目标是什么、重点难点分别是什么。这样在上课的时候，你就可以集中精力，有效地吸收老师的说明和重点，你的笔记会更具有主动性，因为你只需要记录你不懂的内容，以及本次课程的重点内容。

很多时候，老师也会向你推荐其他资料，比如其他的参考书、论文、电子资料等。如果可能的话，上课之前也要好好阅读。有时，你在教材中无法理解的问题，或许可以在其他的学习资料中得到答案。另外，这些课外的资料也会拓宽你的知识面，提高你的学习兴趣。

（四）课后复习使笔记更有效

要使新学的知识变得有用，就要把它们进行有效编码并存入长期记忆。而这一过程的关键就是复习。如果你仅仅在课堂上记笔记，但课后不及时进行复习，那么笔记就是没用的。在课堂上，我们既要记笔记，又要专心听课，因而笔记可能比较潦草，重点难点不突出，缺乏系统性，甚至有些内容被漏掉了。另外，这次课的笔记也是下一次课的基础，如果你不整理和复习，那么下一次上课时你就可能已经忘了这些内容。课后复习笔记时，需要注意以下几点。

1. 复习要及时

研究者发现，我们的记忆在最初的时候遗忘是非常快的，所以必须及时复习，这样才能有效地记忆。越早复习笔记，效果越好，尤其是课堂内容比较难的时候。很多同学很惊讶地发现在上完课后几分钟和几小时后，他们还是能记得课堂上的内容。他们更惊讶的是，他们甚至可以很好地读懂模糊不清的笔记。但不幸的是，短期记忆很快就会减弱。不过，如果你能在课后 24 小时内进行复习，你便可以把短期记忆转变为长期记忆。这一过程不需要很长时间，常常是 10 分钟甚至更短。

为了研究记忆和遗忘过程，赫尔曼·艾宾浩斯（Hermann Ebbinghaus）设计了一种测试记忆的方法。其结果就是我们现在所熟知的"遗忘曲线"，表明遗忘速度在学习结束后的较短时间内往往很快，随后便随着时间的流逝渐渐减慢。

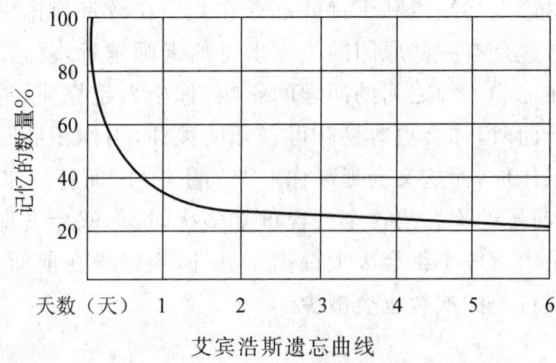

艾宾浩斯遗忘曲线

2. 侧重对关键内容的复习

在复习时,关注笔记的重点、难点以及自己对课堂内容的理解。如果时间不允许,那么只需要对关键内容进行复习就可以了。扫一眼自己笔记中突出的部分,或者关键的概念、理论、例子,对于我们的记忆都非常有帮助。也可以用空白纸盖住你的笔记,只留出左侧的关键词,根据关键词尽可能多地回忆出每个知识点的内容,然后再打开笔记本进行检查。

除了回忆课堂上老师所讲的内容外,还要思考如下问题:这些内容的中心思想是什么?这节课的重点和难点分别是什么?这些内容与我的学习目标有什么关系?这些内容会被考到吗?会以什么样的题型被考到呢?等等,通过这些问题,我们会对笔记内容记忆更加深刻。

3. 复习时加强笔记整理

由于种种原因,你在课堂上做的笔记往往比较杂乱,课后复习不太好用。为了巩固学习成果,积累复习资料,你需要对笔记进一步整理,使之成为比较系统、有条理的参考资料。对课堂笔记进行整理、加工的方法是:

(1) 忆。课后即抓紧时间,趁热打铁,对照书本、笔记,及时回忆有关信息。这是你整理笔记的重要前提。

(2) 补。课堂上所做的笔记,因为是跟着教师讲课的速度进行的,而讲课速度要比记录速度快一些,所以你的笔记会出现缺漏、跳跃、省略等情况,在忆的基础上,及时作修补,使笔记更完整。

(3) 改。仔细审阅你的课堂笔记,对错字、错句及其他不够确切的地方进行修改。

(4) 编。用统一的序号,对笔记内容进行提纲式的、逻辑性的排列,注明号码,梳理好整理笔记的先后顺序。

(5) 分。以文字(最好用色笔)或符号、代号等划分笔记内容的类别。例如,哪些是字词类,哪些是作家与作品类,哪些是作品(或课文)分析类,哪些是问题质疑、探索类,哪些是课后练习题解答,等等。

(6) 舍。省略无关紧要的笔记内容,使笔记简明扼要。

(7) 记。分类抄录经过整理的笔记。同类的知识,摘抄在同一个本子上或一个本子的同一部分,也可以用卡片分类抄录。这样一来,日后复习、使用就方便了,按需所取,纲目清晰,快捷好用,便于记忆。

4. 留意重要资料的线索

对反复强调的知识点多加注意。当你听到老师不断地重复一个短语或思想时,一定要将其记录下来。重复是一个信号,意味着这一信息在老师看来是重要的。

留意介绍性、结论性或者过渡性的词句。这些词句包括但不限于"以下的三个原因""总而言之""最重要的一点""除此以外"和"另一方面"等。类似的词语暗示着联系、定义、新主题、结论、因果和举例。它们透露出的是整个讲课内容的结构。你可以利用这些词语来组织自己的笔记。

看黑板或者教室前端的投影幻灯。如果老师专门花时间把某一点写下来,你可以断定这是重要的知识点。记得要抄下所有的图表、公式、名字、地方、日期、数据或者定义。

注视老师的眼睛。如果老师在阐述一个知识点前,特别注意自己的备课笔记,这极有可能意味着这一知识点非常重要。所有从他笔记中出来的知识点都可能是考试会涉及的考点。

突出老师明显指出的重要知识点。老师常常直接告诉学生,某些特定的信息经常会出现在考试中。用星号或者其他符号在笔记中将这些点标记出来,老师是不会隐瞒重要知识点的。

注意老师的兴趣点。如果老师在讲述某个课题时很富激情,往往说明这个知识点出现在考试中的可能性很大。所以要注意他的兴趣活跃点。

二、课堂笔记的常用方法

1. 康奈尔笔记法

一个适用于全世界学生的记笔记方法就是康奈尔笔记法。这是由康奈尔大学的沃尔特·波克(Walter Pauk)于20世纪50年代首先发明的,直到现在仍在美国和其他国家广为流行。该方法把一页纸分成三部分,右上最大的空间称为笔记栏,是我们平时记笔记的地方;左侧的空间为回忆栏;下面的空间为总结栏。具体如下图所示。

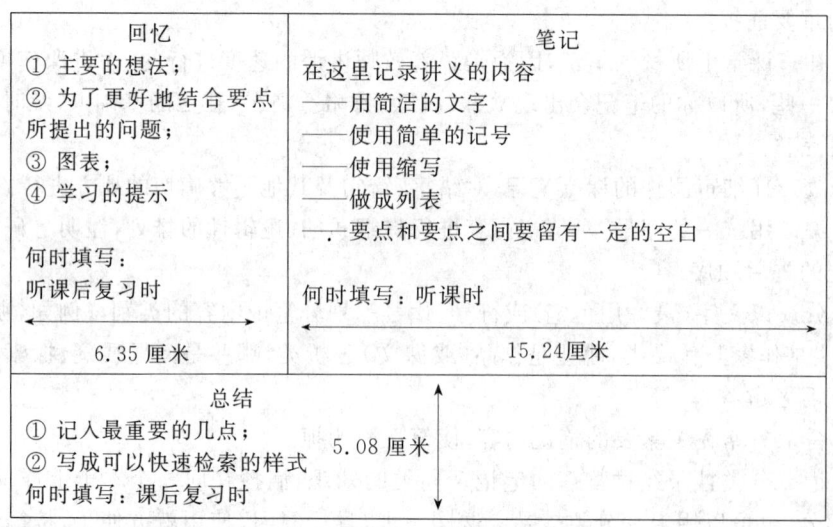

在总结部分用一两句话总结笔记的内容,这有助于你把握学习的重点难点;回忆栏和总结栏可以包括预习和听课时的重点难点、见解和体会、易混淆的概念和理论,以及教材之外老师补充的内容等。在复习时,我们可以遮住记忆栏,仅仅依靠回忆栏中的线索、提纲以及总结栏中的内容来回忆上课的内容。这种方法能够有效地区分出课堂内容、要点和提纲以及自己对课堂内容的总结和思考,可以有效提高我们记笔记的效率,同时也可以促进我们对课堂内容的思考,提高我们的复习效率。

2. 提纲法

提纲法是很多人习惯采用的记笔记方法。这种方法按照标题和副标题的结构,逐条记录重要的概念、关键词及要点。该方法能够有效地组织上课内容,使杂乱的内容变得有序。以下是常见的提纲法的形式:

一、……
  (一) ……
    1.
    2.
  (二) ……
    1.
    2.

二、……

三、……

在第一级(或者说顶级)标题中,写上课堂或阅读材料的最主要思想。

在第二级标题中,记录与第一级中的各最主要思想相关的关键要点。

在第三级标题中,写下支持或解释各关键要点的具体数据和论据,每一级从属标题都是用来支持论述其上一级标题的思想的。

采用提纲法需注意以下几点:使用标题记录最重要的概念;使用副标题记录这些概念下的要点;每条线只关注一个概念;用下划线等标注关键词;可以用编号的方法组织笔记;尽量使用缩写,避免写完整句子的麻烦;留出足够的空间便于补充细节和阅读。

3. 5R 笔记法

5R 笔记法几乎适用于所有讲授或阅读课,特别是对于听课笔记,5R 笔记法应是首选。这种方法是记与学、思考与运用相结合的有效方法。具体包括以下几个步骤。

(1) 记录(Record)。在听讲或阅读过程中,在主栏(将笔记本的一页分为左大右小两部分,左侧为主栏,右侧为副栏)内尽量多记有意义的论据、概念等讲课内容。

(2) 简化(Reduce)。下课以后,尽早将这些论据、概念简明扼要地概括(简化)在回忆栏,即副栏。

(3) 背诵(Recite)。把主栏遮住,只用回忆栏中的摘记提示,尽量完满地叙述课堂上讲过的内容。

(4) 思考(Reflect)。将自己的听课随感、意见、经验体会之类的内容,与讲课内容区分开,写在卡片或笔记本的某一单独部分,加上标题和索引,编制成提纲、摘要,分成类目,并随时归档。

(5) 复习(Review)。每周花十分钟左右时间,快速复习笔记,主要是看回忆栏,适当看主栏。

4. 符号记录法

符号记录法是指采用一定的缩写方式或符号,简化笔记过程,提高记忆效率的方法。在记笔记时,我们可以在教材或笔记旁边加上各种符号,如直线、双线、黑点、圆圈、曲线、箭头、红线、蓝线、三角、方框、着重号、惊叹号、问号等,便于找出重点,加深印象或提出质疑。也可以采用标点符号来代替文字,如"="(等于或相同于)、">"(大于)、"<"(小于)、"+"(加或而且)、"*"(最重要的)、"↑"(增加)、"↓"(降低)、"→"(结果)、"←"(因此)等。什么符号代表什么意思,你可以自己掌握,但最好形成一套比较稳定的符号系统。这种方法比较适合于自学笔记和预习笔记。在操作时你应注意以下一些准则。

（1）读完后再做记号。在阅读的时候,你要分清作者是在讲一个新的概念,还是只是用不同的词语说明同样的概念,你只有等读完这一段落或部分以后,才能回过头来看出那些重复的内容。

（2）只标记重要的内容。如果某个词语或短语很重要,我们只需要在它周围画一个圆圈,或者在它们下面画一条下划线,而无须将整个句子都做标记。

（3）用自己的话。页边空白处简短的笔记应该用你自己的话来写,这是因为自己的话代表你自己的思想,以后这些话会成为这一页所述概念的有力的提示。

（4）简洁。在一些虽简短但是有意义的短语下划线,而不要在完整的句子下面画线,页边空白处的笔记要简明扼要。

（5）迅速。你不可能一整天的时间都用来做记号。你先要阅读,再回过头来大略地复习一遍,并迅速做下记号,然后学习这一章的下一部分内容。

（6）整齐。你做的记号要尽量整齐,而不要胡写乱画,否则会影响你以后的复习和应用。

三、课堂笔记的常规技巧

1. 课堂笔记的关键是捕捉重点、难点

大学课堂中,一节课中往往包括很多内容。因此,我们必须留意一些线索,以提高我们记笔记的效率。老师的课件是做笔记时重要的辅助工具。关注课件中有特殊标记的部分,往往可以提高我们记笔记的效率。

教师的板书也非常重要。课堂上老师的板书是以提纲、图表的形式展现一节课的主要内容,它反映了知识之间的逻辑联系,便于我们理解和掌握,应当完整地记录下来。当老师在黑板上写出某些内容时,一定要多加注意,因为这些往往也是老师想要强调的内容。

老师课堂中反复强调的内容也必须加以重视。有时候,老师可能会直接说明哪些信息很重要,也可能在讲到某些内容时会故意停顿一下,等同学去记录;或者反复强调某个理论、概念或例子,这些内容都要记下来。

在记笔记时,应该重点记录课本之外的内容。教师往往会从自己的角度对教材的内容加以解释,或者讲述一些相关的其他内容,应该及时地将这些内容记入笔记。其他一些内容也应及时记入笔记。例如,我们预习时感到困难的内容、容易混淆的内容,以及经老师讲解仍旧不懂的内容。

2. 怎样应付讲课快的老师

有时候老师讲课非常快,这就需要采用某些技巧来提高记笔记的效率。

课前多预习。你预习得越深入,那么你对课堂内容也会越熟悉。这时你会更容易抓住要点,提高我们记笔记的效率。

选择重要的内容记笔记。在课堂上我们不可能把老师的课堂讲授内容全部记录下来,因此,我们应该有选择地注意摘录老师所讲的重要理论、观点和内容。

框架和结构要清楚。框架和结构一般反映教师分析问题、推导结论的思考路线,可以启发我们的思维,提高我们分析问题、解决问题的能力。老师讲课的思路一般用语言或者

板书表现出来。

记录关键词。要想在记笔记时分清主次,区别不相干的信息和重要信息点,一个简单的办法就是使用关键词。一系列关键词则能帮你串联整堂课的结构和内容。

记录插图、例子或图表。这些内容比句子更简洁,而且更容易组织,这样做能够提高记笔记的效率。

注意留白。一般在记笔记时要留下 2/3 或 3/4 的空白部分方便课后整理或阅读笔记时使用。在你复习的时候,你也可以用笔记中的空白处来阐述知识点、写问题或者做补充。

课前阅读时做笔记。在上课前,你可以就教材内容做详细的笔记,并留出空白。将这些笔记带到课堂上,把课堂笔记加进去。

3. 善用 PPT,巧妙做笔记

现在大家做课堂报告的时候,基本都要用到演示文稿(PPT)这一工具。然而,PPT同时也可能让你走神、忘记做笔记,甚至呼呼大睡。为了善用 PPT,你还是需要好好做笔记,保持观察、记录和复习。将 PPT 看作一个指导,但不能替代你的笔记。不管讲得多详细、多好,也不能代替你的自主思考。试试下面的建议,它们包括在一次 PPT 课堂报告前、中、后的做法。

课堂报告前:有时候在课堂报告之前,老师就把 PPT 发给大家看了。如果你有电脑,把这些文件下载下来,浏览每一页,就像预览阅读作业那样。考虑一下将这些 PPT 打印出来,带去上课。你可以直接在页面上做笔记。

课堂报告中:很多时候,老师只在讲课的时候才播放 PPT,不会将 PPT 打印成讲义的形式发放,也不会让学生们自己去网上打印。这样一来,笔记的内容要选择课上的精华部分,注意听新的观点、主题和重要的细节。做的笔记太多可能让你很难跟上老师,还会让你分不清重点。

课堂报告后:如果你提前打印了 PPT 并带去上课,那么就把它们和你的笔记整合起来。比如,在笔记本中标记相应的页码。或者将阅读、课堂讨论和 PPT 中的主要观点进行总结。打印的 PPT 能够成为有效的复习工具,可以将它们作为背诵的线索。

4. 做一个在线学习者

如果你在上一个在线网络课程或是与网络资源密切相关的课程,记笔记会遇到新的挑战。以下一些方法可以帮助你。

(1) 做一次技术试验。验证自己的课程网站通道,包括网络指导、幻灯片放映、阅读、测验、考试、作业、公告栏和聊天室。向老师询问网址、邮箱地址和密码。在课程开始之前、特别是完成第一次作业之前,解决所有可能的程序错误。

(2) 制订应对意外情况的计划。在每个科目的课堂上找到一个"技术伙伴",也就是在你不能连接到网络或遇到其他问题时可以帮你联系老师的人。每天,将所有课程相关的文件进行系统备份。

(3) 避免拖延。通过网络形式上课或大部分形式都通过网络授课的课程并不一定会显示在你的每周学术课程安排上。这可能会促使你不停地将相关学习往后拖延,直至学期末。不过,以下方法可以有效帮你防止这种拖延。

① 在学期伊始,就给网络课程制定一个详细的学习安排。在你的日程表上,列出每个作业的最后期限。将大项目分成几个小步骤,安排每个步骤完成的时间,一步一步完成。

② 根据自己的每天或每周的日程安排表来计划在线课程学习。要在这些课堂上投入与其他常规课程一样的精力和关注度。在这些时间段,定期和及时检查网上关于课后作业、测验及其他有关通知。

③ 接到在线作业或任务,要尽快发邮件把自己的问题都问清楚。如果你想私下和老师见面交流,提前几天预约。

④ 在线课程资料发布到网站上,就把它们下载或者打印出来,以防这些材料之后撤下网去。

⑤ 尽可能早地递交自己的作业。提前完成任务可以帮你避免学期最后几周在计算机前连夜奋战。

(4) 要求作业的回馈。要充分利用在线学习,写邮件要求老师给你回馈。如果可以的话,你也可以问老师能否通过电话或私下见面交流。

(5) 联系其他学生。在每个课程课堂(特别是在线课程)上跟至少一个同学建立私下往来关系。建立学习小组,共享笔记,互相测验和评改论文,等等。这种支持可以帮助你成为成功的在线学习者。

推荐资源

1. [美]隆恩·弗莱. 如何学习. 广州:新世纪出版社,2001.

本书包含了在上课中、在阅读课本时,甚至在图书馆阅览时做笔记的技巧、提示和建议,也包括了如何准备考试及如何安排读书时间表,以便在最短时间内达到最佳的读书效果。本书共分为八章,包括"如何有好的开始""如何安排读书计划""如何阅读和记忆""如何安排时间""如何在班上出类拔萃""如何使用图书馆""如何撰写报告""如何准备考试"。你可以阅读整本书,也可以只是阅读某一章节。本书会对你的大学学习有重要的帮助。

2. [美]隆恩·弗莱. 有效阅读. 广州:新世纪出版社,2001.

本书是专为学生而写的非常实用的导读书籍,为的是帮助许多阅读能力并不差,并且希望在学科方面拿高分的学生,大幅度提高学习成绩。你可从本书中学到自己应该读什么,不必读什么。你还会发现节省阅读时间的方法,确认阅读的主要理念和重要的细节。除此之外,你也可以学到如何将读过的东西牢牢记在脑海里,以及不同种类的书有哪些不同的读法。本书共分为十二章,包括"欢迎来探险""读书要有目的""找出主要的概念""搜集事实""技术文章的挑战""做一个挑剔的读者""阅读文学作品""集中你的精神""增进资讯记忆""让我们继续来读""建立你自己的图书馆""活到老,学到老"。本书对提高你的阅读能力会有重要的帮助。

第五节 培育优良的学风

优良学风是求学治学的根本,是搞好学习的基本保证。有成就的知识分子,向来十分重视学风建设,当代大学生无疑应当继承和发扬这一传统。离开优良学风的培养,实现学习的目的、建立合理的知识智能结构,就是一句空话。

一、学风及其作用

所谓学风,是指在一定环境和条件下形成和表现出来的带有一贯性的学习风格与行为样式。学风包括学习态度、学习风格和学习方法等。每个学校有自己的学风,每个班级有自己的学风,每个学生也有他自身的学风。每个人的学风不一样,他的精神风貌、学习态度也就迥然不同。而且,树立了优良学风,还会进一步推动完善自我人格塑造,净化人的心灵,使自身变得更加完美。所以,大学生在大学期间要努力培养和树立优良的学风。

优良学风是成才的基本保证,这主要表现为:

第一,从人的一生来看,学习活动将陪伴人的终生。现代教育是终身教育。只有在大学阶段培养和树立了优良的学风,在毕业走上工作岗位后,才能主动适应我国建设中国特色社会主义事业的发展要求,在工作过程中继续学习,不断充实、提高自己,获得更多的知识和才能。而且继续学习是一种完全要靠自己去安排的学习,是一种时间分散、需要长期坚持的学习,在这样的学习中,个人的学风如何,直接影响着学习成效的大小。优良学风的养成是我们一生极为宝贵的财富。有了好的学风,将受益终身。

第二,从大学这一阶段来看,学习是大学生的主要任务,是大学生活的中心内容,而且大学阶段十分短暂,只有3~5年的时间。大学生只有端正学风,才能充分利用大学期间这一段宝贵时光,学到知识和本领。否则,学风不正,时间一晃而过,到头来只能是虚度光阴,浪费了大好年华。大学生考入大学时成绩基本相同,但过了一段时间以后,学习成绩就有了好、中、差的明显区别,差距就拉开了,好的稳步上升,中的居中不动,差的急剧下滑。这其中的原因很多,但学风端正与否是一个根本原因。由此可见,学风的优与劣,是大学学习任务完成好坏的关键。学风正,则学习好;学风差,则学习也差。

第三,优良的学风是实现学习目的的重要保证。学习目的是一个人进行学习活动希望得到的结果,是人们对未来发展主观上企图达到的境界。要达到这个结果和境界,只停留在认识上是远远不够的,必须把知和行统一起来,才能把理想变为现实。学风作为在学习活动中带有一贯性的学习风格和行为样式,具有一定的稳定性,它一经形成,就不易改变,从而较长久地影响个体学习行为的选择,并在其行为反映方式上表现出一定的规律性。如一个养成了严谨、求实学风的学生,不论身处舒适的环境还是艰苦的环境,不论身处顺境还是逆境,他都能做到勤奋好学,刻苦钻研,精益求精,一丝不苟。所以只有养成了严谨、求实的学风,才能为实现学习目的而不懈奋斗。

总之,无论是对大学学习还是继续学习而言,优良的学风都是不可缺少的。因此,大学生应自觉培养优良的学风。

二、优良学风的主要内容

1. 积极良好的学习心态

心态的力量是巨大的。往往是一个人的心态改变了,他的习惯就会改变;而习惯改变了,他的性格就会改变;性格改变了,整个命运就会改变。为了形成良好的习惯,大学生应努力培养以下八种心态。

一是学习的心态。学习是给自己补充能量,先有输入,才有输出。尤其在知识经济时代,知识更新的周期越来越短,只有不断的学习,才能不断摄取能量,才能适应社会的发展。要善于思考,善于分析,善于整合,只有这样才能创新。

二是归零的心态,重新开始。第一次成功相对比较容易,但第二次却不容易,原因是不能归零。事物发展的规律是波浪前进、螺旋上升、周期性变化的。电视剧中有句道白:生活就是不断地重新再来。不归零就不能进入新的财富分配,就不会持续性发展。

三是积极的心态。事物永远是阴阳同存,积极的心态看到的永远是事物好的一面,而消极的心态只看到不好的一面。积极的心态能把坏的事情变好,消极的心态能把好的事情变坏。

四是付出的心态。舍就是付出,付出的心态是老板心态,是为自己做事的心态,要懂得舍得的关系。舍的本身就是得,小舍小得,大舍大得,不舍不得。而打工的心态是应付的心态,不愿付出的人,总是省钱、省力、省事,最后把成功也省了。

五是坚持的心态。90%以上的人不能成功,为什么? 因为90%以上的人不能坚持。坚持的心态是在遇到坎坷的时候表现出来的,而不是顺利的时候。遇到"瓶颈"的时候还要坚持,直到突破"瓶颈"达到新的高峰。要坚持到底,不能输给自己。

六是合作的心态。合作是一种境界。合作可以打天下。合力不只是加法之和。1+1=11再加1是111,这就是合力。但第一个1倒下就变成了−11,中间那个1倒下就变成了1−1。成功就是把积极的人组织在一起做事情。

七是谦虚的心态。去掉缺点,吸取优点。虚心使人进步,骄傲使人落后。有句话是:谦虚是人类最大的成就。谦虚让你得到尊重。越饱满的麦穗越弯腰。

八是感恩的心态。感恩周围的一切,包括坎坷、困难和我们的敌人。事物不是孤立存在的,没有周围的一切就没有你的存在。首先感恩我们的父母,是他们把我们带到这个世界;其次感恩教师给了我们这么好的教育,还要感恩我们的伙伴,是大家的努力才有我们的成功。

2. 求实认真的学习态度

学习态度是一个人人生观、世界观的具体体现。正确的学习态度有以下几种主要表现:一是充分认识学习的意义与价值;二是对学习充满热情;三是在挫折和失败面前,仍能满怀信心、坚强不屈。学习态度在学习过程中不仅能充分调动和发挥学生的智力因素,而且能充分地发挥学生智力效应,使所学知识牢固,基础打得好,既掌握了丰富的知识又培养了良好的学习习惯和适合自己的学习方法。这些无疑会促进学生学习成绩的提高。

所谓求实,就是在学习上不马虎、不轻信,以追求真理为己任,以事实为根据,认真对待实践,认真对待细小的事实。爱因斯坦就曾说过:"凡在小事上对真理持轻率态度的人,在大事上也是不足信的。"科技史上有许多事例都生动地说明了坚持求实态度的重要性。如"溴"这种化学元素的发现过程就证明了这一点。在"溴"的发现上,最初是德国年轻的化学家李比希捷足先登,但由于他的主观武断、疏忽大意,结果"溴"与他擦肩而过,却被法国大学生巴拉首先发现。这告诉我们,在学习和实验中来不得半点马虎和虚假,需要的是认真求实的态度和精神。

所谓认真,就是在学习中要有严格的要求、严肃的态度、严谨的作风,反对松松垮垮、不求甚解、敷衍了事。列宁曾经指出："不求甚解的态度是极端有害的。"在这方面,马克思、恩格斯、列宁、毛泽东、邓小平等领袖人物都为我们树立了榜样,我们应该自觉地向他们学习。

出生在胶东半岛的李世鹏曾给很多年轻的学生留下印象。他在15岁那年进入当时全国最著名的学校——中国科技大学,在美国完成了博士学业后回国,在"数据压缩"和"数据传输"领域里做出的杰出贡献,使他在全世界计算机领域里享有盛誉。别人都夸他聪明、智商高,而李世鹏自己认为,他主要靠的不是聪明,而是踏实的学习态度。"大学的课程更灵活一些,光努力还不够,还要有方法。但是不论在小学、中学还是大学,有一个东西是共同的,那就是态度。态度可以对最后的结果产生很大影响。"学习的态度,比课本更重要,比课堂更重要,比分数和名次更重要,比学校是否是重点大学更重要。在无法改变现行教育体制的情况下,大学生可以通过改变对教育的看法,从而对学习充满旺盛的激情。

3. 勤奋刻苦的学习精神

所谓勤奋,主要是指在学习中发奋用功、锲而不舍、永不松懈的坚毅精神。一个人要想真正学到一点知识和本领,不下一番苦功,不经过长期的积累,是不可能成功的。如韩愈所言:"业精于勤,荒于嬉;行成于思,毁于随。"许多名人在学习上的勤奋程度是十分惊人的。

所谓刻苦,主要是指在学习中不畏艰险、不怕困难、勇于拼搏的顽强精神。追求真理和知识,往往是需要付出代价、付出辛苦的,事业不可能"随随便便成功","爱拼才会赢"。如一生两次获得诺贝尔奖的居里夫人与她的丈夫皮埃尔·居里,在一个设备简陋的棚屋里,辛勤工作了45个月,终于从几吨沥青钢矿中提炼出了1/10克氯化镭。镭的发现为人类带来了福音,而她自己却因为长期辐射导致恶性贫血而去世。由此可见,没有勤奋刻苦的毅力和精神,是不会取得成功的。

4. 踏实虚心的学习风格

所谓踏实,指的是在学习上的一种不图私利、不务虚名、脚踏实地、一心追求真理的品格。只有这样,才不至于让荣誉和私利干扰我们的学习与对真理的追求。如许多诺贝尔奖获得者,他们目光远大,视野开阔,决不因荣誉和金钱而忘记对真理的追求。居里夫人就曾经抱怨说:"荣誉和名声完全搅乱了我们的生活","我们费了很大气力才阻止了人们想要为我们举办的宴会,我们拼命谢绝了邀请"。正是因为他们不把荣誉和金钱看得那么重,长期一心一意、脚踏实地地从事研究工作,荣誉的桂冠才得以戴到了他们的头上。这说明荣誉是由脚踏实地得来的。

所谓虚心,指的是学习上的一种不满足感,一种不断进取、求得新知的品格。真正有学识、有成就的学者,都有一种共同的心态,就是总觉得自己所知太少,总不满足于已掌握的知识。他们越是多读书,就越是深切地感到不满足,越感到自己知识的贫乏,就越虚心,这更激励自己发奋读书学习,掌握更多的知识和本领。虚心,就要善于向人请教,不耻下问。如韩愈说:"无贵无贱,无长无少,道之所存,师之所存也。"孔子曰:"三人行,必有我师焉。择其善者而从之,其不善者而改之。"俗话说:"尺有所短,寸有所长。"这些都是虚心的最好表述。培养虚心的品格,就应当有大海一样宽广的胸怀。当然,虚心并不等同于自卑,虚心同发挥创新精神、开拓精神和竞争精神也不是对立的。那种以为在改革开放的时代已经不必再提倡虚心的看法,是一种浅薄的认识,是一种误解。虚心的真正对立面,是高傲和狭隘,而不是创新、开拓和竞争。

5. 严谨科学的学习方法

所谓严谨,就是在学习中要严谨治学,不要顾此失彼、出现漏洞。这需要做到以下几点。

第一,学好基础理论和专业理论课,练好基本功。因为要建高楼,就要打好基础,否则是建不成的;要成才,就要练好基本功,否则是难以成才的。

第二,全面而又有重点地学习。大学里开设的各门课程,一般说来都是大学生成才所必需的,如果去掉其中某门课程或某个环节,就有可能成为"瘸腿",不利于大学生成才,因而学习必须注重全面性。但只有全面而无重点,也难以成才。因此,大学生的学习既要全面又要突出重点,二者缺一不可。

第三,培养有规律的生活习惯。大学生在生活上要严格要求自己,要注意养成自觉遵章守纪的良好习惯。因为大学生的学习方法与生活方式是密切相关的,生活上松松垮垮的人,学习上也难以做到严谨。所以,有规律的生活习惯的养成,对于人的学习和一生都大有裨益。

这里所谓的科学,就是学习方法要符合大学的学习规律,减少和克服主观随意性。在大学的学习中,学习的方法较多,主要应注意以下几点。

第一,认真听课。一般来讲,大学的课时要少于中学,但大学课堂讲授的信息量要大于中学,因此大学新生一定要学会听课。课上要精神集中,跟上老师的思路,认真听课并做好笔记,这是掌握大学学习主动权的关键环节。再加上课前预习、课后复习整理,学习效果就会大增。因此大学生必须牢牢把握"听课"这一关键环节,它会使学习事半功倍。

第二,学会认真读书。大学的学习,不能只是读教科书,还要多读一些相关书籍和其他书籍。读书的方法一是精读,二是泛读。

第三,学会科学用脑,讲究用脑卫生。学习时要充分开动大脑机器,使大脑皮层充分活跃起来;休息时就要充分放松大脑,抛开一切杂念,多参加一些体育活动,使大脑左右半球交替使用,做到劳逸结合、一张一弛。切不可搞头脑昏昏、收效甚微的疲劳战。

第四,学会合理安排时间。要制订每天的学习生活计划,作出科学合理的安排。要坚持"今日事今日毕"的原则,把每一天的时间都有效充分地利用起来,该学习就专注认真地学习,该活动就尽情地活动,该休息就放松地休息,才是对时间的科学运用和安排。

三、优良学风的培养

学风建设如此重要,那么,该如何加强学风建设呢?主要应做到以下几点。

1. 调整心态,明确任务

高中学习期间,一些家长和老师经常用"高中的学习是苦一点、累一点,没有时间玩,但考上大学就好了,学习任务轻,玩的时间多"等类似观点来教育学生。这样一来,就使很多同学考取大学后,没把学习作为主要任务,在学习上没有投入足够精力,而是将大部分时间与精力用在休息、娱乐和发展个人兴趣爱好上。结果不少同学学习成绩一团糟,部分学生考试成绩经常是"大红灯笼高高挂",不得不留级、退学,将多年的努力付诸东流,据这些年的统计结果显示,一年级已成为考试不及格的重灾区。与高中相比,大学的学习任务并没有减轻。因此,希望新生抛弃"该好好休息一下"的错误想法,及时调整心态,尽快转变角色,充分认识到学习在大学生活中的重要地位,进一步确立学习是大学生首要任务的观念,将主要精力投入学习中去。

2. 树立明确而远大的学习目标

学习目标所回答的是"你上大学是为了什么"或者"为了实现什么意愿、理想你才上大学学习"的问题。从目前的情况来看,现在大学生的学习目标大致可以归纳为以下几种:第一种是立志为社会主义现代化事业作贡献而勤奋学习;第二种是为个人成名成家、实现个人价值而学习;第三种是为拿个文凭,找个饭碗,改变自身原有的环境和地位而学习;第四种是为了报答父母的养育之恩而学习。还有些人谈不上什么明确的目的,浑浑噩噩,得过且过当一天和尚撞一天钟。如果仔细观察就会发现,在大学生中,无论已经毕业的还是目前在校的,由于学习目标的不同,由此所激发学习动机,在学习中的表现是有很大差异的。只有将实现个人的价值和实现社会的价值相结合,将个人的发展与国家的命运发展相结合,有着符合历史潮流,合乎人类需要的明确的学习方向和崇高学习目标的人,才会有高度的学习自觉性和责任感,才能有坚忍不拔的毅力和克服困难的勇气。由此可见,树立明确而远大的学习目标是成才的首要条件,它在成才中起着定向和保证作用,对学生的学习精神和态度产生强烈的影响。

3. 保持饱满的求知热情

所谓求知热情,是指学生在正确的学习目标的指导下,产生力求认识世界、获取文化科学知识以及探究事物内部规律的愿望,并伴有愉快的情绪色彩的一种强烈、稳定、深厚的情感体验。保持饱满的求知热情,才能在学习时表现出全神贯注、积极思考,充满自信和富有拼搏创造精神。它是一种巨大的精神力量,能使人在学习活动中表现出行动的主动性和积极性。应该说,我们在校的大学生大多数都保持了这种求知的热情,但也有一些大学生进了大学后未能始终保持这种求知热情,分析其原因大致有三:

一是目标的中断和模糊。热情产生于人们对目标和理想的追求,中学应试教育的一个直接结果是使不少中学生以考上大学作为自己学习的奋斗目标和学习动力,一旦考上了大学,这个奋斗目标实现了而新的奋斗目标又尚未明确地树立起来,这时他们就有一种失落感、松懈感,再也难以保持中学时期那样的求知热情了。只有重新树立高尚的奋斗目标,明确学习在今天和未来中的价值和意义,才会继续保持饱满的求知热情。

二是感到专业不理想,没有学习的兴趣。兴趣是焕发热情的基石。而有些大学生仅仅从现有的兴趣爱好出发,或仅因选择读书的学校,或考虑自己考分的情况及父母的意愿等多种因素,未能进入自己喜欢的专业和学校,感到理想破灭了。因此,整天无精打采,不想学习。其实,专业兴趣不是天生的而是后天形成的,兴趣是可以培养的,可以转化的。有不少学生在学习专业的过程中,随着对专业不断深入的了解,逐渐培养了对专业的兴趣,并焕发起了学习热情。

三是一部分大学生认为自己是高考激烈竞争的胜利者,存有优越感。随着大学生活的展开,又深感大学里强手云集,在新的竞争面前又产生了自卑感,陷入消极苦闷之中。

也有的大学生对大学的校园环境、师资力量及教学设备、大学业余生活等期望值过高,由于现实与理想反差过大而使自己失望,逐渐失去了学习的热情。还有的对大学学习生活不能很快适应而产生紧张、焦虑、孤独,引起学习成绩下降,使学习热情受挫。所以要保持饱满的求知热情,必须学会调节和控制情绪,有意识地培养自己积极稳定的心态和情感。

第六节 大学考试

十年寒窗苦读,你已经身经百考。考试就像是穿衣吃饭一样,成为生活中习以为常的事情。也许你认为自己是应试教育考场上优胜劣汰的胜利者,然而对于大学的考试,你了解多少?如何正确看待大学各个科目的考试?大学考试有何特别之处?

一、大学考试的方式与特点

考试作为测量学生学习成绩和检查教师教学效果的重要手段,是大学教学活动中不可缺少的一个重要环节。如果说中学阶段的考试主要是为了实现升学理想,那么大学时期的考试则大多为检验你的实际能力、为你走向社会做准备。

1. 大学考试的方式

大学考试一般安排在期中和期末。大学考核方式分为考试与考查两种。有些课程的考核,可能会要求你写一篇论文或调查报告,但大多数课程还是采用考试形式,分开卷和闭卷两种。必修课一般是闭卷考试,题型可能有单项选择、不定项选择、判断、名词解释、计算、作图、简答、论述、材料分析等。选修课有专业选修课和公共选修课之分。专业选修课是在你的专业范围内供你选择的课程,而公共选修课意味着你可以在全校开出的各门课程中选择自己感兴趣的。部分选修课有可能采取开卷考试的方式,或者是考查的方式。开卷考试减少了对记忆力的要求,但题目一般难度更大,要求考生对某些问题有较深入的思考和自己的见解。考查则相对灵活一些,比如写论文、做实验或设计等。

大学里一门课程的最终成绩多由平时成绩和期末考核成绩构成。平时成绩可能来自考勤情况、课堂发言或提问、小组讨论、随堂测验、课后作业等,占的比例多为20%~50%,任课教师会有说明。期末考核有可能是闭卷考试、开卷考试或论文、报告等。几乎所有的考试都是百分制,60分是及格线,如果不及格,需要参加补考或者重修,通过考试才能拿到学分。

2. 大学考试的特点

大学考试的特点就是没有什么必须遵循的规律。首先,随着专业、课程甚至任课老师的不同,考试的题型和风格都会有很大的差别。其次,考试的方式也多种多样,有的是闭卷,有的是开卷,还有的会进行口试或用一篇论文代替考试;另外,考试的过程也千差万别。有些考试有两个小时的答卷时间,其实用40分钟就可以做完;也有些考试让人从头到尾奋笔疾书,即使如此还担心时间不够。

虽然大学的考试各有千秋,但是万变不离其宗,每次考试都离不开课堂讲授的重点、一些前沿进展或较深层次的理解,以及个人自身的引申运用等方面。所以只要平时记录下课堂的重点和难点,善于联系各个知识点,又对课程内容有自己的思考和理解,考试是难不倒你的。

二、大学考试的类型

1. 效果考试

无论从主考者的角度看，还是从学习者的角度来看，效果考试都仅仅是检验学习者的学习水平，以便更好地制定随后的教学或学习方略。在效果考试中，学习者一定要坦诚地展示自己的知识水平。靠一些小技巧可能会提高自己的测试成绩，但这种提高无疑会掩盖自己的真实水平，从而阻碍了教学者对学习者以及学习者对自己的知识掌握程度的清楚认识。

典型的效果考试有课堂考试、期中考试、期末考试。

2. 等级/资格考试

近年来，随着社会竞争的加剧，大学生就业也逐渐推向市场，每一名大学生在双向选择的过程中，都必须接受用人单位的考核或者评估。因此，努力利用自己在大学期间的宝贵时间，多学点知识，多充点电，对自己在将来的就业中增强竞争力是非常必要的。面对各种让人眼花缭乱的考级考证，大学生们应保持冷静的头脑，分清主次，抓住重点，要分清哪些证书对今后的就业和发展有较大作用，就集中精力准备考试，切勿蜻蜓点水，什么都要报，但是什么都过不了，既浪费财力，又浪费精力。

目前，大学生参加的资格考试是比较多的，如语言类的就有国家四、六级，公共英语等级考试、专业英语四级、八级考试，TOEFL，GRE，BEC，日语一级、二级、三级、四级考试，以及普通话水平测试等；计算机类的有国家计算机等级考试和省计算机等级考试，微软认证考试等；职业资格认证考试类的有公关员、企业人力资源管理人员、项目管理师、营销师（推销员）、秘书、物业管理人员、电子商务师（四级、三级）、心理咨询师（三级）、会计师等。以上考试既有全国性的，又有地方性的。

三、大学生如何复习备考

如何才能顺利地通过考试，并取得好成绩？这主要取决于学生平时对课程内容的熟悉、掌握和应用的程度，当然，考试前准备和考试时临场发挥也很重要。

如果你平时就有"学而时习之"的习惯，那么期末考试就很轻松了。只要梳理好每门课的脉络或主线，对重要的知识点进行巩固，你就可以自信地面对考试。

如果你平时对学业的投入较少，很少回顾和反思所学内容，那么你可要抓紧期末考试前的一个月时间，制订并实施复习计划了。

1. 抓好平时的学习，不要"临时抱佛脚"

有的同学平时不用功，到考试时才"临时抱佛脚"。"临时抱佛脚"的复习方式是死记硬背，这种死记硬背的复习方式，对于应付一些客观选择题可起到一定作用，但对于要发挥想象力、创造力的考题就没有丝毫效果。因此，要充分重视抓好平时的学习。课堂上认真听好老师的讲课、坚持做笔记，课后注意及时消化、吸收、巩固课堂上的知识，并反复多次。每学完一章，除了要做好必要的练习，还要进行自我总结，写读书心得，进行自我测试。学完一章要这样做，学完一本书也要这样做，这样学到的知识就比较牢固了。

2. 制定好考试复习计划,科学合理安排好时间

大学通常把期末考试分散安排在每学期的最后两周内进行,每门课之间多少都有一点时间间隔。在大学,每个学期的期末都要考几门课程,而且一般要集中在期末的一两个星期内进行。因此,要根据学校考试安排和自己的情况制订好复习计划,把每天的复习划分为几个阶段,分别复习不同的课程。各门课程的复习要交叉进行。若是考完一门课后再复习下一门,时间往往来不及。在复习时,要在精力最好时,复习最难的内容。当你复习时,你需要给自己一些暗示,如"我学习得非常认真""我已经准备好在考试中取得好成绩"。这些暗示可以让你保持积极的状态。

3. 系统复习与突出重点、难点相结合

在复习过程中首先是进行系统复习,将一本书各章节的内容进行归纳总结,全面系统地掌握这门课的基本框架、基本概念和基本原理。其次是掌握重点、难点。如果复习时不分难易,不分重点,每次都面面俱到,结果就会越学越多,越学越忙。因此,在进行系统复习后,要能区分哪些内容自己比较熟悉,哪些不熟悉,哪些是本书的重点、难点。对于重点、难点和不熟悉的内容,要进行多次反复的复习,多做练习,多思考。遇到弄不懂的知识及时请教老师和同学。在复习阶段,可将学到的知识条理化、系统化,用简明的语言和图表概括起来,这样效果会更好。

4. 创造复习工具,提高复习效率

(1) 制作学习检查清单。

每门课都可以列个清单,列出你要阅读的内容所在章节或是页码,列出课堂笔记的日期,也可以写下你要解决的问题,写下你需要掌握的内容,包括主要观点、定义、理论、公式、方程式。如果是数学和科学科目的考试,可以选择之前的习题去做一下,这样也是考试复习的一种方式。

(2) 制作思维导图汇总表。

在准备考试的时候,有几种做思维导图的方法值得学习。先完全凭记忆做一张图,你会很惊讶地发现自己已经掌握了那么多内容。在你回忆不起任何其他内容时,复习一下你做的笔记和课本内容,然后在图上填上落下的内容。另一种方法就是先温习一遍笔记,挑选出关键字。然后在不看笔记的情况下画出一张你由每个关键词所想到的全部内容的图,然后再看一遍笔记,查漏补缺。

(3) 制作记忆卡。

记忆卡就像是便携的试题。在卡片的一面写上问题,另一面则是答案,就是这么简单。记着随身携带一些记忆卡,以便你能利用任何可以利用的时间来复习这些内容。记忆卡可以用在公式、定义、理论、笔记的关键词、公理、日期、外语词组、假说以及样题上。要养成定时制作记忆卡的习惯。记住,这些卡片考试的时候不要带去考场。

5. 养精蓄锐,保持良好的心理状态

首先要相信考试只不过是自己真实水平的展现,要轻轻松松,有压力但不感到恐惧。其次要劳逸结合。在考前如果过分紧张地复习,大量做题,熬夜,就会造成脑力和体力的极度消耗,精神高度紧张,加剧对考试的紧张恐惧,削弱对考试的信心。因此,考试前一定要养精蓄锐,临考前两天不要过度疲劳,每天保证定时参加体育活动,保证睡眠,同时要

加强营养,使自己精力充沛、精神振奋地投入考试。

6. 合理安排考试前一天

考试前一天的安排因人而异。如果你对次日考试胸有成竹,那么建议你好好休息。睡个好觉,让自己精力充沛,头脑清醒。如果你对考试没有足够把握,你还是需要简单复习。注意,是简单复习,而非通宵达旦临阵磨枪,尽管有时临阵磨枪很有用。但是大学的期末考试通常比较集中,往往在一两周内就把一个学期的所有课程都考完。考前抱佛脚绝对不是最优的选择,这会让人身心疲惫。我们的建议是:只学习一会儿,让自己知道大脑还在运转。比如复习一下考试科目的大纲,当然这既不会增长你的知识,又不会加深你对课程大纲的理解,但会让你的大脑放松下来。

此外,认真学习考试规则,考试应带的东西务必带齐,以免影响考试。要做好扎实的复习工作,不要有任何作弊的侥幸心理,因为考试不及格还有补考或者重修的机会。

四、考试结束后的反思

很多学生认为,一旦他们上交了答题纸,考试就结束了。你需要改变一下你的想法:只有当你把所有问题的答案都弄清楚了,以及弄清楚了你做错某些题的原因,考试才真正结束。当你发现在某些问题上,你丢分的原因时,你会从中学习很多东西,从而有可能在下次考试中拿到更好的成绩。

此外,要正确看待大学考试的成绩。考试分数不能很好地预测智力或创造力,也不能代表我们对社会做贡献的能力。分数仅仅代表我们在该次考试中的表现。大学考试考查的是你从课堂上、书本里学习知识的能力,以及能否准确理解问题并在压力下有条理地回答问题的能力。这些能力都很有用,但仅靠它们绝不能使你走上事业的成功之路。使人获得成功的素质有许许多多,比如,毅力、智力、乐观、自信、处世老练、领导才能、性格、热情、创造力、主动性、理财能力、诚实、可靠性、解决争端的能力、幽默感、勇气、魅力、社会关系、谈判能力……

如果让分数主导了你对自己的定位,就会产生精神压力,导致不够自信,进一步影响你下一次的考试,最重要的是影响你自身潜力的开发。保持良好的心态,用积极的心态去学习和考试,你才会从中收获更多。成绩单不是生死簿,考得差又能怎样?当然,在强调不宜过分看重成绩的同时,我们要指出认真上课与思考依然很重要。例如,大学老师会在课上推荐各种好书与教育资源,或者不时谈谈自己对学习、事业与人生的体会。阅读好书与倾听教师的体会,这些在短期内与考试成绩未必有直接关系,但对提升你的发展后劲很有帮助。

五、考试作弊

【案例5】

南京某大学的一场"历年考试作弊工具展览"让参观者"大开眼界",这热闹展览也引来了多方争议。

一个长15cm、宽5cm的文具盒面上,竟密密麻麻地写满了几百个字符和计算公式;一卷普通的透明胶带,拽开封口才发现胶带的背面别有洞天,上面写满了各种各样的字符；一个普通的工具尺的背面，居然也刻上了各种公式，就连现代化的手机也成了作弊工具。整个展览展出的作弊手段可谓五花八门。对此不少参观的同学都惊愕不已，认为这对于一些考试作弊者无疑是一声棒喝与警示。

一位多年从事高等教育研究的教授指出，作弊其实就是一个"诚信"问题。为什么要作弊？要取得好成绩，取得自己能力达不到的成绩。每个人在作弊的时候都知道这是不对的，可没有人在乎，这就是对"诚信"的淡漠。一个作弊多次或者整天想着作弊的学生，将来工作了，能做到"诚信"吗？

这是几年前《扬子晚报》上登载的一篇文章。你也想过不劳而获吗？先看看作弊的代价吧。

考试作弊看起来很诱人，貌似可以在不学习的前提下拿到好成绩。比起学习，我们愿意把更多的时间花在看电视、聚会、睡觉或者其他任何看起来比学习更有意思的事情上。还有很多平时坚持学习的同学有时也选择考试作弊，他们的理由是即使学习了也不一定考出好成绩，作弊可以让成绩提高的更直接。

但是，作弊是要付出代价的。

作弊的后果是非常严重的。作弊可以导致学科不及格、丢掉学位、被处分甚至被开除学籍。作弊记录将影响你一生，成为你人生的污点，有可能在求职、晋升或其他重要的人生事件中，成为你发展道路上的障碍。

作弊会让我们少学到很多东西。尽管我们认为有的课程没有什么大的价值，但是每一门课程的安排都是经过专家论证的，都是专业培养方案中重要的一环，是为以后的课程甚至是毕业后的职业生涯做准备的。

作弊浪费了我们的金钱和时间。接受教育需要大量的金钱做后盾，同时也需要多年的持续努力。作弊会毁掉我们通过多年努力才得到的教育机会。我们支付了学费，付出了精力，最后却没有得到全部应得的价值。

违背自己的价值观而作弊同样会加重我们的压力。即使并没有被发现，我们还是会为这一违反自己道德标准的行为倍感压力。压力会对我们的身体健康以致整个生活品质产生影响。

考试作弊会为以后做出有违诚信的行为大开方便之门。人类会对重复的行为产生一定的适应性，作弊也不例外。几乎所有的行为都会有同样的过程。有了第一次作弊，第二次就会更加容易。如果我们在生活的一个方面放弃了自己的原则，就会在其他方面也很容易这样做。

作弊会降低自信心。不管我们有没有充分意识到这一点，作弊会让我们觉得自己不够聪明或者说不够有责任感来独立完成考试。我们拒绝了庆祝自己真正成功的机会。

考试作弊会丢掉学位。一个人的诚实品质是很重要的，所以，很多高校都有这样的规定：考试作弊者取消学位。

天网恢恢，疏而不漏。如果你考试作弊，早晚会被抓住的。何必要冒这个风险，付出这么大的代价去作弊呢？运用本章所说的建议，好好应对考试，做个诚实的优秀学生吧。

第四章

大学——你要培养的素质

【本篇导读】

　　人的知识不如人的智力，人的智力不如人的素质。素质就是一个人在社会生活中思想与行为的具体表现。在社会上，素质一般定义为：一个人文化水平的高低；身体的健康程度；以及自己的惯性思维能力和对事物的洞察能力，管理能力和智商、情商层次高低以及与专业知识技能所达级别的综合体现。由此可见，良好的素质包括身体素质、心理素质、文化素质等方面，强健的体魄、高尚的人文情操、强大的心理接受能力与承受能力、一定的专业与科学素养和高雅的艺术格调都是构成素质与能力的一花一叶。本章论述了大学生身体素质、人文素质以及专业素养、艺术素养的现状和培养这些素质的方法，心理素质的培养因有专门课程讨论，本书不再赘述。

第一节　身体素质培养

一、身体素质的概念

　　《体育词典》一书指出身体素质在传统上一般是人体在体力、速度、耐力、敏捷性、柔韧性等机能上的活动，是人体活动的一种能力，是人体肌肉活动基本能力的表现。身体素质可以概括为两个方面：一是与健康相关的身体素质，也被称为健康素质。主要指与提高健康水平和增强体质有关的因素，如心血管耐力、肌肉力量和耐力、柔韧性等；二是与完成运动相关的身体素质，又称运动素质。主要包括用于正确完成运动技术的能力，如速度、反应、爆发力、灵敏度、协调性、平衡力等。

二、大学生身体素质的状况

　　随着社会的发展，社会各种条件设施的越来越先进，越来越多的人成为亚健康人群。而大学生中绝大多数人是处于亚健康状态，大学生正处于迅速走向成熟又未完全成熟的过渡时期，各种心理活动十分活跃，充满矛盾，而自我调节能力还不完善，加之大学生独特的社会地位和生活环境等因素影响，使大学时期成为各种心理问题和身体问题最易出现的高发期，因此，保持健康的身体成为大学生健康成长的内在要求。

1. 大学生晚睡成风

【案例1】

福州大学曾在校内做过一项调查,调查显示许多大学生熬夜成风,然而造成晚睡的原因并非都是因为忙于学习,更多的是因为网络成瘾、手机成瘾、聊天等导致晚睡。虽然很多同学已经意识到自己需要早睡,但是实际上却难以实现。一半以上的大学生仗着自己年轻,对熬夜的危害认识不足。其实,长期晚睡易导致人的记忆力和免疫力下降,易诱发其他疾病,对身体健康极度不利。

该校一次200名学生参与的问卷调查显示,78.36%的学生睡觉时间在0点后,熬夜的原因包括赶材料、应酬聚会、看小说、看电影、手机上网、玩游戏等。过半的受访者表示熬夜的结果就是上课打瞌睡,甚至有43人直言"逃课补觉"。

"人体的最佳睡眠时间是晚上11点,但是那时候不少大学生的夜生活才刚刚开始。"福州大学土木学院的男生小薛参加了学校的结构设计大赛,连续一个月熬夜做模型,晚上11点多回到宿舍还经常看见舍友在打游戏。"女生宿舍熬夜看电视剧,男生宿舍就是熬夜打游戏,很多人并不是自己不想睡,只是被别人晚睡的声音、灯光等影响,被迫熬夜。"小薛颇有感触地说。

【案例解读】

虽然大家都知道熬夜对身体不好,但同学们都坚持自己需要熬夜的理由——作业写不完、快到考试周、有重要球赛要看、游戏停不下来等,这是很多大学生面临的问题,归根结底还是大学生对自己的作息时间分配不均衡,没有权衡好健康与娱乐之间的利弊关系。每个人都有自己的生物钟,又慢慢适应自己的生物钟,但大学生应该调整作息规律,通过调节适应让身体不适降低,尽量减少熬夜造成的危害。

在现代人"快节奏、无缝隙"的生活信仰下,熬夜已经成为不可避免的"高危减压"手段,早在战国时齐威王就向名医文挚询问养生之道,文挚只回一句"臣为道三百编,而卧最为首。"意思是"我编写了养生之道的论说三百篇,而把睡眠放在头等重要的地位。"而后解释道"睡眠帮助脾胃消化食物,帮助五脏协同,人一个晚上不睡觉,其损失一百天也难以恢复"(故一夕不卧,百日恢复)。

当代大学生有近30%熬夜是为了看电影、读小说、玩游戏,精彩的网络世界让同学们在深夜依然生龙活虎;另外,大学生由于社团活动熬夜的占了第二大比例。很多同学都认为加入的社团越多越好,职位越高越好,但事实上却是很多社团活动单调而重复,并且职位越高,责任就越大,要做的事情就越多,花的时间自然也就越多,不可避免地为了在短时间内完成任务而需要熬夜来达到自己的目的。熬夜首先影响到同学们的生活、健康以及宿舍生活三个方面,长期熬夜的同学肯定会对自己的健康造成极大的危害,熬夜会使自己的皮肤受损、机体抵抗力下降记忆力衰退、心理负担加重、视力下降、癌变概率增加,最终结果就是导致自己的身体素质大幅度下降。

所以大学生要养成良好的生活方式,良好的生活方式决定了我们的身体是否健康,切勿因遇到学习、工作无法按时完成、生活压力大而不自觉地选择熬夜来减轻学习和工作的负担。

2. 大学生体能素质下降

【案例2】

记者采访洛阳市某高校体育老师了解到,每次学校组织长跑都有学生呕吐、晕倒,以男生1000米、女生800米为例,一个班50个人就有两三个跑完出现"呕吐"现象,甚至还有人会晕倒,"即便'安全'跑下来,经常也是躺在那儿十几分钟都缓不过来劲儿。"该体育老师还表示,因为担心学生在跑步中发生意外,体能测试时,看到有学生实在跑得吃力,就只能要求他们"走下来"。

据了解,缺乏锻炼、生活习惯不好是造成大学生身体素质日下的主因,而近几年来各地频繁出现大学生在运动中猝死的情况:2012年12月上海华东大学一名大三男生跑完1000米体质测试后晕倒,后不治身亡;而今年6月,洛阳师范学院一大四男生在打网球时猝死……

【案例解读】

在该案例中,我们可以了解到大学生的身体素质普遍呈下降趋势,大学生参加一些强度稍大的运动就令他们的身体吃不消,甚至出现昏倒、呕吐等症状,表明大学生的身体素质能力亟待加强。

尽管我国的生活水平在不断提高,国人的生活方式也在不断改变,但我国大学生的身体素质状况却不与这种转变呈正比关系。目前,我国高校大学生的身体素质呈现持续下降的现象,学生肺活量水平、体能素质持续下降。与1985年相比,2010年大学生肺活量下降了近10%;大学女生800米跑、男生1000米跑的成绩分别下降了10.3%和10.9%,立定跳远成绩分别下降了2.72厘米和1.29厘米。近视和肥胖仍是主要的健康问题。

在校大学生调查显示:学生平均每次锻炼时间集中于15~30分钟,占44.2%;其次是15分钟以下,占23.3%;30~60分钟占18.1%;60分钟以上占14.2%。平均每周锻炼次数:选择最多的是"1~2次"(58.5%),"一次也没有"排在第二(22.6%),接下来是"3~4次"(12.3),5次及以上(6.6%)。将近七成大学生没能达到成年体育锻炼的健康标准,部分大学生仅在体育达标测试期间参加体育锻炼。

这主要是许多大学生缺乏健康的生活方式和技能,据北京市某大学生健康素养调查结果显示,具备健康素养的大学生比例为24.75%,其中健康知识和理念知晓率为41.77%,健康生活方式和行为形成率为13.37%,基本健康持有率为73.04%。大学生身体素质普遍下降的现象已经不容小觑,这一现象已上升到社会乃至国家关心的方面。

身体是革命的本钱,"少年强,则国强;少年弱,则国弱;少年胜于欧洲,则国胜于欧洲;少年雄于地球,则国雄于地球。"梁启超先生的这一名言震荡着我们一代又一代年轻大学生的心灵,只有让大学生体质加强,体质、心智、素质各方面才会得到相应的发展,学校才会更加进步,社会才会更加进步,国家的未来才会更有保障。

三、身体素质的表现

身体素质常表现在人们的生活、学习和工作中,也表现在体育锻炼中。一个人的身体素质好坏,与食物营养和体育锻炼之间的关系更紧密,通过科学的饮食和适当的锻炼,可以提高身体素质水平。

身体素质主要包括速度、力量、耐力、灵敏、柔韧五项。

1. 速度素质

速度是指在单位时间里完成动作的次数或使身体快速位移的能力。速度素质的表现形式有反应速度、动作速度和周期性运动中的位移速度。

速度素质在很多运动项目中都起重要作用，有的项目是以速度的快慢来衡量成绩，如游泳、跑、滑冰、自行车等，有的项目也要求具有很高的速度素质，例如，足球、篮球、排球等。

速度素质的优劣取决于肌肉力量的大小，技术动作的正确与合理，以及神经过程的灵活程度等。

发展速度素质主要借助于提高一般身体素质，特别是肌肉的力量与弹性，动作的协调性，发展耐力和柔韧性等。

2. 力量素质

力量素质是指克服对抗力的能力。它是身体素质中最基本的，力量是其他素质的基础，有些运动如果没有力量，可以说是无法完成的。

训练可以使肌纤维增粗，增加肌肉中蛋白质的含量，并改善神经系统的调节能力，从而发展力量素质，通常力量训练采取负重训练，克服身体重量和外界阻力的练习，锻炼者可根据自己的实际情况选择练习内容。

负重练习主要是通过负重做深蹲起，持哑铃深蹲起，腿捆沙袋跑步等来发展腿部力量，也可用手持哑铃原地摆臂、卧推杠铃、上下推举杠铃等来锻炼臂力。

急双腿的下蹲起，引体向上、俯卧撑、倒立、角力、背人跑步、各种屈体等动作则是克服身体重量和外界阻力的练习。

3. 耐力素质

耐力是指有机体长时间持续工作的能力，也可以看作对抗疲劳的能力。耐力素质包括一般耐力和专门耐力，一般耐力是指小强度或中等强度进行长时间工作的能力；专门耐力是根据不同运动项目的特点所需要的耐力。

4. 灵敏素质

灵敏素质是指迅速改变体位、转换动作和随机应变的能力，灵敏素质主要取决于大脑皮质神经过程的灵活性。灵敏素质主要是在多组合、高难度、技术性强的运动中得到发展。

5. 柔韧素质

柔韧素质指人体活动时各关节肌肉和韧带的弹性和伸展度，是指大幅度完成动作的能力。它取决于肌肉、韧带的弹性和关节活动范围的大小，也取决于神经支配工作肌肉紧张与放松的协调能力。良好的柔韧素质可以使动作舒展美观，有些高难的动作没有一定的柔韧素质就难以完成。

四、影响大学生身体素质下降的因素及解决对策

（一）大学自身因素对身体素质的影响

1. 生理因素对大学生身体素质的影响

身体素质的发展都有各自明显的年龄特征。大学阶段（19～22周岁）是身体素质增

长和衰退的关键转折点,若坚持长期的科学体育锻炼,力量速度、灵敏、柔韧等身体素质将得到良好的改善;反之,将会不断减弱;耐力素质是指人体长时间进行肌肉活动时抗疲劳的能力,是人体各器官系统机能和心理素质的综合表现,也是人体质强弱的重要标志,只有坚持长期的科学的体育锻炼才能有效地提高人体呼吸系统和心血管系统的功能,改善新陈代谢水平,增强抗疲劳的能力。

2. 心理因素对大学生身体素质的影响

大学阶段是心理状况趋于深沉稳定,世界观开始形成的阶段。这一阶段的大学生,愿意参加自己感兴趣的活动,并且可以为之付出大量的时间和精力;而不愿意参加不感兴趣的活动,更不愿付出努力。

另外,学生对增强自身体质的意识不足,大学生个人思想意识淡薄,缺乏体育健身主动性。乘电梯上楼、以车代步等生活条件的改善减少了大学生自然运动的时间;聚餐、购物等占了大学生更多的业余时间,有的则把时间与精力放在网络、游戏娱乐或外出赚钱上,缺乏健身的时间投入;一些大学生懒怠思想严重,把体育锻炼当作劳动,缺乏锻炼的毅力与耐力。

3. 生活方式对大学生身体素质的影响

随着生活水平的提高,高热量、高脂肪食品摄入量加大,造成大学生超重肥胖现象越来越严重。在日常生活中抽烟、手机控、通宵上网等很多不健康的生活方式,影响着大学生的身体素质。很多大学生的意识关注不足,缺乏通过科学的体育锻炼来提高自身身体素质的意识,忽略了体育锻炼,透支了身体健康。

(二)增强大学生身体素质解决对策

1. 激发运动兴趣,使体育成为日常生活的基本内容

随着社会的发展,人们越来越重视用体育减少文明病的发生,缓解和消除身心的疲惫,丰富生活内容,提高生活质量。因此,高校体育应关注学生的需要和兴趣,只有激发和保持学生的运动兴趣,才能使他们自觉、积极地进行体育锻炼,使体育成为生活的一部分。

学生对参加体育锻炼的兴趣,"并不总是从意识到需要才开始产生",而往往是由于某些体育活动的项目和内容"在情绪上的吸引力而自发地、无意识地产生出来的"。体育与健康课程标准非常注意这一点,教材的不定性给了教师和学生发挥的空间,可以根据学校的实际情况和学生本身的身体状况来选择学生兴趣高,并且是通过一定努力可以达到目的的项目,这样教材本身就给了学生极大的学习兴趣。体育与健康课程标准中要求教师发挥多媒体的优势指导学生收集和综合信息,使信息多媒体技术成为学生的学习工具。学生对于直观、形象、感染力强的客观事物的兴趣比较浓,乐于接受,现代信息技术中的多媒体教学恰恰会满足他们的这种兴趣,并且适应他们理性思维不强、学习持久力弱等特点。由于多媒体教学学生面对的是神奇的世界,教学画面的变换、声音效果的叠加、动画效果的处理,远远超出了体育教师的讲解与示范,是一种立体教学方法,大大地加强了知识的直观性。在不断变化的图像中学生产生了新鲜感,从而诱导学生把注意力高度集中在教学内容上,在边看边听的过程中,可以充分调动学生的视听器官,启发其积极开展思维,激发学生的学习兴趣。

2. 全面提高学生的身体素质

大学生正处于身体发育最旺盛的时期,在体育教学中注重发展学生的全面身体素质,对于提高他们的人体基本活动能力和运动技术水平有着重要意义。现行的《国家体育锻炼标准》是以全面锻炼身体为原则,以青少年生理特点为依据而制定的,而且也是对青少年身体全面发展的最低要求,所以,对刚入学的大学生应先按此标准所要求的内容进行训练。只有学生的身体素质提高了,其机体才能表现出更大的活动能力,并能在体育活动中更好地发展其运动技能。

上好体育课的目的是成功地教育好学生,使学生快乐学习,健康成长,大面积地提高学生的身体素质。教育学生最重要的秘诀是爱,体育教师要发自内心地爱学生,学生只有感受到老师的爱和尊重,才能快乐学习,健康成长。体育教师爱学生,就要相信学生,要树立"无差生观"。教师作为"授业者",如何利用每周有限的两节体育课来完成这个光荣艰巨的任务呢?体育教师的素质很关键,体育教师的作用不要全力以赴培养田径尖子、足球尖子,而忽略了课堂教学的全体性,形成"培养一个队,舍弃全校人"的状况,提高了几个人的体育素质,而忽略了提高大部分学生的体育素质。要根据自身学校的具体情况和办学特色搞特色教学,争取做到以点带面全面提高学生身体素质。但绝不是指少数人或部分人具有某种技能和本领,这个面是指全体学生的身体素质、心理素质、智能素质、道德素质、审美素质,劳动素质和交往素质的全面提高;同时也不只是指学校教育一个系统,这个面应是家庭教育、学校教育、社会教育、自我教育诸系统的综合。

3. 培养学生终身体育的意识

高校体育教学应以培养学生树立正确的体育观和健身观为重点,适时地通过有计划地在体育教学过程中使学生系统地学习体育知识及健身方法,我们应该要求每个学生至少学会一种或两种以上能够常年坚持而且行之有效的体育技能或锻炼方法,使之养成良好的健身习惯与终身坚持锻炼的意识,在体育教学中要始终注重培养学生的自我体育意识,使学生逐渐学会并掌握自我锻炼的道理与方法,培养健全的生理、心理和良好的社会适应能力。

《全民健身计划纲要》明确规定:"各级各类学校要全面贯彻党的教育方针,努力做好学校体育工作。要对学生进行终身体育教育,培养学生体育锻炼的意识、技能和习惯。"美国学者布切尔也指出:体育课程应基于参加者的需要、兴趣和能力上,促进终身体育。学校对人的培养应着眼于现在,放眼于未来。终身学习是当今社会发展的必然趋势,也是素质教育的要求。他强调个人应培养终身继续学习的能力与习惯。终身学习思想的确立,从一个更为广阔的研究视野上,将传统的"一次性学习"观念转变为"终身学习"思想,无疑将更加适应世界学习社会化、社会学习化的发展趋势。

五、增强大学生身体素质的具体方法

1. 注重营养,合理膳食

大学生活泼好动,活动量大,学习紧张,脑力劳动繁重,新陈代谢旺盛,消化吸收能力强,热量消耗较大。为了能给机体提供充足的能量和营养,要明确自己每日营养需求标准,合理地安排膳食结构和养成良好的生活习惯。

结合当今最新研究成果,可将世界不同地区膳食结构分为以下四类。

(1)动植物平衡点膳食结构。该类型以日本为代表,健康状况很好,基本上营养平衡。

(2)以植物性食物为主的膳食结构。该类型以大多数发展中国家如印度、巴基斯坦等为代表,健康状况不好,但动物性脂肪较低,有利于冠心病和高脂血症的预防。

(3)以动物性食物为主的膳食结构。该类型以经济发达国家如美国、西欧等为代表,营养过剩是主要健康问题,心脏病、脑血管和恶性肿瘤成为西方人三大死因。

(4)地中海膳食结构。地中海地区居民心脑血管疾病发生率很低,已引起很多国家的注意,并纷纷参照这种模式改进自己国家的膳食结构。

2. **科学健身,增强体质**

大学生应积极参加体育锻炼,体育运动不仅可以完善身体机能,还可以使人体格健美,耐力持久,精力充沛;在心理上,培养起坚韧、果断、独立的意识品质,使人性格开朗,乐观豁达,情绪振奋,充满生气,提高自信心,增进友谊,团结协作,消除烦恼,从而达到身心平衡,提高集体自身免疫力。

希波克拉底(Hippokrates of kos),是被西方尊为"医学之父"的古希腊著名医生,他曾说:"阳光、空气、水和运动,是生命和健康的源泉。"说明对于人的生命和健康而言,运动就像阳光、空气、水一样重要。

在奥林匹克运动的故乡——希腊山上的岩石上曾刻着这样的文字:"你想变得健康吗?那你就跑步吧!你想要变得聪明吗?那你就跑步吧!你想变得美丽吗?那你就跑步吧!"这也说明了运动对健康的意义。

3. **劳逸结合,自我调节**

大学生不能时刻都处于紧张状况下,要做到学就学个踏实,玩就玩个痛快,计划你的一天,每天只做一件事。如果满脑子想的都是今年、本学期、本月、本周要完成哪些事情,你很容易背负起巨大的压力。此时,你要积极转换你的思维,将工作学习和娱乐协调好,坚持劳逸结合,通过内外因素加强自我调节。

4. **饮食有节,作息规律**

大圣人孔子曾经说:"食不厌精,脍不厌细",就是必定要吃精巧、厚味、可口的食品。吃肉时一定要把肉切成很细的丝,这样才有助于消化。

《吕氏年龄》中则说过:"食能以时,身必无灾。"《尚书》也注意"食哉唯时"。这两句话的大略意思就是说依照一定时光有规律地进食,能使人体树立起前提反射,可以保障消化、接收功效有规律地进行运动。

我国传统的进食方式是一日三餐,若能严格按时进食,不随意吃零食,养成良好的饮食习惯,则消化功能健旺,于身材健康大有好处。饮食上定时定量,按时吃饭,且进食不宜过快,更不能暴饮暴食,挑食偏食,避免进食过多的冷饮冷食,遵从一日三餐的进食制度,适当夜宵,不吸烟不酗酒等。

起居有常。这里的起居不仅指起床、睡觉,还包括日常的活动。起居要有惯例,不能凌乱。起居有常重要指入睡和起床要有法则。每个人应依据节令的变更和本人习惯,按时入睡起床。另外要努力戒烟限酒,讲究卫生,多喝开水,坚持体内良好的新陈代谢。在衣着方面,要天人相应,不可因赶时兴而随便增减衣服。在安排作息时间上要有规律,尽量避免玩乐而通宵熬夜。

5. 放松心情,保持良好情绪

一个人的情绪是否紧张,是否焦虑,都会影响一个人的身体状况,保持良好的情绪是必要的,遇到焦急的事情先要自我进行调节,令自己情绪放松。必要时和家长、老师沟通,共同寻找解决问题的方法,让自己的不良情绪发泄出来,保持平稳心态。无论身体的感觉多么不愉快,它迟早都要消失,你下次再感到忧虑时,就勇敢地接受忧虑的洗礼,让它自然流过,自然消失。

身体素质之自我测评

自测心律

方法:一口气跑上四楼,然后测量自己的心率。

评价标准:如果能一口气跑上四楼,觉得并不吃力,也不气喘吁吁,证明身体素质良好;

心率在每分钟100~130次者,体质相当好;

心率在每分钟130~140次者,体质一般;

心率在每分钟150次以上者,体质较差,该注意加强锻炼。

自测耐力

方法:站在同一级台阶上,右脚先上迈两级台阶,左脚随后也上迈两级台阶,然后右脚下退两级。如此循环,每2~3秒完成一个回合,3分钟后测量自己的脉搏数。

评价标准:由于男女在生理上存在显著的差异,所以耐力的标准也不尽相同。

对于男性,脉搏次数63~76次为好;77~90次为良好;91~106次为一般;107~120次为及格;121~134次为差。

对于女性,脉搏次数73~86次为好;87~100次为良好;101~117次为一般;118~130次为及格;131~144次为差。

自测体力

方法:做仰卧起坐与俯卧撑;背靠墙而立,大小腿间呈90°马步,直到大腿感到发热为止。

评价标准:仰卧起坐:男子为30个,女子为20个。俯卧撑:男子为18个,女子为10个。马步坚持1分钟者为及格,坚持2分钟者为良好,3分钟以上者为优秀。

自测柔韧性

方法:坐在椅子上,两腿伸直,脚跟着地。在两脚跟中间横放一把米尺,两脚跟相距40cm,然后上体前倾,两臂尽量向脚伸展,用手摸脚尖,如果摸不到,则将两脚再分开一些,直到手刚刚能摸到脚尖,此时记下两脚跟之间米尺的刻度。

评价标准:男女柔韧性的标准也不尽相同。对于男性,当两脚间距离为:20~30cm时柔韧性良好;40~53cm时一般;60cm以上较差。对于女性,当两脚间距离为:35~40cm时柔韧性良好;50~58cm时一般;70cm以上较差。

第二节　人文素质培养

一、对人文素养的认知

"人文"一词，最早见于中国古籍《易经》，其中说到"关乎天文，以察时变；关乎人文，以化成天下。"人文是人类创造的文化，是人类实践能力、方式和结果的总称。它体现在物质上，也体现在制度和精神上。将人文科学通过知识传授、环境熏陶，使之内化为人格、气质、修养，成为人的相对稳定的内在品格。人文素质也可以分为两个层面，一是表面上的"人文素质"，可以认为是我们的行动。具体表现为我们的日常行为和表现出来的气质与特征。也就是处理人与人之间关系的方法。二是精神层面上的"人文素质"可以认为是我们的想法。它所阐述的是对于人以及人性的认识，表达的是对人自身的推崇，追求的是人在不同环境下的自我发展。

人文素养的灵魂是"以人为对象、以人为中心的精神"，其核心内容是对人类生存意义和价值的关怀。这其实是一种为人处世的基本的德性，价值观、人生哲学和道德精神均包含在其中。个人的人文素养的质量是个人健康发展的结果；社会的人文素养质量是一个社会汲取历史经验教训、积累文明成果的结果。

人文素质教育是作为提高大学生文化素质、思想道德素质、综合素质教育的基础。人文素质教育重点是大学生的做人，旨在使学生在学会做事的基础上，更多地学会做人。这是我国教育改革和发展的一个重要方面，对大学生的成长和未来的成功具有非常重要的作用。

二、当代大学生人文素质现状

我国的人文素质教育尚处于初级阶段，急需完善，人文素质培养也存在诸多问题需要解决。由于初高中阶段大多数学生以学习为主，素质教育不足。因此部分大学生的人文素质较低。具体表现在行为不文明，社会公德意识淡薄，心理承受能力差，不善处理人际关系，甚至存在一定的心理障碍，对民族历史优秀文化、优良传统了解甚少。

人文素质教育是人文精神的培养，是塑造人，培养、发展和提高人的教育，是让学生学习人类知识的重要途径。人文素质是一个人的整体素质的核心和基础。但目前大学生的人文素质教育普遍被简化、淡化、虚化，被忽视。传统的学校教育一直缺乏有效的改善，大部分的高等院校教育仍然把教育当成一种手段，把大学生当成实施这种手段的对象。康德先生的话明确地告诉我们对于素质培养，首先要考虑的是人，也就是广大的大学生，从人文素质培养到"人"，必须是直接的，有效的。当前我国大部分高校在引导大学生树立正确的价值观和道德观，提升大学生的人文素养的工作上还是有许多不尽人意的地方。许多高校在对大学生的价值评估和综合能力测评的时候，就有意无意地向大学生传输了一种错误的价值观。而在教育市场化的导向中，在校大学生过早地走向了市场，走向了社会，这也给纯粹的人文素质教育带来了许多负面的影响。

三、加强大学生人文素质教育的途径

1. 科学教育与人文教育相结合

科学中有人文,人文中有科学。人文是科学创造的动力,是科学路程中的指路明灯。科学教育与人文教育的结合是高等教育发展的必然趋势。为了加强大学生人文素质的培养,在教学计划中应涉及科学教育与人文教育相结合。在科学教育的同时渗入人文教育,同时把科学思想、科学精神和人文思想、人文精神结合起来。以提高学生全面素质为宗旨,把重点落实到培养学生形成完美的个性、健康的人格、开放的精神、勇于开拓的意识上来。

著名物理学家爱因斯坦曾说过:"物理给我知识,艺术给我想象力,知识是有限的,而艺术所开拓的想象是无限的。"这说明了人文教育的重要性,结合现代大学生人文素养的现状,我们亟须提倡人文教育。

2. 在专业课的教学中渗透人文素养教育

以人文的精神传递专业的技术,可以对大学生起到潜移默化的作用。人文教育要贯彻在每门课程的教学过程之中。目前大学专业课程的教学占据了学生的大部分时间,而且是所有大学生最重视的课程。故我们要在大学生最关心,花费时间、精力最多的专业课程中渗透人文教育,这样可以收到事半功倍的效果。当然,选修课中也要插入一定的人文教育。

例如,专业教师在讲授专业知识和专业操作时,可以通过对专业发展的追溯及未来前景的展望来引导学生关注历史和社会文化。让学生形成良好的、正确的价值观。介绍科学发展中的历史人物事迹,激发学生产生崇高的正义感、社会责任感以及对专业知识的热爱。

3. 营造良好的校园人文氛围

校园环境的人文氛围,对大学生具有强大的潜移默化作用。加强校园文化建设,是实现高校人文素质教育的主要形式,是实现人文素质教育的重要思想和文化启示。校园文化既包括校内的文化设施、文化组织、文化管理制度,又包括大学教师和学生所具有的共同文化心理和文化生活,还包括学校精神、学习风格和对外表现教学。

加强校园文化建设,一是开办系列人文社会科学讲座;二是开展健康向上、内容丰富的校园文化生活,如各种艺术节、演讲比赛、影展、文艺演出等;三是建立一些人文社团,如摄影、舞蹈、书法、文学、音乐等方面的协会;四是加强校园自然景观、人文景观的建设。大学的精神与理念可以帮助和引导大学生提高自身的文化素质,陶冶自己的情操,塑造自我,让学生在优美的校园环境中受到鼓舞和影响。

4. 重视社会事件的教育功能,多多开展社会实践活动

现今在校大学生普遍缺乏社会知识,经验不足,思想认识片面单纯,对社会了解肤浅,思想易走极端。社会实践活动可以扩展人文素养教育的空间,深化课堂教学。这种来自现实的社会实践的人文素养教育比在学校的教育更深刻、更直接、更持久、更可以有机地将感性教育与理性教育结合起来。学校应当充分地利用寒假和暑假,结合专业学习的特点,有计划地组织大学生深入社会、深入企业,使学生在实践中了解国情、认识社会、改造

自我,促进自身的健康发展,以达到人文素养培养与人文精神提升的最优化。鼓励大学生积极走向社会,在社会实践中提高大学生的人文素养,培养学生的人文精神。

第三节　专业素养的培养

一、专业素养的培养

(一) 专业的含义

《汉语词典》解释说:"专业是学校根据科学分工或生产部门的分工把学业分成的门类。"专业是一个常用词汇,也是一个学术味道很浓的词汇,是把学校教育和社会职业密切联系在一起的连接口。不同专业的学生有不同的内容和知识结构体系。大学生应该了解自己的专业知识体系,本专业的学术要求。

高等教育包括专业教育和职业教育,大学生将通过大学学习踏入社会,踏上工作岗位。因此,培养过硬的专业素质并奠定今后发展的专业基础,是高等院校教育的主要任务之一。

(二) 现代大学生专业素养的现状

很多大学生在刚进入大学时对自己的专业普遍认识不足,对于专业的选择成了很多大学生苦恼的事情。入学时选择专业的原因可归纳为四种主要类型。第一,志趣型(热爱所选专业);第二,从属型(父母的安排、教师的指示、别人的推荐等);第三,功利型(认为自己所选的专业比较简单或者好就业等);第四,被迫型(学校或专业调剂的)。在这些原因中后三者占绝大多数,所以很多学生对自己的专业了解不够,学习的也不够。现在大学生的课余时间相比高中充裕,学生可以进行课外阅读或上网查阅资料,但现状是学生有大量的时间用于阅读那些对自身的长远发展无意义的消遣性读物,没有去充分了解和学习自己的专业知识。专业素养不够高,对专业信息正确把握能力有待提高。

(三) 专业的选择

在高等教育阶段,有的学校可以给学生第二次专业选择的机会,这是实践批判性思维的好机会。

下面为选择专业提供以下几点建议。

1. 跟着兴趣走

也许你会很期待上一门课,甚至喜欢完成这门功课的作业。这对于选择专业是一个线索。看你能不能在喜欢的课程和课外活动中找到持久模式。找一个能够让你继续这种体验的专业。你可以思考以下几个问题:

(1) 课外时间你最喜欢做什么?
(2) 假设你正在一个聚会上与人愉快地交谈。这个对话是关于什么的?
(3) 你经常浏览哪些网站?网络浏览器的收藏夹里有哪些网站?
(4) 你喜欢解决怎样的问题——涉及人、产品还是观点的?

(5) 从你的阅读材料、看的电视节目和其他的娱乐节目中,找出你的兴趣所在。

(6) 你理想中的一天是怎样的?描述一下你住在哪里,和谁在一起,这一天都做了什么。有没有一种景象暗示了你应该选择怎样的专业?

2. 用正式的方法来发现自我

写作是选择专业时自我认识的一种方法,从书本的练习和日志开始做起。回顾一下你写的东西,找出有关兴趣和能力的内容。

此外,调查问卷和调查表也是把兴趣和具体专业连接起来的好办法。学术顾问或者就业辅导处的人有很多的调查表,可以做做试试。

记住,选择专业或职业并没有专门的问卷调查。同样的也没有什么专家能帮你做出选择。调查表可以帮你认识自我,其他人可以提供有价值的观点,而要怎么处理这些完全取决于你自己。

3. 考虑个人能力

在选择专业的时候,个人能力和兴趣是同样重要的。爱因斯坦喜欢拉小提琴,但他对音乐的热爱并没有凌驾于他职业领域的选择之上。除了考虑你是否喜欢之外,还要考虑你什么时候在什么方面胜过了他人。列出你擅长的课程、已掌握的作业、获过奖或被认可的爱好,让选择专业成为发现你的热情和潜力之旅。

4. 与长期目标联系起来

决定了你生命中以后需要什么,专业的选择就是水到渠成的事了。选择专业前,先考虑一些更远的事。列出你的核心价值观,同时写下从今天起你五年、十年以至五十年以后你想完成的具体目标。

询问他人意见:生命中重要的人可能会给你的专业选择提供有价值的建议。问问他们的意见,放开头脑认真倾听。但是,不要因为外界的压力而选择一个你不喜欢的专业或职业。如果你只是基于别人的期望做出选择,最后你很可能会选择一个你不喜欢的专业或职业。

5. 搜集信息

从学校概况一览或者学校网站上找出可供选择的专业名单。这里面有很多信息。浏览一遍这些专业,并标记出那些你感兴趣的。然后和已经申请这些专业的学生聊一下。还要读一下每个专业对于课程要求的描述。和教授这些课程的老师谈一下,索要一份教学大纲。去书店看一下相关课程的课本。基于以上所有信息,列出你可能选择的专业名单。

(四)专业素养培养方法

当代大学生应具备扎实的专业知识,具备优秀的专业技能。在激烈的竞争中,专业技能是被工作单位所重视的重要因素。对于刚入学的大学生来说,要解决专业的入门教育问题,以便了解专业的发展,制订一个学习计划,一个明确的职业规划,从而提高学校生活的效率。

1. 开展专业启蒙教育

专业基础知识是学科专业的基础知识,是一个人知识结构中的主要部分,其他部分都为辅助性知识。知识是学科发展的新趋势、新理念、新观念、新突破,这部分知识往往很不成熟,在研究和讨论中,一旦发展成熟,广泛运用,则转化为专业知识和专业基础知识。

知识学习的过程是不等于训练过程的,因此,我们不能用学习知识取代技能的培训,要注重实践动手能力,防止出现"高分低能"的现象。一个人才的专业技能素质是由基本技能与专业技能两个层次的内容组成的。

2. 提高大学生团队意识,提高专业组织能力

我们应该摒弃"专业化"这一话语中的"特殊"的狭隘,重新认识,在日益激烈的国际、国内竞争的社会环境中,组织管理能力已成为专业素质的重要组成部分,它指的是能够完成一项任务,制订计划和方案,并组织和有效地控制该集团的利益。这种能力不仅对管理人才是有用的,对其他专业人才也是有用的。在社会化的生产条件下,对一个社会、一个专业的主体来说,所有工作都是群体活动,它离不开管理、组织能力。管理和组织能力是发挥群体力量和捕捉既定目标的重要保证。

3. 提高大学生专业自学能力,培养创新型人才

当今社会各专业领域发展迅速,这就要求高等院校适应社会的需要,培养"与时俱进"型的人才。培养大学生的专业发展能力应注重培养大学生获得和应用知识、独立思考能力和创新的能力,不能只局限于知识的积累,应主动探索未来发展的东西,增强创造力,使他们成为创新的人才,从而更好地适应不断变化的知识经济。

充分利用校园文化资源,如学术讲座、专业知识和技能竞赛等,逐步培养学生的专业学习能力,为大学生将来从事本专业工作打下坚实基础。也可以通过自学与再学习掌握新知识,胜任本专业工作。

充分利用高校开展的实训实验活动,使学生参与项目的开发、设计、实践等活动。

4. 注重德育,培养大学生敬业精神

一个人良好的思想道德素质、敬业精神是良好的专业素质中必不可少的部分。事实表明只有热爱自己的专业,才能潜心投入,才能成功。

针对高等院校大学生专业素质的特点,教师应本着实事求是的原则,努力研究,积极探索尝试;本着对大学生的终身发展负责的态度,促进大学生的成人、成才。

二、科学素养的培养

2006年1月9日,全国科学技术大会颁布了《国家中长期科学和技术发展规划纲要(2006—2020)》,胡锦涛在这次大会上指出要在全社会广为传播科学知识、科学方法、科学思想、科学精神,使广大人民群众更好地接受科学技术的武装,进一步形成讲科学、爱科学、学科学、用科学的社会风尚。自20世纪80年代以来,世界科学教育最引人注目的改革就是把培养学生的科学素养作为科学教育的宗旨。在当今科学技术飞速发展的世界里,人们要想很好地驾驭科学技术,使其为人类带来无尽的福祉,不仅需要大量的科学家和工程师进行创造性的研究工作,而且更需要全体公民对科学和技术有相当程度的理解与掌握,以满足科学技术发展对社会生产中各行业从业人员劳动素质的要求,并使公民能理性地充分享受现代科学技术所带来的舒适生活。为此,学校科学教育就必须为提高公民的科学素养服务,并把它作为科学教育最基本的价值取向。

科学素养是现代人综合素质的一个重要方面,是一个人的科学认知水平、科学认知能力、科学实践能力和科学创新能力的综合体现。

(一)科学素养的含义

从词源学上看,英文的科学素养(scientific literacy)直译成中文是"科学读写能力"。在英文科学素养中的 literacy 一词指读写能力,它来自英文词汇 literate,而 literate 则来源于拉丁语 literatus,是有文化、有学问的意思。在现代科学教育的语境中,英文 scientific literacy 实际上指的是对科学的基本理解。

在我国,多数学者认为科学素养是以正规教育为基础,通过日常学习和媒体等各种渠道所提供的信息而逐步积累形成的对科学技术的理解能力。科学素养的形成受到经济、教育、科技、文化以及社会发展状况的影响,是一个渐进的过程。国际上公认的科学素养主要指以下三方面的内容:一是对已经被人所接受的科学知识的理解,主要是一些概念性知识,诸如一些事实、法则以及有关自然世界的理论;二是对一些科学探究方法和程序的理解,主要是了解科学知识如何产生、如何发展,以及科学研究中的创造性思维能力的培养等;三是对科学作为一项社会文化事业的理解,了解科学与社会之间的内在联系,了解科学的应用问题,了解其中的问题、争论以及它们的解决方法。经济合作与发展组织(OECD)则认为:"科学素养包括运用科学基本观点理解自然界并能做出相应决定的能力。科学素养还包括能够确认科学问题、使用证据、做出科学结论并就结论与他人进行交流的能力。"

科学素养并不是一个单纯的概念,从其起源和发展来看,它有丰富的内涵,目前国际上正朝着能够在学校科学教育中可实际操作的方向发展。不同组织或个人从各自不同的角度对科学素养的内涵给出不同的理解方式或内容,但从本质上看,科学素养的内涵所涉及的内容主要包括三个方面:对科学知识的理解,对科学本质的理解,理解科学技术对社会的影响。

(二)当代大学生科学素养现状及分析

由于受传统应试教育的影响和社会单位对人才本位的定位偏差,目前在校大学生中存在认识上的偏差,认为评价大学生素质的主要量化指标是大学学习期间的专业成绩,科学素养是一种相对比较抽象的软条件,其高低对他们以后所从事的工作和生活影响不大,导致有很多的学生并没有在这方面加强学习的意识。这些认识上的偏差造成了大学生缺乏提高科学素养所需的主体自觉性和主动性,也影响了大学生所承载的带动国民科学素养水平提高的责任感。

在就业竞争的压力之下,大学生从入学开始为就业做"策划",有很大一部分大学生把自己的学习目标定为考取研究生,从而忽略了自身科学素养的培养。

学校的科学素养教育氛围不够浓郁。教学强调科学知识的培养和科学方法的培养,课堂教学重在讲解科学的原则、理念,很少运用探究模式培养大学生的探究能力,忽视了科学方法的培养和综合实践能力的培养。

大学生科学素养在当代社会发展进程中具有重要的作用,但由于诸多方面的原因,目前我国高校大学生的科学素养状况却不容乐观。大学生对于科学方法的本质尚缺少必要的掌握和理解,甚至缺乏对常识性科学知识的必要了解。我国当代大学生科学素养的整体状况不够理想,究其原因是多方面的,既有宏观上的国内缺乏培养科学素养土壤的历史文化因素,也有微观上的教育体制弊端、教育活动主体思想认识偏差等因素。

1. **教育体制存在弊端**

教育体制上的弊端对大学科学素养培养的影响突出表现在:首先,大学生科学素养不足不可避免地受其中小学教育的影响。我国目前实行的应试教育使中小学生为考试而学,教师为考试而教。学校单方面追求升学率而忽视了对学生科学素养的培养,使中小学不重视科学素养教育的风气在高校中得到延续,大学生沿袭了过去在中学时形成的学习方式和学习态度,为考试而学,对于科学素养培养的重要性认识不足。其次,高校文、理科学生除学习各自专业的必修课外可以自主选择选修课程,这就极易出现大学生偏科现象:绝大多数大学生出于个人兴趣和选修课程的难易程度尤其是该门课程的通过率,来决定选修哪门课程。这样一来,相对枯燥的科学类课程受到了轻视和冷落。最后,虽然目前已有少部分高校将大学生科研活动作为一项长效机制固定下来,但我国大部分高校仍缺乏针对大学生的专门科研活动,缺少专门机构对大学生的科研活动做出指导和安排,这种体制上的欠缺在一定程度上使大学校园缺乏浓郁的科学素养氛围,进而使大学生缺少科学技能的锻炼与培养。

2. **科学素养认识存在偏差**

首先,教育工作者认识上存在偏差,高校领导层普遍存在的观点是大学生的人文素质亟待加强,而科学素养则处在受忽视、放任自流或是从属地位。高校必须改变目前这种忽视学生全面发展的现状,要将提高大学生科学素养纳入日常工作中来,在教学目标上要体现大学生科学素养的具体要求。其次,大学生自身在科学素养方面也存在认识上的偏差,不少学生认为大学生的素质只体现在学习期间的专业成绩,至于素养问题是十分抽象的,从而妨碍了大学生提高自身科学素养所需的主动性与自觉性。

(三)当前大学生应该具备的科学素养

大学生要有广博的科学视野:当今的世界是开放的世界,也是科学技术日新月异飞速发展的世界。知识就是力量,知识就是资本,知识改变世界。新技术、新工艺、新能源、新材料对人们的活动产生着巨大的冲击。尤其是电子计算机和微电子技术的广泛应用,使传统科学技术发展进入网络时代,也推动了人类的第二次大分工,即脑力劳动者内部的分工。这种变革,对人的行为方式产生深远的影响。科学是第一生产力,坚持科学发展观是中华民族伟大复兴的法宝。因此,当今的大学生要有广博的科学视野,要努力走在世界科技的前沿,这样才能承担起历史赋予的重任。

例如,著名数学家华罗庚读书的方法与众不同。他拿到一本书,不是翻开从头至尾地读,而是对着书思考一会儿,然后闭目静思。他猜想书的谋篇布局,斟酌完毕再打开书,如果作者的思路与自己猜想的一致,他就不再读了。华罗庚这种猜读法不仅节省了读书时间,而且培养了自己的思维力和想象力,不至于使自己沦为书的奴隶。

分析:大学生应在大学这个成长阶段,利用已有的条件努力培养自身的科学素养,要具有广博的科学视野。

大学生要有严谨的科学精神：科学精神是探求真理、坚持真理、主持正义的一种勇气和人格，是现代人的性格、心理和气质，是求实原则、理性思维、探索精神、质疑态度和创新精神的集中体现。实事求是、与时俱进是科学精神的本质，科学理论是行动的指南，理性思考是认识的途径，合理质疑是科学的天性，不断探索是科学的本能，创造发明是科学的反映，是中华民族立于世界民族之林的灵魂。因此，当代大学生一定要养成严谨的科学精神，坚持以追求真理为目标，以探索未知、创造知识为己任，把不断进行知识创新作为自己终身追求的目标。

例如，祖冲之(429—500)，字文远，祖籍范阳(今河北涞水县)，是南北朝时期杰出的科学家，在数学、天文历法、机械制造等领域都有卓越的贡献。祖冲之在世界数学史上第一次把圆周率计算到小数点后七位，并和儿子祖暅恒一起导出了球的体积公式，祖冲之在36岁时修改了历法，编制了先进的大明历。他还设计制造了利用水力磨面的水碓磨，制造了"千里船"等。

李时珍(1518—1593)，明代杰出的医药学家，蕲州人(今湖北蕲春)。出身医药世家。他发现前人著作《本草》中有许多弄错和遗漏的药物，于是决定重新整理《本草》。他向农民、渔民、樵夫、药农请教，参考历代医药文献800多种，对药物加以鉴别考证，纠正了古籍中的错误，收集整理了民间发现的许多药物。经过27年的艰苦劳动，著成《本草纲目》：共记载药物1892种，全书共52卷，190万字。这是一部杰出的医药著作，对药物学、分类学都作出了巨大贡献。

1958年秋，二机部副部长钱三强找到邓稼先，说"国家要放一个'大炮仗'"，征询他是否愿意参加这项必须严格保密的工作。邓稼先义无反顾地同意了，回家对妻子只说自己"要调动工作"，不能再照顾家和孩子，通信也困难。从小受爱国思想熏陶的妻子明白，丈夫肯定是从事对国家有重大意义的工作，表示坚决支持。从此，邓稼先的名字便在刊物和对外联络中消失，他的身影只出现在严格警卫的深院和大漠戈壁。

邓稼先就任二机部第九研究所理论部主任后，先挑选了一批大学生，准备有关俄文资料和原子弹模型。1959年6月，苏联政府终止了原有协议，中共中央下决心自己动手，造出原子弹和人造卫星。邓稼先担任了原子弹的理论设计负责人后，部署同事们分头研究计算，自己也带头攻关。在遇到一个苏联专家留下的核爆大气压的数字时，邓稼先在周光召的帮助下以严谨的计算推翻了原有结论，从而解决了关系中国原子弹试验成败的关键性难题。数学家华罗庚后来称，这是"集世界数学难题之大成"的成果。

中国研制原子弹正值三年困难时期，尖端领域的科研人员虽有较高的粮食定量，却因缺乏油水，仍经常饥肠响如鼓。邓稼先从岳父那里能多少得到一点粮票的支援，却都用来买饼干之类，在工作紧张时与同事们分享。就是在这样艰苦的条件下，他们日夜加班。"粗估"参数的时候，要有物理直觉；昼夜不断地筹划计算时，要有数学见地；决定方案时，要有勇进的胆识和稳健的判断。可是理论是否准确永远是一个问题。不知道他在关键性的方案上签字的时候，手有没有颤抖……

邓稼先不仅在秘密科研院所里费尽心血，还经常到飞沙走石的戈壁试验场。他冒着酷暑严寒，在试验场度过了整整八年的单身汉生活，有15次在现场领导核试验，从而掌握了大量的第一手材料。1964年10月,中国成功爆炸的第一颗原子弹,就是由他最后签字确定了设计方案。他还率领研究人员在试验后迅速进入爆炸现场采样,以证实效果。他又同于敏等人投入对氢弹的研究。按照"邓—于方案",最后终于制成了氢弹,并于原子弹爆炸后的两年零八个月试验成功。这同法国用8年、美国用7年、苏联用10年的时间相比,创造了世界上最快的速度。

1972年,邓稼先担任核武器研究院副院长,1979年又任院长。1984年,他在大漠深处指挥中国第二代新式核武器试验成功。

分析:科学是一门严谨的课程,从事科研工作必须具有严谨的科研精神。任何一项科研实验都需要精确的操作、精确的测量与记录。大学生在毕业以后可能会从事科研工作,所以要培养自己严谨的态度,从每一件小事做起。即使不从事科研工作,也要培养自己严谨的态度,因为无论是工作上还是生活中都需要这种态度。

(四)提高大学生科学素养的方法

1. 营造科学素养教育的良好环境

科学素养的形成需要浓郁的科学氛围,在校园文化中加强科学定位,打造新的载体,运用各种形式进行科学宣传。建立良好的科学技术教育环境能影响学生的行为和情绪,激发大学生对科学技术的兴趣,充分发挥环境教育的作用。

教师要培养大学生对科学的认识,运用科学的能力,学校可以根据自身的特点,创造性地构建多维科技教育的校园环境。一是充分利用学校已有的宣传资源,如宣传橱窗、校广播等。二是挖掘、整合科技教育资源,让学生参与教师的科研课题,开放实验室,让实验室成为学生的科技操作室,使学生耳濡目染,达到自然地渗透科技教育的目的。三是创新科技活动内容,举办科技知识竞赛、放映科教电影等活动,让大学生亲身感受科学文化氛围的熏陶,促进大学生科学素养的形成和不断提高。四是鼓励大学生积极参加社会科普宣传活动,鼓励大学生利用双休日或寒暑假深入社区或乡村,开展义务实践活动;宣传科学知识,宣传科学的世界观和方法论,破除农村封建迷信思想,促使他们主动学习相关的知识来弥补自身的不足,从而提高他们的科学素养水平。

对大学生科学素养的提高应给予更多的关注。当代大学生应更加注重科学素养的提高,合理利用高校这一宽松的学习环境,自觉将科学素养的锻炼与提高纳入自己日常的学习、生活安排当中,并在生活中注重锻炼和实践利用科学文化知识处理问题的能力。

2. 改革传统的教学模式,让学生积极主动参与教学全过程

在教学方法上变传授知识为提高学生的能力,在导学上下功夫,教会学生思维方法,突出教学方法的多样性和灵活性。创新科学教育教学手段,积极实践启发式、发现式、讨论式、探究式教学,努力尝试将问题教学法、情景教学法、范例教学法、探究发现法引入课堂,训练学生的问题意识和培养学生的探究能力,引导他们掌握科学研究的过程和方法。课堂教学中教师需要采取灵活多样的教育模式,如专题讨论、小组学习、问题学习、模拟实验、辩论会、实地调查、个案分析、课题研究等,引导学生将他们目前所掌握的科学知识与从多种渠道获得的科学知识联系起来,认识各种科学知识间的关系;引导他们将所获得的科学知识应用到新的问题情境中,组织学生开展问题讨论、写小论文、设计实验、拟定研究

(设计、制作)题目和研究方案,使学生既得到逻辑思维的训练,又得到科学方法和动手操作能力的锻炼,以培养和提高他们的科学理解与运用的能力;引导他们认识和了解科学研究的过程,掌握进行科学研究所需要的各种方法;鼓励和培养学生进行科学探究,促进学生正确的科学价值观的形成。

3. 大学生要增强创新意识

党的十七大要求进一步运用科技创新,这为大学生增强创新意识营造了浓厚的氛围。各高校应以培养创新精神和实践能力为重点,推进素质教育,开展丰富多彩的创新教育和创新实践活动。

4. 大学生自身要树立信心

自信心是一个人面对挑战性事物时必须具备的心理素质,也是学术科研能力的一大要素。学术科研能力的培养是一个循序渐进的过程。要开展必要的探究学习,加强创造性思考的学习,逐步培养独立地获取知识和运用知识的能力,在实践中树立自信心。

5. 大学生还要增强学习和研究的独立性

强调大学生学习的独立性,注重大学生参与意识和探究发现能力的培养,这是提高大学生科学素养的最基本的一个方面。

6. 大学生要注重自身科学素养的提高

首先要充分认识到良好的科学素养对于提升自身综合素质的重要意义,合理利用高校这一宽松的学习环境,自觉将科学素养的锻炼与提高纳入自己日常的学习、生活安排当中,不仅要在课堂上汲取科学知识,还要注重在专题网站、各类媒体宣传上猎取科学知识,并在生活中注重锻炼和实践利用科学文化知识处理问题的能力。

第四节 艺术素养培养

古今中外的教育家、学者和教学机构大多重视艺术教育。中国古代教育中的"六艺"之一就是"乐",它是集音乐、舞蹈、文学、道德与学科内容为一体的综合性教育科目。艺术教育是素养教育的一项重要内容。当前,对大学生进行素养教育已成为全社会的普遍共识。"以人为本"的现代教育理念决定了高校教育应注重学生全面发展,艺术素养对大学生的个性发展和综合素养的提升有不可替代的作用。

传文化者,莫过于教育;感人心者,莫过于艺术。艺术活动是校园文化活动中最具感染力、渗透力,最易被学生接受的教育形式。它不同于单纯的思想道德教育以行为规范和价值标准为教育媒介,而是通过审美教育的形式提高学生的思想道德修养。艺术教育的道德内容有机地融入艺术的意象形式中,潜移默化地使大学生的思想道德得到提高。

一、艺术文化及艺术素养的概念

1. 前人对艺术的定义

艺术的定义,即艺术概念之界定,是阐述艺术史的前提,不了解什么是艺术,亦无从谈论什么是艺术史。当代德国艺术史家汉斯·贝尔廷曾经明确指出:"必须解释那个艺术的概念……而且只有当这个概念充分发展到有关这个概念(艺术)所涉及的内容足以有一个'历史'能够被撰写时,才会出现一部'艺术的历史'。"

对艺术定义的探究长期以来一直是学术界的热点之一,首先就艺术的对象主体角度而言,迄今所有观点大抵可分为定义论(可知论)和不可定义论(不可知论)两大类。

可定义论由来已久,大致构成了2000多年以来关于艺术定义和本质问题讨论的主体。从柏拉图、亚里士多德到康德、黑格尔,再到20世纪的克莱夫·贝尔和克罗齐,几乎涵盖了本领域所有重要人物,留下了模仿说、再现说、表现论、理念论、形式论、直觉论等一系列里程碑式的成果。定义论的最大特点是承认艺术为一有着实在意义的集合客观事物,可以寻绎其定义和本质。

作为传统的挑战者,20世纪崛起的不可知论从根本上否定艺术概念的实在意义,认为试图界定其定义及其本质无可能亦无必要。

法国是欧洲古典主义文艺的中心。从17世纪初起,法国诗人马莱伯等为反对一切方言与俚语,确立法国古典主义文学语言的规范做了大量工作。诗人梅莱在悲剧《索福尼斯贝》中,最早实现了意大利学者提出的三一律原则,即一个情节线索、一天时间和一个地点。这是古典主义剧作家创作的基本准则。法国文艺理论家N.布瓦洛的《诗艺》是一部具有古典主义文艺宣言性质的重要论著,概括和总结了几十年法国古典主义创作的实践,要求文艺"模仿自然"(包括人性的自然),"研究宫廷","认识城市";把体裁(史诗、悲剧、喜剧等)分为界限分明的不同的等级,并对每种体裁进行严格规范;依据笛卡儿的理性主义提出理性至上的美学原则。古典主义在法国文学中的代表者有高乃依、拉辛、布瓦洛、莫里哀、拉封丹等;绘画的代表者有普桑、勒布朗、大卫等;建筑中的代表者有芒萨尔、勒诺特尔等。他们在政治上拥护王权,作品具有鲜明的政治倾向性;主张民族统一,反对民族分裂;宣扬个人利益服从国家整体利益;塑造了为崇高社会理想而服务的人物典型;他们的创作基本上为宫廷服务,对民间文学采取轻视态度。古典主义由于过分强调理性主义、普遍性和情节的集中、单一,往往忽视个性,突出类型,不少作品具有公式化、概念化的倾向。

2. 艺术素养的定义

艺术素养主要是指关于艺术的认知、体验与创造等方面的素养和修养。

艺术素养指的是对艺术的欣赏能力和表现能力的综合体现,主要包括对音乐、舞蹈、美术、雕塑、建筑、文学、戏剧、影视等艺术的欣赏、感受、认知、表现能力的综合体现。简单地说,艺术素养就是感受美、鉴赏美和创造美的能力。艺术素养是人众多素养中的一个方面,大学生的艺术素养水平体现着我国国民艺术素养的整体水平。艺术素养是构建健康、完美人格的必备条件之一。在物欲横流的当代经济社会,具备完美人格、健康的心理已成为社会、高校以及个人的普遍追求。艺术素养的提升对于完美人格的形成、创造性思维的培养具有重要意义。同时,在进行艺术素养提升的活动中,可以丰富生活方式,扩大交际范围。再者,艺术素养的提升可以落实高校教育的目标,提升高等学校教学水平,同时提升国民整体艺术水平。

二、艺术素养的内涵

艺术素养的内涵有以下几个方面:

① 艺术素养是艺术涵养和艺术能力的统一,是含于内而形于外的。含于内,是为艺

术涵养；形于外，是为艺术能力。艺术涵养包括艺术经验、艺术认识，以及对各类艺术特性的了解和掌握；艺术能力包括艺术感受力、艺术理解力和艺术创造力。

② 艺术素养具有整体性、综合性和稳定性。它不是一个抽象的概念，而是贯穿在全部的艺术活动之中，并决定某个人进入既定的艺术境界。因此，如果一个人只能从某一方面、某一环节或某一层次上感知艺术对象，或者只能以事物的某一部分、某一种美为欣赏对象，那么，还不能说他真正具有艺术素养。

③ 艺术素养是后天培养起来的，具有生成性和可塑性。美感和审美意识是人类特有的一种精神享受，是人们在艺术活动中对于美的主观反映、感受、欣赏和评价，是人的一种特殊的心理活动。人的审美意识不是先天的能力，而是自然界长期发展和社会实践的产物，在改造社会中人的感觉、艺术的感受也随之而确证。当然，艺术素养有生理方面的基础，它的形成有赖于相应的感觉器官。先天的生理缺陷，会导致一定的审美缺陷。但是，艺术素养绝不是遗传所能给予的，它是生活实践、知识修养、思想意识等因素综合作用的结果。

④ 艺术素养较之科学素养和道德素养，是更高层次、更综合的素养。科学求真，即掌握客观世界发展的规律；道德求善，即实现人伦的道德秩序；艺术求美，即对必然性的自由运用，对个体与社会和谐关系的实现。可以说，"真、善、美"便是"美"。艺术作为一种精神生产与生活过程，是一个比文化、道德等更远离物质和经济基础的社会现象；艺术素养作为一种国民素养，是一个比文化、道德的素养更高、更综合的文明进步的标志。

【拓展——关于艺术的箴言】

艺术的成功在于没有人工雕琢的痕迹。——奥维德

艺术的伟大意义，基本上在于它能显示人的真正感情、内心生活的奥秘和热情的世界。——罗曼·罗兰

艺术是人类的天性。——伯克

音乐是人生的艺术。——施特劳斯

我们的艺术应当比现实站更高，应当使人不脱离现实又高于现实。——高尔基

伟大的艺术品不像生活那样令人失望，它们并不像生活那样总是在一开始就把所有最好的东西都给了我们。——马塞尔·普鲁斯特

伟大的艺术从来就是最富于装饰价值的。——毛姆

生活的奥秘存在于艺术之中。——王尔德

艺术给我们插上翅膀，把我们带到很远很远的地方。——契诃夫

艺术可遇不可求——它不会因为你是平民而对你视若无睹，也不会因为你是王公而对你青眼有加。天时未到，即使是最睿智的人也不能使艺术品诞生。——惠斯勒

艺术使自然更完美。——雷诺兹

接下来将从音乐、美术、审美三个方面具体阐述艺术素养。

三、艺术素养——音乐素养

近年来，我国高等素质教育的不断完善和强化使社会将更多的关注投向大学生艺术素质问题。当今社会需要的是高素质、全面发展的大学生，而学会感受美、创造美则是大

学生综合素质的重要组成部分。列宁说过"音乐是对人们进行教育的有力工具",音乐这种独特的艺术形式对大学生身心健康发展有很大的影响。

(一)音乐素养的概念

音乐文化素质同素质文化素质一样,除了指由人的遗传因素决定的音乐天赋、音乐感和潜能以外,当然还包括人们通过后天学习、感悟形成的对音乐的理解、懂得的某些音乐知识,经过训练掌握的某些音乐技能,经由亲身参与的音乐表现增强创造音乐的能力,等等,这些是后天学习和教育的成果。需要强调的是,这里说的后天学习,除了指书本上的学习外,更重要的是指参与唱歌、演奏、听音乐会等音乐实践活动中的学习。这里所说的教育,除了学校的教育外,还包括社会环境的教育、家庭的教育等,其中无意间受到的教育就是我们常说的"熏陶"。

(二)音乐素养的特点

1. 作用最早

人对于音乐的感受能力是与生俱来的。世界上所有民族的母亲都会对她的孩子唱摇篮曲或者催眠曲,就是一个无可辩驳的明证。事实上婴儿在未出生的时候就能够对音乐有不同程度的感知和反应。从这个意义上讲,每个人都具有音乐天赋。除了音乐,婴儿出生以后只要睁开眼睛,还能够直接感受图形(颜色、线条等),即美术。而语言和文字毫无疑问都必须经过后天学习,要排在音乐和美术之后了。

2. 作用最直接

音乐对于人的作用不仅发生最早,而且也最直接。语言和文字都属于第二信号系统,要经过理解、联想、转换等一系列心理过程才能作用于人的心灵。只有音乐是直接打动人心,不通过任何的中介,不需要任何的转译。古老的"禅"学有一句口号,叫作"直指人心",我想,只有音乐也称得上这四个字。从这一特性来说,艺术门类似乎应该这样排队:音乐,美术,文学,其他综合艺术。

(三)有关音乐的高雅与通俗之分

早在战国时期的《楚辞》中就有一篇《宋玉答楚王问》,其中把音乐分为"下里巴人"和"阳春白雪",这里的"下里巴人"就可以理解为通俗音乐,而"阳春白雪"则可以理解为高雅音乐。从历史角度来看,古人把高雅音乐与通俗音乐的界限认定为一种艺术形态的意涵,即被理解程度,被多数人理解的艺术形式就是普遍的、通俗的,而被少数人理解的艺术形式由于其演奏与产生的方法并不被人们所普遍认同,拥有的受众群体狭小,又往往最早产生于某些具有较高知识素养者中,因而被认为是一种曲高和寡的高雅艺术。

通俗音乐亦称流行音乐,它是与社会经济的发展相适应的现代商业社会的产物。它具有浓厚的世俗性与商业性。通俗艺术一般用于满足人们的初级精神愉悦,其流行时间相对较短,但覆盖面广,参与人数众多,影响面广。高雅音乐也称严肃音乐或经典艺术。高雅音乐主要是由知识分子阶层加工、创造或由某种民间艺术经过历史的沉淀,加工、演进发展而来的一种艺术形式。它具有鉴赏的难度小和永恒性的特点。

高雅音乐与通俗音乐是两种并存的艺术形态,两者都体现出人们对美好事物的追求,只是由于创作者和欣赏群体的不同,才有了满足不同需要的不同形式。两种艺术形态相互借鉴与渗透,它们并非相互对立,在一定条件下可以取长补短,并在不同历史阶段甚至可以进行有条件的转换。如周杰伦的流行歌曲,为达到张扬个性、抒发情感的目的,在创作中就广泛地借鉴了戏剧、民歌甚至美声等多种中国元素,从而以鲜明的特色赢得了广泛的受众。

茅盾说:"'通俗'云者,应该是形式则妇孺皆知,内容则为大众的情绪与思想。"通俗文化更多的是要求能"现在消费",产生瞬间即逝的娱乐,而高雅,往往走出了大众的世界,处在一个并不是伸手就能触摸的位置。通俗和高雅并不能截然划分,比如,所谓国粹京剧,其前身也不过是地方民间戏曲的相互融合。《诗经》这部现今所认为的高雅之作,当时也不过是烂漫在山乡僻野的民歌而已。所以,高雅音乐与通俗音乐并不是完全对立的,通俗不等于低俗,高雅也决不等于高尚。凡歌颂美好,崇尚爱情,对人的人格塑造具有教化引领作用,有利于人们求真尚美,提高人生境界与修养的音乐都可以称为高雅音乐,高雅音乐的特点一是经典,即经过岁月流逝,仍经久不衰,为人们所喜闻乐见;二是精品,即凡高雅音乐无论从艺术性、思想性、技巧性上都是精雕细刻的不朽之作。高雅音乐是以中外经典戏剧音乐、器乐独奏、室内乐、交响乐、芭蕾舞音乐以及民族经典传统曲目等艺术形式为主要表现形态的,代表着人类优秀的文化成果。

(四)音乐文化素质的培养

音乐文化素质的培养,包括音乐知识、音乐技能、音乐精神三个方面,音乐文化素质培养不是简单的信息灌输和给予,在传授基本知识和技能的同时,更要启迪学生的智慧,提高其内在的感受力,培养他们对音乐的兴趣,使其成为一个具有音乐欣赏能力的人,从而能从音乐中得到快乐,树立正确的审美观念、审美情绪,培养审美能力,激发人们对于音乐美的爱好和追求,在潜移默化中让精神陶冶得到升华。

音乐素质的培养,不可能一蹴而就,需要一个长期的过程,循序渐进,使大学生在掌握技能的同时将音乐文化的内涵慢慢吸收,并形成自身自然掌握的一种技能、修养,同时还要注重自我修养与接受教育培养相结合,更有效地提高大学生的音乐素养水平。

(五)大学生音乐素养培养的意义

1. 音乐的审美教育功能

著名作家郁风先生在欣赏优秀音乐时写道:"进入音乐就如同走进另一个世界。它又不像梦境那么虚幻,那么不可控制;它是实实在在的,有人在严格控制着的,有规律地在显示一种意念、一种情境。有时你似乎能随着它流淌到感觉所预期的境界,有时又会遇到意外的震撼,只能跟随它激荡,使你全身的血液神经都和它溶化在一起。"这是音乐艺术带给人们的审美愉悦。相对于通俗音乐,高雅音乐能给人以精神上的享受,通过欣赏文艺使其审美得到满足。听一首优美的乐曲,感觉如同欣赏一场芭蕾舞剧,或是品读一首古典唐诗,或是享受一杯午后的拿铁咖啡,这些审美最初都是显现在我们的感觉器官,从而引发审美愉悦。

提倡高雅音乐教育,实质就是审美教育,在歌曲、器乐、表演、音乐、欣赏等教学中,情感体验的过程就是审美教育的过程。不管是雄壮激昂的进行曲,还是婉转悠扬的抒情曲,都可以从音乐的旋律、节奏、速度、音色、力度等音乐要素中,得到美的感受、美的熏陶。美无处不在,它存在于音乐教育美的氛围中,存在于音乐教学的每个环节中,存在于对音乐的感受、体验、理解与创造中。音乐的审美教育就是教育学生分清什么是真、善、美,什么是假、恶、丑。通过音乐教育,可以将大学生培养成有感受美、理解美并创造美的富有高尚审美情趣和审美能力的人。

2. 音乐的认知功能

人具有自然属性,也具有社会属性。大学生既要认识人类本能,也要积累社会经验,顺应社会发展。高雅音乐是艺术家对生活的深刻挖掘,对人生的透彻感悟,融入了自己的学识和情感,是生活的提炼与升华。高雅音乐作品一旦被创造出来,就具有了跨越时空的可能性,不同时代的历史、不同地域的风俗、不同民族的精神都融合在高雅艺术作品中,成为他人认知世界的对象。大学生具有较高的文化素质,在通过高雅艺术认知世界的基础上,我们在思想上与艺术家进行了无形的交流,从而进一步参与到文化的构建中。

综上所述,具有丰富表现力的音乐能力,对当代大学生辅德、益智、健体、促劳起着积极作用,是应该在高等院校中积极倡导的艺术素质培养形式。

【拓展——贝多芬的故事】

德国音乐家贝多芬,他1770年出生在德国的波恩,在贝多芬小的时候,他的父亲对他的期望非常高,希望自己的儿子成为莫扎特式的音乐神童。在贝多芬才4岁的时候,父亲便把一堆的曲谱放在贝多芬面前让他弹奏,有时候贝多芬把小手都练肿了还是不敢休息。贝多芬从4岁长到8岁,经过4年的刻苦练习,他的钢琴水平有了很大提高,他的酒徒父亲也感到满意,于是便让他在音乐院举行了一次独奏音乐会,这次演出非常成功,父亲享受到了儿子成功的喜悦。17岁的时候,贝多芬来到维也纳,他以非常崇敬的心情拜见了莫扎特,莫扎特给了他一个很难的曲子让他即兴演奏,贝多芬的演奏得到了莫扎特的肯定,他说:"你们要注意这个孩子,他将来会惊动全世界的。"由于自己的刻苦努力,他终于在维也纳艺术舞台上占有了一席之地,经常以钢琴家的身份登台演出,而且演奏的都是自己的作品,得到了人们的肯定。正当他的事业如日中天的时候,他的耳朵患上疾病,后来彻底聋了,这对于一个音乐家来说,是个残酷的打击,然而,这一切并没有打垮贝多芬,他还是靠顽强的毅力创作了大量优秀作品,在他的《命运交响曲》里,我们都能听到他和命运做斗争的声音。1807年,贝多芬正住在维也纳李希诺夫斯基公爵家中。一天,公爵家里来了一大批客人,他们都是当时拿破仑派驻占领维也纳的法国军官。公爵想请客人们听音乐,就派人去请贝多芬,但未向贝多芬说明情况。贝多芬不明就里,带着自己新写完的《热情奏鸣曲》兴致勃勃地赶来。进客厅一看,竟是一帮占领军,贝多芬当即就拒绝了公爵的要求。公爵恼羞成怒,竟然板起面孔对贝多芬下了演奏的命令。贝多芬为李希诺夫斯基的无耻卖国行径愤怒到极点,他不顾夜中的滂沱大雨拿起乐谱愤然离去,并把公爵以前送他的一尊胸像摔了个粉碎。第二天,公爵接到了这样一封信:"公爵!您之所以成为公爵,只是由于偶然的出身。而我之所以成为贝多芬,则全靠我自己。公爵现在有的是,将来还有的是,而我贝多芬却永远只有一个!"

四、艺术素养——美术素养

（一）美术素养的概念

美术素养是指学生学习了美术课程及相关知识之后，所形成的美术方面的感知、想象、思维、表达、设计、审美、评鉴和参与人际交流等方面的意识和能力，及其所伴随的情感、意志、态度等个性品质。

美术是"造型艺术"，是社会意识形态之一，在欧洲17世纪开始使用这一名词，泛指含有美学意味和审美价值的活动及产物，中国五四运动前后开始普遍使用这一名词。美术、建筑艺术、工艺美术、雕塑、设计等都可以列入美术的范畴。

（二）美术文化的特征

美术特征的一般特性是指造型性、欣赏性、审美性。

造型性：由于它们都是用一定的物质材料（美术用纸、布、模板、颜料等；雕塑用木、石、泥、铜等。工艺美术和建筑艺术使用的物质更广），塑造可视的平面或立体的形象，反映客观世界和表达作者对客观世界的感受。所以，美术又称"造型艺术""视觉艺术"。

欣赏性：美术作品是人们以直觉的、整体的方式把握客观对象，具有极高的欣赏价值。

审美性：美术大都指造型艺术或视觉艺术，即美术的表现需要人的视觉审美而不是听觉、感觉、触觉、嗅觉。艺术家通过艺术创作来表现和传达自己的审美感受与审美理想，欣赏者通过艺术欣赏来获得美感，并满足自己的审美需要。

【拓展——美术内容】

美术现象需要把握的内容：

中国古代美术历史流变及现象，注重画家与作品；

中国古代雕塑历史流变及现象，注重雕塑作品；

中国古代建筑历史流变及现象，注重建筑；

中国古代工艺美术历史流变及现象，注重工艺美术品；

中国古代佛教美术现象，注重艺术石窟；

中国近现代美术历史与现象，近现代注重美术家。

（三）大学生美术素养培养的重要性

美术在培养大学生创新思维和想象力、审美能力及审美情趣的过程中，有着不可替代的作用。它能作用于每个人的心灵，塑造、健全、完善和完美人格，美术作为一种文化影响还可帮助人们，对自然敏锐的观察力，对事物的感知力、创造力都十分有益。伟大的法国雕刻大师罗丹曾说："美，无处不在，不是生活缺少美，而是缺少发现美的眼睛。"其实美术对发展感知能力和形象思维能力、提高综合思维水平都非常有益。

美术文化对于陶冶情操，提高美术素养，培养创新精神和实践能力，促进学生德智体美全面发展具有重要作用，尤其是美术欣赏教育，可以涉及中外许多优秀的作品，中华灿烂的美术遗产也是中华民族优秀文化传统的重要组成部分,是东方文化的精髓之一,了解学习中华民族优秀的美术作品,可以增强民族情感和培养爱国主义精神,欣赏伟大的民族美术作品还可以召唤民族自豪感和自信心。

通过美术和其他学科的互相渗透,能更好地帮助大学生理解和运用视觉语言,更多地介入信息交流,共享人类社会的文化资源,积极参与世界的、国内的、学校的文化传承。

【拓展——中国艺术家徐悲鸿】

徐悲鸿于1895年7月19日出生在屺亭桥镇的一个平民家庭,原名寿康,年长后改名为"悲鸿"。徐悲鸿9岁起正式从父习画,每日午饭后临摹晚清名家吴友如的画作一幅,并且学习调色、设色等绘画技能。10岁时,已能帮父亲在画面的次要部分填彩敷色,还能为乡里人写"时和世泰,人寿年丰"等春联。13岁随父辗转于乡村镇里,卖画为生,接济家用。背井离乡的日子虽然艰苦,却丰富了徐悲鸿的阅历,开阔了其艺术视野。17岁时,徐悲鸿独自到当时商业最发达的上海卖画谋生,并想借机学习西方绘画,但数月后却因父亲病重而不得不返回老家。志向高远的徐悲鸿在20岁时再度来到上海,开始了新的人生。在友人的扶助下,他考入法国天主教会主办的震旦大学,为日后的赴法留学打下了一定的法语基础。其间认识了著名的油画家周湘、岭南画派的代表人物高奇峰、高剑父,在画作上得到了他们的赞许和指点,增强了绘画创作的信心。他还结识了维新派领袖康有为,在其影响下确立了自己的创作思路。在康氏"鄙薄四王,推崇宋法"的艺术观念影响下,他对只重笔墨不求新意的"四王"加以贬薄,认为只有唐代吴道子、阎立本、李思训,五代黄筌,北宋李成、范宽等人的写实绘画才具精深之妙。在康有为的支持下,他观摩各种名碑古拓,潜心临摹《经石峪》《爨龙颜碑》《张猛龙碑》《石门铭》等,深得北碑真髓,书法得以长进。后获得赴日本东京研究美术的资助。在日本,徐悲鸿饱览了公私收藏的大量珍品佳作,深切地感受到日本画家能够会心于造物,在创作上写实求真,但在创作上缺少中国文人画的笔情墨韵,无蕴藉朴茂之风。

徐悲鸿从日本归国后受聘为北京大学"画法研究会"导师。在京期间,相继结识了蔡元培、陈师曾、梅兰芳及鲁迅等各界名人,深受新文化运动思潮的影响,树立了民主与科学的思想。

在北洋政府的资助下,24岁的徐悲鸿到法国学习绘画,并考入巴黎美术学校,受教于弗拉芒格先生,开始接受正规的西方绘画教育。弗拉芒格擅长历史题材的人物画,其画作不尚细节的刻画而注重色彩的和谐搭配与互衬,对徐悲鸿日后油画风格的形成有着巨大的影响。

留学4年之后,徐悲鸿的绘画水平已达到可与欧洲同时期的艺术家相媲美的地步,其油画作品《老妇》入选法国国家美术展览会(沙龙)。

学有所成的徐悲鸿在32岁这一年回到中国,开始在国内投身于美术教育工作,发展自己的艺术事业。他参与了田汉、欧阳予倩组织的"南国社",积极倡导"求美、求善之前先得求真"的"南国精神"。他陆续创作出取材于历史或古代寓言的大幅绘画,这些画作借古喻今,观者从中能够强烈地感受到画家热爱祖国和人民的真挚之情。1931年日军侵华加剧,民族危亡之际,徐悲鸿创作了希望国家重视和招纳人才的国画《九方皋》;1933年创作了油画《徯我后》,表达苦难民众对贤君的渴望之情;1940年完成了国画《愚公移山》,赞誉中国民众坚韧不拔的毅力和夺取抗日最后胜利的顽强意志。除此之外,还创作了《巴人汲水》《巴之贫妇》等现实题材,《漓江春雨》《天回山》等山水题材以及大量人物肖像和动物题材的作品。1949年新中国成立后,徐悲鸿在担任政务、行政工作的同时,仍笔耕不辍地进行创作,满腔热情地描绘新中国建设中的新人、新事、新面貌。他为战斗英雄画像,到山东导沭整沂水利工程工地体验生活,为劳模、民工画像,搜集一点一滴反映新中国建设的素材。不幸的是,这一切艺术活动因画家过早地离开人世戛然而止。

徐悲鸿的作品,无论是油画、国画还是素描,在中国近现代艺术史上都占有重要地位。他在油画方面最大的成就是使印象主义的光与色的表现同古典主义严格而完美的造型相结合。在早期中国油画家中,杰出者首推徐悲鸿。在素描方面,徐悲鸿成绩卓著。他的素描既是绘画训练的习作,为他的国画和油画创作打下了深厚的基础,同时又是具有欣赏和研究价值的艺术品。其一生中,仅画人体素描就不止千幅。徐悲鸿在国画方面的造诣也很深厚。他是国画创新的艺术实践者,在继承传统绘画的基础上第一个把欧洲古典现实主义的技法融入国画创作中,创制了富有时代感的新国画。以人们熟知的画家的马画为例,从这类作品中既能欣赏到中国传统绘画中的线条造型和笔墨之美,又能观察到物象局部的体面造型和光影明暗。

徐悲鸿凭借着他的天才智慧、坚毅的精神和毕生的努力,成为近现代中国画坛上少有的能够全面掌握东西方绘画技法的艺术大师。

五、艺术素养——审美素养

审美能力是人才的基本素质之一,是通向成功之路的桥梁,更是大学生自我发展的需要。在现实生活中,大学生学习就业的压力大,他们把所有的精力都放到专业学习和各种可以给就业带来优势的"考级""考证"上,这样势必影响其审美素质的发展。普遍缺少敏锐的感觉、直觉、领悟、灵气,看问题、事情往往呈现出模式化、程式化。这些都束缚和制约着其向高层次方向的发展,折射出大学生审美的严重缺失。

1. 审美素养的概念

大学生的审美素养在其综合素质的培养和建构中具有举足轻重的作用。它不仅关系到新世纪大学生形象的自我完善,而且关系到大学生的全面发展。一般来说,审美素养的高低,与能够发现什么是美、发现多少美有着直接的联系。

所谓审美教育就是培养学生审美观点,发展其发现美、鉴赏美、创造美的能力的教育。审美教育能帮助学生树立高尚的审美情操、正确的审美观念、健康的审美情趣,从而使他们"按照美的规律来建造世界"。

2. 培育大学生审美素养的意义

德国著名美学家康德在《判断力批判》中提出了美育的综合中介作用,他认为美是真与善的桥梁。在我国古代教育史上,审美教育在整个教育体系中被提升到"综合"与"完成"的高度。孔子认为"兴于诗,立于礼,成于乐"。在他看来,一个君子的培养,要通过学习诗歌等文学作品得到知识的启发,并通过礼仪制度的学习塑造人格品性,掌握行为道德规范,最终才能成为君子。

大学生美育就是通过对大学生进行美的感知、教育与熏陶,进行心灵、行为的教育,使其认识、理解什么是美,怎样欣赏美、追求美和享受美,大学生认识和把握这其中的规律,就可了解自然美、社会美、艺术美等各种不同美的特点,人的内涵、完美的形象是由诸多因素构成的,完美的形象体现在人的气质、性格、修养和言谈举止等各方面。

通过艺术理论鉴赏课这种审美教育形式,多开一些选修课如音乐、舞蹈、绘画、书法、摄影、建筑、园林、雕塑、戏剧、影视、文学等课程。同时要有配套的基础设施,建立文化活动中心,如舞蹈训练厅、画室、健身房、体操房等。良好的校园环境,可以对学生施以经常的潜移默化的影响。从美学角度来看,对环境美化的过程就是对环境中与人们息息相关的各种美的潜在客体进行精神化再创造的过程,进行对其文化价值挖掘和升华的过程。

通过审美,学生得以解读校园环境中蕴涵的精神,校园环境又通过美的可感性、可愉悦性陶冶着学生的情操、传递着大学文化精神的韵律。可以说,校园环境的美化和建设是校园文化精神的物化形态,它构筑并丰富着校园的审美空间。

校园环境中的审美客体是丰富多样的。它融多种艺术于一体,在其艺术空间中,各门艺术自己固有的审美特征被校园环境艺术同化,互相渗透、交汇,产生一种综合效果。要用正确的审美观念以及审美情趣去发现美和创造美。德国诗人席勒在《美育书简》一书中就指出,审美能力和创造美的能力是使人成为理性的人,使人个性完美的重要途径。一个不懂得外在美和内在美,不懂得美的真谛,不会欣赏美、审美的人,是不可能成为一个心理健康、人格健全、深受社会欢迎的人的。

六、如何培育大学生艺术素养

(一) 培养大学生欣赏美、鉴别美

大学生精力充沛好动,兴趣面广,抓住大学生心理偏好,从而让他们真正喜欢上艺术。

从作品分析入手,以便让学生从中清楚这部作品究竟表现的是什么,从本质上去认识艺术、理解艺术。培养学生对高雅艺术的兴趣和欣赏能力,使大学生们体会到经典艺术作品的魅力,领略、欣赏、感受到高雅艺术的真谛,使美育真正起到陶冶情操、提高修养的作用。

要提高大学生的文化品位、审美情趣、人文素养和科学素质,还应进行文学、历史、哲学、艺术等人文社会科学和自然科学方面的教育,对于文科生而言可以增设一些自然科学方面的教育,而对于理科生就要多增加一些社会科学方面的教育。阅读和欣赏优秀的文学作品,不仅能给人带来审美的愉悦,也能令人在心动之美中陶醉。

(二) 注重审美情趣的养成

要提高审美能力,还应注重审美情趣的养成,如知识储备、文化修养以及生活阅历等,大学生具有审美素质,便会形成一种良好的心理状态。著名艺术家吴冠中在谈到对高科技的审美感受时他说:"在清华大学生物所看到那些细菌、病菌、蛋白质等各类原始生命状貌,放大后映在屏幕上,千姿百态,繁杂而具结构规律,仿佛是出人意料的抽象艺术大展,大都很美。"其实审美,就是一种精神与心智活动,是主体的主动参与和全身心的投入,不断发现身边的美,在潜移默化中也就提升了对美的感受力、鉴赏力、创造力及自我完善

的能力。在日常生活中体验美好、体验成功、体验快乐、体验崇高。

再进一步不断开阔审美的视野,应充分利用美育资源,把审美教育延伸到校外,扩大到整个社会,如到美术馆、音乐厅、博物馆以及观赏自然风光、名胜古迹、历史文物、人文景观等,都可培养提高感受美、鉴赏美的能力。观赏芭蕾舞、交响乐等高雅艺术、了解我国优秀的民族艺术,文化传统和外国的优秀艺术成果,具有良好审美取向,自然会受到美的潜移默化,抓住感受身边的美。否则,美丑不分,甚至会以丑为美。一个人的审美素质,是其思想意识、道德情操、价值观念复合的集中体现。高尚健全的审美素质,关系到一个人的健康成长。当代大学生只有具备高尚健全的审美素质,才能成为全面发展的、完美的、对社会有用的人才。

关注大学生审美个性的和谐发展,会使其在成才就业中有更宽松和广阔的空间。学校应在课程设置上多增加美育方面的课程和课时,使学生在理论水平提高的基础上,逐步在实践中学会欣赏美、鉴别美,并能在日常中注重审美情趣的养成。

第五章

人格修养

【本篇导读】

　　我国自古就有"正心、修身、齐家、治国、平天下"的说法,"修身"指的是完善自我人格修养。大学是一个成长的过程,修养是自我完善的必由之路;人无信不立,诚信是为人处世的基本准则,是每个人必备的品质和美德;人生价值是人的社会价值和自我价值的统一;良好的职业道德有利于大学生的职业发展;培养独立健康的人格品质。

　　大学生正处在人生成长的关键时期,世界观和人生观正在形成,培养良好的人格修养有利于个人的发展,提高大学生活的质量,提高生命的质量,从而更容易在事业中取得成功。

第一节　人格修养中常见的问题

　　修养指人的综合素质,培养高尚的品质和正确的待人处世的态度,求取学识品德之充实完美,古代儒家多指按照其学说的要求培养完善的人格,使言行合乎规矩。

　　然而"玉不琢,不成器;人不学,不知义",当代大学生作为祖国的栋梁之材,人格修养问题必须引起重视,才能对症下药,从而"修身、齐家、治国、平天下"。那么,大学生人格修养中,有哪些常见的问题呢?

一、人格修养中常见的问题

1. 文化素质修养的问题

　　文化功底欠缺,对人文素质修养缺乏独特的认识,忽视人文素质课,过于注重实用课程,导致大学生的人文素质修养水平较低,理工科大学生尤为严重,语法错误,表达不准确,错别字较多,用错标点符号。一些思想政治、经济、社会、自然的公共必修课,由于不是专业课就不去重视,导致缺少丰富的常识和远大的理想。

2. 思想政治修养的问题

　　有的学生缺少法律意识、公民意识、科学意识,把政治当作政治家们的事,主体意识较差,竞争意识不足。没有正确的政治立场和信念,面对错误思想的影响容易误入歧途。

　　另外,还有的学生入党是为了考公务员,将来好找工作,为了实现个人的利益,政治取向存在实用、功利的错误。导致有的大学生党员和学生干部作用发挥不明显,缺乏责任意识和工作积极性,甚至入党前后差异较大,在老师和同学面前"两面派"。这种现象不在少数。

现在,还有很多大学生把钱看得太重,太注重自我享受,社会责任意识淡薄,人生观有偏差,拜金主义横行,把个人利益放在集体利益之前,为了报酬才去为社会贡献自己的力量,这些都是大学生思想政治修养中容易出现的种种问题。

3. 道德品质修养的问题

现在很多的大学生学风浮躁,旷课现象较多,考试舞弊现象比较严重,甚至利用网络抄袭他人的论文和毕业设计等学术道德问题。尊师的气氛在高校校园淡化,见老师不打招呼、不问好,上课时候忙碌自己的琐事。功利性恋爱,以貌取人,以利取人,把爱情当作儿戏,或者不顾学业把恋爱当作唯一,失恋后做出过激的行为,甚至走上自杀或者犯罪的道路。

在大学校园里,拜金主义和享乐主义正在蔓延,部分大学生虚荣攀比,请客送礼,买名牌,节约意识淡薄,普遍缺乏艰苦奋斗、创新精神。大学教育方式相对宽松,导致部分学生做事散漫,自我要求较低,不顾及他人感受;意志力相对薄弱,心理承受能力差,懒惰;缺少个体的反省、体验和觉悟;独善其身,分享意识较差。当代大学生自我创新能力不强,缺少创新的意愿和倾向,缺乏行动的信心;缺乏创新性思维能力;缺乏创新的兴趣和毅力;概括能力和计划能力明显不足。

二、大学生提升自我修养的方法

大学生人才修养乃品行之修养,才学之修养,心理之修养。强化自我修养的目的在于学会如何做人,培养高尚的情操。作为即将步入社会的大学生,必须严格要求自己,加强自身修养,让自己多一些筹码来赌赢人生。

自身修养要经过一个长期的过程,还要有自身动力和坚强的意志。大学生可以通过以下方法,来提升自我的人格修养:

(一)提高自我修养的意识

孟子说:"天将降大任于斯人也,必先苦其心志,劳其筋骨,饿其体肤,空乏其身,行拂乱其所为,所以动心忍性,增益其所不能。"一个不努力加强自身修养的人,是不能肩负历史重任的。要以先进人物为楷模,自觉地加强自己的修养和锻炼。

(二)养成良好的修养行为习惯

大学生要养成良好的生活规律,《朱子家训》里有一句话:黎明即起,洒扫庭除。这是对一个人意志和毅力的锤炼,简单却不容易做到。大学生还要对自己有正确的认识和评价,充分认识自己的长处和短处,扬长避短。

(三)强化自我修养实践

"腹有诗书气自华",学好专业课是基础,如今我们总是关注于各种资格考试,却忽视了正在学习的专业,提高专业修养是提高大学生修养水平的第一步。

1. 要积极参加社会实践和第二课堂活动

一个人的思想状况如何,主要是通过社会实践来检验的。俗话说:"听其言,观其行",这里的"行"就是指社会实践。社会实践不仅是智慧的源泉,而且是道德的源泉,人们思想道德的形成,正是在社会实践中、在待人处事中表现和形成的。伟大领袖列宁曾指出:"旧社会给我们遗留的最大祸害之一,就是书本与社会实践完全脱节。"当代大学生只有通过参加社会实践活动,才能树立自己的主人翁意识,不再局限于狭小的交际圈,而懂得把目光放得长远,把自己的价值体现得淋漓尽致。参加社会实践活动的形式多种多样,如参观访问、社会调查、专题报告、开展书评、影评以及各种友谊比赛等。

2. 注重思想品德修养

中华民族有很多优良传统可以借鉴。包括:

(1) 内省。"吾日三省吾身",通过内省,存善去恶,严格要求,达到深层次的进步。

(2) 慎独、慎微。慎独指自律,慎微指"勿以善小而不为,勿以恶小而为之",有利于克服浮躁情绪,调整心态,平和心绪。

(3) 克己。自我克制、约束自己的不良欲望和冲动,有利于远离不良的生活方式,避免苦恼、矛盾和纠纷。

3. 要与时俱进,培养时代意识

进入21世纪以来,国内外形势发生了深刻的变化,出现了前所未有的文明冲击与文化碰撞,要规划好自己的人生,树立正确的人生观和价值观。一个谈吐温文尔雅、气宇轩昂、举止落落大方、知礼敬让、遵纪守法、关注社会民生的大学生,散发着无穷的魅力。要做到这些,大学期间的历练绝不可放松。

第二节　正确看待和追求人生价值

人生价值是人的社会价值和自我价值的统一。它包括两个方面的内容:一是个人对社会的责任和贡献,即个人的社会价值;二是社会对个人的尊重和满足,即个人的自我价值。一个人只有满足对人生价值的自我肯定,才能获得社会的认可。那么,怎样才能正确看待和追求人生价值呢?

一、树立正确的人生价值观

在一定意义上,人生的价值是人生的意义。人生价值的价值量大小,由人生价值目标的境界及实现程度来决定。人生价值的确定及价值量的增减,也是个人人生拼搏的结果。

1. 树立正确的人生观

大学生的价值观与他的世界观、人生观相互联系,密不可分。首先我们要树立马克思主义世界观。其次要树立正确的人生观。追求幸福是人生的首要目的,人的一生应当是不断地快乐地积累。要选择高尚的人生观,人生观是可以选择的,不同的人生态度决定着不同的人生。人还要追求高尚的品格,积极进取,乐观向上,厚德载物,自强不息。

2. 树立正确的价值观

个人的一生是否有价值,就是看他的知识、能力、思想品德等及其生命过程中的一系列实践活动,对社会发展和人类进步起着什么样的作用。当前在校大学生们正面临着人生发展的最为关键的时期,学会生存、学会学习、学会创造、学会奉献,这些都是我们将来面向社会和生活所必须具有的最基本、最重要的品质。

其中,最核心的就是学会如何做人,学会做一个人格健全的人;学会做一个能正确处理人与人、人与社会、人与自然关系并使之能协调发展的人;做一个有理想、有道德、有高尚情操的人。这就要求我们每个在校大学生必须从现在做起,牢固树立正确的人生价值观。

正确地对待权力、地位、金钱。人的一生如潮起潮落,起伏难定,世界上什么样的奇迹都可能发生,其前提只有一点:我还活着,我要努力行动,我有信心,这是人一生中最最宝贵的财富。第二个重要的财富就是今天我们所拥有的一切。亲情是财富,终生值得珍惜;善良的品德、气节操守、为人处世也是你弥足珍贵的财富。我们也许没觉察到它们的重要,但它们终究会给你一份回报。另外,试图努力改变不满的现状,追求你想要的东西,这种欲望、上进心也是财富。

现在的不如意、逆境、挫折乃至苦难都是你的财富!人们常说,苦难是最好的大学。在逆境中,我们会经受各种考验与锤炼,百炼成钢,成就我们非凡的意志品质和能力。

3. 正确处理理想与现实的关系

人是生活在现实和理想、物质和精神的世界之中的。现实世界、物质世界是人得以生存和发展的基础,理想世界、精神世界则是人生活的动力和价值取向。我们主张每个人都应该有他一定的物质利益,反对的是将个人利益置于社会利益之上,唯利是图、损人利己。我们提倡的是将理想和现实、精神和物质统一起来,将个人利益和集体利益结合起来,把个人理想融入全体人民的共同理想当中,把个人的奋斗融入祖国社会主义现代化建设事业的奋斗当中。

二、大学生如何追求人生价值

1. 培养积极乐观的心态,完善自我的人格修养

一个人要健康成长、顺利成才,离不开科学文化素质、思想道德修养和身体心理素质的有机结合。培养自身的高尚情操,提高自身修养是实现人生价值的前提。

心理健康是人才成长的基石。大学生的心理正处于迅速走向成熟又没有完全定型的时期。大学新生在高考的喜悦中走进大学,面对的是从生活环境、生活条件、人际关系到学习方式的一系列急剧转变。并且,大学生正处在第二次心理断乳期,由于远离了父母亲人,没有了教育者的全面指导和督促,自己的生活尚未能完全自理,因此各种问题纷至沓来,交织在一起。面对这一切变化,大学生需要努力学习知识与经验,积极适应新的环境,建立新的心理结构,重树对生活的信心,重建心理的平衡。

完善自己的人格。思想道德修养在很大程度上决定了我们待人处事的态度和人生的境界。宽容和大度难为,却是大德,自古皆以为然。修身养性,提高自身境界,让自己如水般淡雅。

2. 培养自己的竞争意识，学会与人和睦相处

"纸上得来终觉浅，绝知此事要躬行。"大学生要把满足的准点设在比眼前能力更高的位置，着眼于实践，珍惜时间，主动追求自己的梦想。

人是一种具有社会性的动物。所以不可避免，在学习、生活能力培养和就业的选择上充满了竞争。竞争能激发人的奋斗力量和创新进取精神。正是由于有了竞争对手的存在，才能激发潜力、触发灵感、发现自己的不足，找到改进的方法，进而有助于个人内在价值的实现。立志成才的大学生，应该正视竞争、参与竞争，在激烈的竞争中去施展自己的才能。合作能增强人的社会责任感和归属感，随着社会的发展，合作范围不断扩大，合作形式不断增多，任何个人想实现自身价值都离不开与他人的合作交往。同时，合作能强化人的协调意识，增强人与人的亲和力。大学校园中，一项集体活动从发起到结束的过程往往是亲密人际关系的形成过程。大学生的合作精神应从日常生活中做起，同学之间应经常交换思想、交流情感、相互关心，在交往中共同体验合作的快乐。

3. 忠于祖国、热爱生活

每个人的生命历程只有一次。如果大学生能够在充满"诱惑"的现实中，自觉地选择和追求应有的人生价值，对于大学生实现自己的人生价值具有重要的意义。弘扬民族精神、维护祖国统一，做新世纪坚定的爱国者。

大学生都想实现自身的价值，所以我们需要刻苦学习，提高自己的理论素养；与时俱进，保持蓬勃的朝气；正确对待生活境遇，丰富自己的人生；奋力拼搏，全面提高能力。一个道德高尚、人格健全、素质全面的大学生才是社会的期盼。

第三节　职业道德的培养

具有良好的职业道德，势必有利于大学生未来的职业发展。职业道德是从事一定职业的人在特定的工作和劳动中所应遵循的特定的行为规范，是一般社会道德原则和道德规范的特殊形式和重要补充。

一、职业道德的重要性

职业道德对形成良好的社会风尚起保证作用。整个社会的风尚是各行各业道德水平和道德风貌的综合反映。以为人民服务为核心的社会主义职业道德建设，是促进社会风尚好转、巩固和发展的强大思想武器。

加强社会主义职业道德教育，纠正行业不正之风，是反腐倡廉的最有效办法。每个人从自己做起、每个行业从本行业做起，以形成各行各业处处讲职业道德，形成良好的社会主义的社会风尚。

一个合格的从业人员不仅需要掌握一定的专业技术和工作技能，更在于他的职业道德修养程度。社会主义职业道德，可以帮助人们树立理想，坚定信念，可以激发人们的劳动热情、积极进取的精神和主人翁责任感，从而自觉钻研业务、改革创新、提高效率、遵纪守法、廉洁奉公，成为建设社会主义现代化的合格人才。

二、职业道德基本规范

职业道德基本规范是职业道德原则的具体化,是职业范围内从业人员应遵守的行为要求,它在职业活动中调节个人与他人、集体、社会之间的利益关系,是我国现阶段各行各业从业人员都应当遵循的职业道德基本规范。

(1) 在岗爱岗、敬业乐业。在岗爱岗、敬业乐业就是热爱自己所从事的职业,忠实地履行岗位责任,只有热爱本职工作的人,才可能对自己的职业有一种自豪感和荣誉感,才会尽心尽力地去履行自己的岗位职责,人们把这种道德现象所体现出来的精神称为敬业精神。从业人员不会天生就爱岗敬业,对于自己从事的职业,总要有一个从不了解到了解,从不满意到满意,从不热爱到热爱,最后达到将自己的身心融入职业活动中献身本职的境界的过程。

(2) 诚实守信、平等竞争。诚实守信,就是言行一致,遵守诺言。平等竞争是指参与市场活动的人无论其社会地位如何,在市场面前一律平等,即面对同等的条件,享有同等的权利,履行同等的义务,处于同一个竞争起点。

随着社会主义市场经济的发展,市场竞争也日趋激烈,无论是从业人员自身,还是他所服务的部门,面对竞争,他们的行为不仅要符合法律,而且要符合职业道德,否则就会出现不正当竞争现象,就会导致市场活动的无序性,造成社会经济活动的混乱,危害性极大。

(3) 办事公道、廉洁自律。办事公道、廉洁自律指从业人员在行使职业职权时要公平公正、公私分明,约束好自己的行为。这一道德要求就是提倡从业人员要秉公办事、不徇私情、克己奉公、不谋私利,自觉维护公众利益,抵制行业歪风,要"常在河边走,就是不湿鞋"。特别是手中有一定权力的从业人员,如果能做到办事公道、廉洁自律,就不仅能够维护公众利益、企业利益和社会利益,而且能够净化社会风气和促进社会主义精神文明建设。

(4) 顾全大局、团结协作。所谓顾全大局,是指从业者在处理各单位、各部门之间的关系以及单位、部门内部领导之间和干群之间的关系时,首先要树立集体主义观念,应有全局观念,切忌只顾本单位、本部门、本地区小集体的利益而损害其他单位、部门和地区的正当利益,甚至损害国家和人民的利益。团结协作是指从业人员之间以及单位之间,在共同利益和共同目标下的相互支持、相互帮助的活动。顾全大局、团结协作是处理单位内部、单位与单位之间关系的准则。能不能以大局为重,搞好团结协作,对于促进企业进步、社会繁荣和实现个人利益,有着重大的影响。

(5) 注重效益、奉献社会。注重效益,是指从业人员在日常工作中要合理地利用劳动时间,以较少的消耗取得较大的经济和社会效益;奉献社会,指的是在人具有奉献意识和奉献能力的条件下,当社会需要的时候,自愿将自己的体力、智力、财力甚至生命,奉献给社会的行为。从业人员的道德品质最终要体现在其劳动成果上。能否在单位工作时间内创造更多的物质财富和精神财富,能否把个人有限的生命投入无限为人民服务的过程之中,是判定从业人员道德品质高低的重要标准。

我国社会道德最主要的内容就是更快更好地为社会创造物质财富和精神财富。有道德就要有所作为,有所作为的人才是真正有道德的人。个人的生命是属于自己的,更是属于社会的,仅仅属于自己的生命是脆弱的,属于社会的生命是强壮、旺盛的。献出自己的青春、热血和全部才华,在改革开放的大潮中有所作为,这是跨世纪中华儿女的最高道德追求。不管我们将来是一位普通员工,还是身居高位,都应将个人生命与蓬勃发展的事业、欣欣向荣的社会融合在一起,只有如此,我们的职业人生才会发出永恒的光辉。

三、如何加强职业道德修养

(1) 树立自信,自觉、自主地进行自我修养。在职业道德修养上,自觉是非常重要的,人有了自觉性,才能在道德活动中处处留心,时时提醒自己,严格要求自己,完善自己的职业道德品格。德国大哲学家康德,活了80岁,一生奉献于哲学。他每天走出朴实无华的书房,徒步到大学,忙于他的哲学研究,生活规律不曾更改,真正做到了"数十年如一日"。他对时间的控制,犹如一位科学家,分秒不差。他每天必在早晨5点起床,晚上大约在10时就寝,这个生活习惯,他始终严守不渝。康德严于控制时间的习惯,关键在于他有很强的自我控制能力和强烈的自律意识。良好的习惯一经形成就是终身受用的资本;反之,不良的习惯则会成为一生的羁绊,阻碍自己的发展。一个整天喜欢蒙头大睡的人,不可能在梦中成就他的事业。

大学生处在人生的十字路口,自我管理和约束能力相对较差,但具有很强的可塑性,若能从自己内心培植职业道德的土壤,建立长效自我约束机制,就会在工作中爱岗敬业、谦逊礼让、严于律己、宽以待人;在感情上,以为社会多作贡献为荣,以自己的劳动成果能为社会和他人带来幸福为乐,从而更好地在自我教育中提高职业道德水平。

(2) 学习职业道德理论与参加社会实践活动相结合。学习职业道德理论与参加社会实践活动相结合是提高职业道德修养的根本方法。学习理论,首先,要学习马列主义、毛泽东思想、邓小平理论和"三个代表"重要思想,只有学习和掌握了科学理论,才能坚持职业道德修养的正确方向。其次,要学习职业道德基本理论和原则规范,明确职业道德的目的、方向、原则,才能提高职业道德修养的主动性和自觉性,培养起相应的职业道德情感、意志、信念,形成良好的职业道德行为习惯。实践证明,大学生在学校学习得越好,体验就越深刻,在工作岗位上的表现就越优秀,越符合职业道德规范,并能很好地指导社会实践。

参加社会实践,是提高职业道德修养的根本途径。人的道德品质不是与生俱来的,而是在长期的社会实践中逐步形成和发展的,实践是人们形成道德品质的源泉,也是进行职业道德修养的目的和归宿。大学生在学习职业道德理论的基础上,只有不断融入社会,把自己的学习和社会实践活动联系起来,才能更深刻地认识自身的价值所在,正确审视自己的不足,并在社会实践中锻炼自己、陶冶自己、完善自己,最终完成职业道德修养的提高。

(3) 向新时期涌现的职业模范人物和身边的榜样学习。新时期,社会主义精神文明建设呈现出积极健康向上的良好态势,为人民服务精神日益发扬光大,社会职业道德风尚发生了可喜变化,涌现出王启民、徐虎、邱娥国、李素丽、徐振超等楷模,为我们进行社会主义职业道德修养树立了榜样。大学生不但要向这些模范人物学习,还要向身边的老师、同学、工厂的师傅学习,学习他们的长处,克服自己的缺点,把职业道德境界提高到一个新的高度。

(4) 自觉地进行内省和慎独。"内省",就是内心省察检讨,祛除私心杂念,使自己的言行规范于道德标准的要求,树立正确的道德观念。一个人只有在内心严于剖析自己,行为上善于反省自己,才能成为一个符合时代精神的、有高尚职业道德的人。大学生在提高自身道德修养的同时,应该经常"内省",善于认识自己,勇于正视自己的缺点,敢于自我批评、自我检讨,并决心改掉缺点、扬长避短,在实践中不断完善自己的职业道德品质。古人说的"吾日三省吾身"就是这个意思。

(5) 从小事做起,从现在做起,循序渐进。大学生正处在培养良好职业道德和练就技能本领的大好时期,只有在平凡的日常学习生活中,通过长期积累,才能逐步培养、形成优秀的道德品质。因此,在道德修养中,要从我做起,严格要求自己。高标准、严要求,朝着高尚的职业道德境界去追求,只有这样,才能自觉形成一种道德习惯,形成良好的职业道德信念和品质。

目前,我国正在努力建设社会主义市场经济,人们的思想道德观念发生了很大变化,职业道德建设面临着新的形势和许多新的问题。尽管如此,职业道德修养仍然是职业道德建设中的一个重要方面,对于个人道德品质的形成和发展都具有重要的作用。社会需要数以亿计的高素质劳动者,作为当代大学生的我们更应首当其冲,从我做起,从小事做起,不断提高自己的职业道德修养水平,向更高的职业道德水准迈进。

第四节 培养独立、健康的人格品质

一、培养独立的人格品质

独立人格是人格系统中一个重要的成分,是一种重要的人格特征。所谓独立人格是指人的独立性、自主性、创造性。它要求人们既不依赖于任何外在的精神权威,也不依附于任何现实的政治力量,在真理的追求中具有独立判断能力,在政治的参与中具有独立自主精神。

现代社会的日益进步和人类自身的不断发展,要求我们必须从传统的依附人格转变为现代的独立人格。因此,当代高校教育也要体现这种转变,培养大学生的独立人格。

(一) 大学生独立人格缺失的表现

1. 自我意识水平不足

(1) 在自我认知方面,突出表现为大学生以真实自我为天平左右摆动,当取得一些成绩或获得成功时,会显示出骄傲自负的一面;而当遇到困难或挫折时,便做出消极自卑的否定性评价,也就是说不能够客观准确地认识自己。

(2) 在自我体验方面,集中表现为大学生的"悦纳自我"能力弱、无意识地倾向于用别人的看法来评价自己、对自己不满意等方面,他们常常否定自我、深感自己软弱无助,因此在遇到需要自己要拿主意的问题时,便会感到一筹莫展。

(3) 在自我调控方面,主要表现为大学生常常"心动而不行动"、重知而轻行,遇到事情不能做出正确判断和决策,没有独立思考的习惯,常常与大多数人持相同的态度或行动,认为多数人的意向肯定是正确的,结果导致大学生缺乏独立思考能力的锻炼,缺乏一定的分析能力和判断能力。

2. 自主学习能力不强

（1）学习目标不明确和学习方法不科学。有调查研究证明，许多大学生学业失败最主要的原因是学习的"散漫"与"无序"，即没有明确的学习目标、科学的学习方法。管理学家麦克凯茨曾指出目标的重要性，即目标是一切管理工作的开端。恩格斯也曾中肯地讲，无目标、无计划的学习简直是荒唐。大学生由于没有明确的学习目标，缺乏适宜的学习方法，不善于自主安排学习，缺乏自主学习的能力与动力，因此在遇到困难和问题时首先会想到父母和老师，而不愿自己尝试着解决困难问题，使他们的依赖性更加突出。

（2）创新素质不足，即批判能力和创造能力欠缺。目前，我国大学生创新素质现状并不乐观，突出表现为学生普遍缺乏质疑、批判精神，在学习过程中形成了稳固的思维定式，不会自己论证、批判、评估和创造，凡事都要标准答案。这种状况并不说明我国大学生天生的批判能力和创造潜能弱，而是与我国长期的教育体制有关。有人曾尖锐地提出，我国的教育小学是听话教育，中学是分数教育，大学是知识教育。这种评价或许有些偏颇，但以传授知识为核心的传统教育、现行的升学考试制度以及与此相应的管理制度、对学生的评价标准都有意或无意地扼杀了学生的批判能力和创造能力。

3. 生活自理能力较弱

（1）大学生独立生活能力的欠缺。独立生活能力是个体存在于社会的基本要求之一。"生活自理说起来也只不过是穿衣、吃饭、个人卫生等方面的小事情，但是对相当一部分大学生来讲却是一件非常感到头痛的烦事。"我们不得不承认在当代的大学生群体中，生活自理能力较弱的人不在少数，以致他们在日常生活中表现出幼稚无知，在利益和诱惑面前失去理智、失去判断、失去自我，在挫折和失败面前失去勇气、失去信心，这些都制约了大学生独立人格形成与发展。

（2）大学生普遍具有浮躁的心理。要在当今竞争激烈的社会有所突破，必须清醒地认识到需要具有求真务实、严谨执着的精神。而当代大学生中很多人都存在一定的浮躁心理，不能静下心来认真读书。现在的大学校园已经很难见到大学生伏案苦读的背影，青灯伴影、雨打窗前的美妙画卷似乎只存在于昔日。知识的匮乏、学业的一落千丈似乎成为这一时代大学生的特征。随着互联网资讯的丰富，大学校园中出现了一种学术造假的"时尚"，许多大学生抱着"天下文章一大抄"的观点利用网络来完成自己的学业，在这一过程中，急于求成的心理使他们忽视了知识的归属，忽视了自主学习观的培养，最终导致了一些学术不端的行为的产生。

（二）培养大学生独立人格的措施

1. 加强纪律观念教育，提高遵守纪律的自觉性

加强学生的纪律意识的教育，使学生学会用纪律去约束、规范、指引和评价自己的行为。只有具有良好纪律意识的人，才会有良好的行为。加强纪律教育要做好自律和他律两个方面。自律乃自控之律，也就是做人之基本准则、原则和规则以及基于这种基本准则、原则和规则而形成的自我约束、自我控制和自我评价机制。部分大学生尚未形成良好的个人评价、约束和控制机制，应努力加强大学生的"三德、三观和三个主义"的教育，帮助

他们形成一种良好的个人自律机制。他律是学生自我约束之外一种外在约束机制。要努力提高大学生的法律意识,使他们既要有用法律维护自己的合法权益的意识,又要有良好地遵守法律的意识。大学生实施自己的行为,实现自己的价值目标,必须在自律和他律中得到平衡,通过自律约束自己的内在的品质,通过他律来规范自己外在的学习、生活等行为。

2. 积极营造学校教育环境

学校的教育环境对师生健康品质的塑造起着潜移默化的作用,对学生的全面发展有着至关重要的影响。校园也是一个充满意义的生活世界,其物质景观凝聚着学校历史、文化、社会的信息,集中反映了学校文化价值观主流,反映了教育目标的价值取向,学生在与其无数次的视觉碰撞和融合中,不断得到陶冶、塑造。创建高质量、高品位、文明一流的学校教育环境是我们教育工作者共同的责任。

3. 实现家庭成员共同教育

家庭成员共同教育,共同接受教育,不仅可以提高家长的素质和威信,协调长辈和子女的关系,还可以增强大学生的自尊心、自信心和上进心,为大学生独立人格培养营造和谐的家庭氛围。一旦这种家庭氛围形成并巩固下来,就形成了一种家庭文化。所谓家庭文化是一定社会历史条件下的家庭成员在长期的共同生活中所形成的,关于家庭物质生活和精神生活的思想观念、价值取向与行为准则。它是对家庭成员共同的物质文化生活环境、氛围、方式等方面的反映,是家庭物质文化和精神文化的总和。由于婚姻和血缘的关系,家庭文化对家庭成员的社会化具有独特的功能,深刻影响着大学生的教育,对其独立人格培养有重要影响。

大学生独立人格培养是一项复杂的系统工程,具有一定的长期性、艰巨性和时代性。需要社会、学校、家庭和学生自身通力合作,与时俱进,以新的教育理念,运用新的载体实现大学生独立人格的培养过程。

二、培养健康的人格品质

健康人格是指各种良好人格特征在个体身上的集中体现。具体表现为:①和谐的人际关系;②良好的社会适应能力;③正确的自我意识;④乐观向上的生活态度;⑤良好的情绪调控能力;⑥积极向上人生观价值观;⑦要坚持快乐。

(一)怎样培养健康人格

(1) 保持开朗的心境,学会控制和调节自己的情绪,建立积极、健康的情绪状态。

(2) 加强意志磨炼,自觉主动地控制自己的行为,培养经受挫折的耐受力,不盲目冲动,不消极低沉,始终保持乐观的生活态度。

(3) 注意性格完善,自觉检查修正自己的性格特点,培养健康的性格模式。

(4) 养成良好的思维品质,具有独立分析问题和解决问题的能力。

(5) 培养良好的情操,加强思想品德修养,树立科学的世界观、人生观,注重社会实践,提高自身综合素质。

(6) 养成良好的生活习惯,保持积极乐观向上的生活态度。

(7) 积极参加弘扬社会主旋律的公益性活动。

(二) 培养健康积极向上人格的具体方法

(1) 培养坚强的意志和顽强的毅力,养成做事有目的性、行动自觉性、处事果断性、坚持到底的精神,使之胜不骄、败不馁,认真负责、勇于克服困难、争取胜利。

(2) 培养谦虚谨慎、沉着稳重、凡事要三思而后行的品质和习惯,锻炼其勇于批评与自我批评,以便能够不断地消除其自身弱点,并使自己的行为方式能够不断地适应时代前进的步伐。

(3) 培养广泛的兴趣爱好,这可以使人生活内容充实、知识丰富、视野开阔,有利于智力的开发和能力的提高,从而易于取得多方面的工作成就,也容易适应社会各方面的变化。

(4) 培养实事求是的精神,以积极的态度,正确地处理生活、学习、工作中出现的各种矛盾和问题,绝不回避现实,凡事从实际出发,能实事求是地分析问题,严于律己,对于能做到的事情则要努力完成。

(5) 培养爱祖国、爱集体、爱科学、爱劳动的精神。积极参加各种集体活动,密切与同学、同事、朋友的关系,与他们团结友爱、和睦相处,互相学习、互相帮助、互相促进,乐于助人,尊老爱幼,遇事多为别人着想。艰苦奋斗、勇于追求真理,勤于思考、勇于实践。

(6) 培养崇高的理想和高尚的情操,树立正确的人生观和世界观,从而使自己永远朝着正确的方向,把握好人生的航程。

一个人的人格是否健康会影响自身的行为和认知,当人格不健全时,他的行为和认知会出现偏差,这种情况严重的话会出现错误的行为,这就不仅影响到他自身的生活也可能影响到他人的生活。健全的人格不仅是自身的一种幸福,也能给周围的人带来欢乐,健康的人格对自身有着一种深远的影响。一个人的人格会影响他的判断能力和选择,有一个健全的人格可以做出最适合人生的选择,它关系到自身的心理健康。

第六章

情感教育

【本篇导读】

一部青春电影《那些年,我们一起追过的女孩》曾经风靡全国,该片既描述了柯景腾和沈佳宜之间令人唏嘘的爱情,也勾勒了人与人之间珍贵的友情。友情、爱情、亲情都是人类美好的情感,处理好这些情感,对于我们的学习和生活大有裨益,那么情感究竟意味着什么呢?

情感是指对外界刺激肯定或否定的心理反应,如喜欢、愤怒、悲伤、恐惧、爱慕、厌恶等。初入大学的你,远离了家庭、父母的呵护与陪伴,以上种种情绪会不会时而左右你的生活,令你手足无措呢?

本篇会告诉你将关注自己的情感作为切入点,如何去认识自我,珍爱生命,树立正确的恋爱婚姻观,培养自己的社会责任感。

第一节 情感教育的内涵

情感教育是一种精神成人教育,也是一种行为养成教育,它关注教育过程中学生的态度、情绪、情感以及信念,以促进学生的个体发展和整个社会的健康发展。我们为什么要进行情感教育呢?目的在于促进大学生健全人格的形成。所谓健全的人格,也就是人格的各构成要素如情感、意志、性格等健康、全面、和谐地发展,其中,情感居于健全人格的基础地位。当代教育的理念倡导以人为本,重视和加强情感教育是其题中之意。

【拓展——大学生硫酸伤熊事件的反思】

2002年1月29日、2月23日,清华大学机电系四年级学生刘海洋先后两次用火碱、硫酸将北京动物园的五只熊烧伤,其中一头黑熊双目失明。这一故意残害动物的事件经媒体披露后,引起了公众的强烈愤慨。"高才生为何会做出如此残忍行为""一个'好学生'为什么没有必然成为一名好公民",社会各界一度有过激烈论争。时隔一年,"刘海洋硫酸泼熊案"于2003年4月23日上午在北京市西城区人民法院悄然开庭审理。北京西城区检察院是以涉嫌"故意毁坏财物罪"对刘海洋提起公诉的,而"时隔一年"则被外界理解为客观上使刘海洋离开舆论中心,避免在群情激愤下被不公正地对待,并有助于让其完成学业的法律"温情"之举。

刘海洋在学校是个成绩优异的学生,然而"泼熊事件"却让我们意识到他个人情感发展的不完善之处,单亲家庭,行为孤僻,他不懂得对生命的起码尊重。他在审讯中一直强调,并不是想真正去伤害狗熊,而是想要验证人们口中常说的"笨狗熊"的说法是否成立,因此有了所谓"愚蠢之举",辩驳的借口让人看来实在可笑。

  在我们的成长过程中,知识和情感并不是天然并进的,有的人虽然接受了高等教育,学到了比一般人多的知识,但如果忽略日常的情感的习得,一样难以具备应有的人文素养。而长期以来中小学教育过于偏重知识学习,忽略了对我们情感的培养与教育,也为我们敲响了警钟。那么,我们的情感教育应当如何进行呢?从教师的角度,我们把情感教育看成是教育过程的一部分,通过在教育过程中尊重和培养学生的社会情感品质,发展自我情感调控能力,促使同学们对学习、生活和周围的一切产生积极的情感体验,形成独立健全的个性与人格特征,真正成为品德、智力、体质、美感及劳动态度和习惯都得到全面发展的人。

  【拓展——情感教育的力量】

  美国诺必塔小学的董事兼校长皮尔·保罗对所有的学生都是一视同仁的,在他的心目中根本没有什么"优生"和"差生"之别。因而,他对所有学生都给予热忱的鼓励,从而在他们心中树起一面旗帜,而孩子确实是需要鼓励、需要有一面旗帜的。在他的学生中,有一位叫罗杰·罗尔斯的学生后来成为美国纽约州历史上第一位黑人州长。

  罗杰·罗尔斯出生在纽约的大沙头贫民窟。那里环境恶劣,充满暴力。罗杰·罗尔斯所在的诺必塔小学的学生不与老师合作,旷课、斗殴,甚至砸烂教室黑板。皮尔·保罗想了很多办法来引导他们,可是没有一个奏效的。后来他发现这些孩子都很迷信,于是在他上课的时候就多了一项内容——给学生看手相。他用这个办法来鼓励学生。

  有一天,当罗尔斯从窗台上跳下,伸着小手走向讲台时,皮尔·保罗说:"我一看你修长的小拇指就知道,将来你是纽约州的州长。"当时,罗尔斯大吃一惊,因为长这么大,只有他奶奶让他振奋过一次,说他可以成长为5吨重的小船的船长。这一次,皮尔·保罗先生竟说他可以成为纽约州的州长,着实出乎他的意料。他记下了这句话,并且相信了它。

  从那天起,"纽约州州长"就像一面旗帜飘在罗尔斯的心中,他的衣服不再沾满泥土,说话时不再夹杂污言秽语。他开始挺直腰杆走路,在以后的40多年间,他没有一天不按州长的身份要求自己。51岁那年,他终于成了州长。在就职演说中,罗尔斯说:"信念值多少钱?信念是不值钱的,它有时甚至是一个善意的欺骗,然而你一旦坚持下去,它就会迅速升值。"信念,可以成为所有奇迹的萌发点;鼓励,能够成为一个人一生的动力。

  一句小小的鼓励,转化成一个孩子的信念。正是在这种信念的驱使下,故事的主人公以一名"州长"的标准严格要求自己,最终实现了自己儿时的理想。从一个顽劣的少年到一个品行端正的有为州长,情感教育的价值就在于此。

  综合来看,大学生情感教育应该涵盖以下内容:

  第一,加强大学生的情感自控教育,培养大学情绪情感的自我控制、自我激励能力,使之具有良好的精神状态,这是大学生情感教育的核心。具体包括:加强对大学生自我认知能力的教育、情感情绪控制能力的教育、自我激励能力的教育,使之始终保持积极、健康、稳定的情感基调,以良好的精神状态学习和生活;加强理想和信念教育,使之具有崇高的理想和坚定的信念。

【拓展——无法砍去的胜利标志】

在第二次世界大战末期的法国沦陷区,德国军官把一位被打得皮开肉绽的美国士兵推出来示众。士兵目光炯炯地掠过悲愤而又无奈的人们,他慢慢地举起凝着血痂的手,用中指和食指比画出一个"V"——胜利的标志,人群顿时轰动起来。

这时,德国军官震怒了,他命令手下砍去美国士兵的手,美国士兵痛得昏迷过去。然而,当他清醒过来后,又艰难地站了起来,鄙视地看了看那个军官,然后脸上带着微笑,面对着人群,突然他伸出两只已无手掌的血臂组成一个大大的"V"向蓝天伸去。这时,全场瞬间变得死一般沉寂,一会儿又像海洋一般翻腾。

德国军官一刹那间明白了他半生都未弄懂的道理——即使他能砍去士兵所有的手臂,也无法砍去这个字母所代表的信念。

纳粹军官能砍去被俘美国士兵的肢体,却无法砍去他心中的必胜信念。肢体对于人是至关重要的,但是更重要的是人的理想信念。情感教育的魅力也在于此。

第二,加强大学生的情操教育,培养大学生的情感体验和感悟能力,使之具有良好的情感素养。具体包括:一是培养政治情感,包括爱国主义情感、社会主义情感、民族自豪感、历史使命感;二是培养良好的道德情感,包括责任感、义务感、是非观、正义观、荣辱观等;三是培养大学生良好的人际关系,包括亲情、爱情和友情,人际交往的原则和方法;四是培养大学生的自然情感,包括自爱、爱人、热爱社会、热爱生活、珍视生命、热爱自然,与自然和谐相处;五是要提高大学生的审美情感,包括对历史文化的热爱和鉴赏、对高尚道德境界的追求和向往、对高雅情操的塑造,从而培养大学生的欣赏美、追求美、创造美的能力;六是要加强对大学生的感恩教育,感恩社会,感恩时代,感恩他人。

【拓展——一个留美学生的铮铮傲骨】

陈磊到达位于美国东北部佛蒙特州的米德尔伯里大学,开始了为期四年的大学留学生活。

开学不到一个月,美国一位教授××从经济学理论讲到中国:"中国是一个非常闭塞、非常贫穷的小国家,那里的人非常愚昧,非常守旧,经济也不发达,科学技术更落后,而且,那里没有平等自由,也没有人权。"陈磊马上从座位上站起来质问道:"请问××教授,你到过中国吗?"该教授一怔,继而回答道:"我没有去过中国,可是,这与我讲的话有什么关系?""当然有关系!"陈磊毫不示弱地质问,"既然你没有到过中国,那么,你对中国的评价从哪里来?""我是从报刊上看来的,我从别人那里听来的!"陈磊不禁大笑起来:"我记得你说过,只有实践才能出真知。可是,你既没有去中国亲眼看看,也没有经过认真调查,只是翻翻报刊,听听流言蜚语,便对中国和中国人民下这样的结论,你不觉得可笑吗?""我想告诉你,你所说的一切都是不真实的!中国的经济在飞速发展,中国的科学技术在快速进步,中国的法律和法规在逐渐地完善,中国人民的权利,已经得到了足够的保障!"陈磊环视了一眼四周的同学,"你所说的那些,不过是西方社会对中国的偏见。"

教室里100多名学生听了陈磊的讲话,先是寂静无声,继而,响起了一阵热烈的掌声。陈磊等掌声停了,又义正词严地说道:"请你当着大家的面,向中国和中国人民道歉!否则,我拒绝再选修你的课程,并且永远都不再原谅你!"

米德尔伯里大学有一个规定,如果一个学生放弃了一门选修课,他必须完成三门与此类似的选修课的课程才能算通过。陈磊放弃一门课程去改学三门课程,其困难可想而知。她见××教授并没有忏悔和道歉的意思,于是不顾其他同学的劝说和阻拦,昂头挺胸走出了教室。那一段时间里,她每天晚上12点睡觉,早晨5点起床。白天,其他同学玩耍嬉闹的时间,陈磊全用于学习。期末考试时,陈磊选修的三门课程都得了"A+"。期末考试过后,陈磊在校园里遇见了该教授。陈磊不理他,可是他却跑了过来:"陈,有你这样的中国人,我知道中国是什么样子了。也许,我真的错了。"陈磊的回答落地有声:"不是也许,是肯定! 你肯定错了。"

陈磊同学的行为反映了中华民族的爱国主义精神。爱国主义不仅代表了人们对自己祖国的深厚情感,更体现为现实的义务和责任。陈磊同学的爱国主义行为还体现在她具有强烈的民族自尊心和自豪感。真正的爱国者,在任何时候、任何情况下都要把维护国家的安全、荣誉和利益放在第一位,把民族自尊心和自豪感体现在爱国的实际行动中。

第三,加强对大学生世界观、人生观、价值观、社会历史观教育,使之具有良好的情感观的基础。具体包括:人生态度、人生目的、人生意义、人生价值、唯物史观教育等。

【拓展——2004"感动中国"人物徐本禹】

2005年1月16日晚,北京北航体育馆暖流涌动。中央电视台2004"感动中国"年度人物评选揭晓、颁奖典礼同时在这里举行。当颁奖现场宣读了评委会对徐本禹的评价后,全场掌声雷动,很多人情不自禁地流下了眼泪。徐本禹,是华中农业大学2003届毕业生,一位充满理想并将理想付诸行动的当代青年。

徐本禹来自山东聊城郑家镇一个贫困的农村家庭。他高高的个儿、方脸庞、戴眼镜。在许多人眼中,这个22岁的华中农业大学毕业生本来会有令人艳羡的前程。2003年年初,他以372分的高分考取了本校农业经济管理专业的硕士研究生。如果顺着这条路子走下去,今后还可以攻读博士学位,或者出国留学。然而,2003年4月16日,徐本禹却做出了让所有人大吃一惊的决定:放弃攻读研究生的机会,去贵州一个贫困山区义务支教。徐本禹的这一举动在校园内引起了强烈的反响,许多人对他的行为表示不解:将两年的青春时光掷在穷困的山区里,值吗? 徐本禹太理想主义了,这不是在犯傻么?"当晚,我围着操场一圈一圈地跑。跑累了就躺在草地上看星星。我有充足的理由这么做吗? 我能说服自己和别人吗?"他一遍遍地向自己发问。大二时,徐本禹看报纸时得知,贵州大方县有一个名叫狗吊岩的地方十分落后,至今水电不通,但全村孩子渴求知识。看着这些,他流泪了。他拿着报纸找到辅导员陈曙,提出想利用暑假去狗吊岩学校教教孩子们。陈老师听后一边向学校汇报,一边着手帮助徐本禹筹备这次支教活动。不久,一支由5人组成的支教队成立了,徐本禹是负责人。2002年6月,武汉正值酷暑,他和同学在三镇奔波开展募捐活动。7月15日,徐本禹和同学一起带着募捐到的三大箱衣服、一袋书籍和500元钱前往贵州。"有的人一辈子收获不了一滴眼泪,可这一个暑期,我几乎每天都被感动包围,收获着泪水。"这是徐本禹支教回来后写在日记本上的话,每一次翻开它,他眼前就浮现一幕幕场景:狗吊岩的孩子们拿着自制的小红旗簇拥在自己身旁;硬把几个煮熟的鸡蛋塞进他背包;离开时,孩子们擦着眼泪不停地问:"徐老师,你什么时候能再来?""我会再来的!"徐本禹向孩子们保证。现在,毕业了,也是兑现承诺的时候了! 当徐本禹准备义务去支教的事传开后,学校破天荒做出决定,为他保留两年研究生学籍。

2003年7月16日，徐本禹带着3000册图书和7个志愿追随的同学一起，再次回到了狗吊岩。狗吊岩几乎是一个封闭的孤岛，不通公路、不通电话，晚上只能点油灯照明，寄一封信也要在周末跑上18公里崎岖的山路。晚上，满身乱爬的跳蚤几乎让他们无法入睡，浑身被咬得全是包。每天一成不变的玉米和酸菜汤是他们的主食。课后的时间里，孤独和寂寞最难打发，徐本禹开始自修研究生课程，想利用支教的课余时间把研究生课程学完。"在没有电和信件的日子里，我非常孤独，只能靠收音机获取外界信息。我一遍一遍翻看以前的照片和信件，与照片上的家人、同学和朋友说几句话，只有这时我的心里才会舒坦些。"2004年4月，徐本禹回到母校作报告时，第一句话是："我很孤独，很寂寞，有几次在深夜醒来，泪水打湿了枕头，我快坚持不住了……"本以为会听到豪言壮语的同学们惊呆了，许多人的泪水夺眶而出。2004年春天，大方县大水乡党委书记沈义勇邀请徐本禹去作报告。在开往大水乡的车上，沈书记告诉徐本禹，希望他能到大水乡支教。大水乡大石小学的校舍是一座有几十年历史的两层木楼，上面一层摇摇欲坠，其中一间是四年级教室，另一间门口挂着牌子：危险，不要靠近。老师们的办公室得低着头才能进去。在这海拔1600米的高原，冬天，风会像刀子一样穿透木板间拳头大的缝隙，割在孩子们和老师们的脸上。另一间教室用建筑工地常见的那种有红白相间条纹的塑料布搭起来，木板搭就的课桌和凳子随时可能倾覆，但孩子们似乎早就习以为常，趴在"课桌"上，眼神那么专注。这一切深深震撼着徐本禹。他给华中农大团委书记写了三封信，谈了自己的困难、处境和想法。

徐本禹这三封信引起学校的极大关注。学校党委书记李忠云教授说："要去人看看，要支持徐本禹。作为一所全国重点大学，华中农业大学应该为西部基础教育做点事，这是大学的社会责任。"2004年6月26日，华中农大党委宣传部部长彭光芒等人来到了贵州省大方县。他们看望了徐本禹，考察了狗吊岩小学和大水乡大石小学，深受感动。当他们在大方县的山路上颠簸的时候，他们又接到了华中农大校长张端品教授打来的电话。张校长说："学校决定捐助8万元帮助徐本禹，用来为当地小学修建新校舍。"2004年7月11日是华中农业大学暑假的第一天。从贵州归来的彭光芒把在大方县拍的照片选出100幅，配上简要文字，以"两所乡村小学和一个支教者"为题发到了网上。仅仅几个小时的工夫，存放照片的服务器就因为访问量过大而发生堵塞，跟帖的数量急剧增加，不少热心的网友更是将这篇帖子整理后发到了国内外各大论坛。从发出帖子的7月11日到7月20日短短9天，这篇帖子在各个网站被点击总数就超过了百万！很多网友是流着眼泪读完这篇帖子的。他们在跟帖中用得最多的一个词是"感动"。紧接着，从祖国内地到港澳台，从亚洲到欧洲，从北美到澳洲，要求捐款捐物的电子邮件像雪片似的飞来。成千上万的网友在邮件中表达了一个共同的意愿：因为徐本禹的故事而感动，因为感动而行动。目前已有13个国家的热心人士通过网络了解到徐本禹的支教事迹，并要求资助大石小学的贫困学生。美籍华人陈旭昭女士还在美国进行募捐，为大石小学的学生资助2000美元。据大水乡政府统计，共有36名志愿者在大水乡支教或考察。受捐赠的小学生达188人，捐助资金3760元。

目前，徐本禹正在积极准备实施新的"阳光计划"，他在母校华中农业大学联系专家和技术，寻找适合当地种植的经济作物和高产农作物，他积极和商家企业洽谈，动员他们到大方县投资办厂,开发利用当地丰富的资源。他想把单纯的支教行为上升到广义的支援西部层面,为西部地区脱贫致富发挥作用,给支教地带来新的观念和活力,把他的青春和力量融入"西部大开发"的宏伟战略中。

大学生徐本禹在生活方面是一位贫困生,但是他的精神世界却是那么富有和感人。原因就在于他确立了正确的人生目的,因而就能以社会和人民的利益为重,把社会需要与个人发展结合起来;就能以积极、乐观的、奋发有为的人生态度对待生活中的困难和挫折,以对社会高度的责任感承担起那份原本不属于自己的责任,把满腔热忱无私奉献给了贫困山区的教育事业。

第二节 认识自我

在传说中,古希腊的奥林匹斯山是西方诸神所居住的地方,那里有西方的主神宙斯,以及由他统率的众神氏。斯芬克斯是众神氏之一,现在的埃及还有她的一座雕像与那雄伟的金字塔一样著名。在古希腊的神话传说中,她作为神的使者,带着神对人类的忠告:人,认识你自己。

从奥林匹斯山来到了人间,古希腊的芯拜城堡。经过细心的筹划,她把那句神的箴言化作了一段谜语,来盘问她所遇到的所有人。什么东西早晨用四条腿走路,中午用两条腿走路,晚上用三条腿走路?这就是斯芬克斯的谜语,每个路过的人都必须面对她来猜一猜她的谜语;而且,富有挑战和特殊意义的是,凡是猜不中的,都会为此而丧生,被斯芬克斯毫不留情地吃掉。后来,青年俄狄浦斯来到了斯芬克斯面前,并且解答出了斯芬克斯的谜语:那就是人,那就是人本身!人小时用四条腿走路即在地上爬,长大了能够站立,用两条腿走路,老了用根拐棍帮助自己走路,即变成了三条腿。俄狄浦斯答出了斯芬克斯的谜底,斯芬克斯也就完成了自己的使命,重新回到了奥林匹斯山。

这个传说,通过这样的一个谜语,来告诫我们要对自己或自身进行认识。作为人,首先你必须认识你自己。在认识自己的基础上,我们才能树立正确的人生观,正确地认识人生矛盾,创造出有价值的人生。我们如何认识自我呢?

第一,通过自我观察认识自我。

我们对自己各种身心状态和人际关系等的认识,即生理自我、心理自我和社会自我,如自己的身高、外貌、体态、性格、自己与他人的关系等方面的认识。在自我认识过程中伴随着情感体验,如由身高外貌等引发的自豪、自信或自卑情绪情感,以及在自我认识、自我情感体验过程中,我们是否有目的、自觉地调节和控制我们的行为与想法。我们要善于剖析自我,深刻认识自我,更好地认识外在形象和内在自我。

【拓展——卡夫卡的成功】

他出生在捷克布拉格的一个犹太商人家庭,从小性格孤僻、沉默寡言、懦弱胆怯、多愁善感,总喜欢一个人躲在角落里发呆。父亲对他很不满意,觉得这不是一个男子汉应该具有的性格。父亲片面地认为,只有那些活泼开朗、能言善辩、坚强勇敢的人,将来才会有出息。为了把他培养成这样的人,父亲煞费苦心,拿着皮鞭把他从家里赶了出来,逼着他与人交往,让他做自己不喜欢做的事情。刚开始,他很难过,试图去改变自己,做一个让父亲喜欢的好儿子。可是,正如人们所说的那样"江山易改,本性难易",无论他怎么努力,始终无法战胜内心的怯懦,做到口若悬河、当机立断、英勇神武、奋不顾身。与其他同伴相比,他发现自己是那么的格格不入。那段时间,他自卑到了极点,觉得自己一无是处。父亲的严厉和粗暴非但没能改变他,反而令他更加恐惧和不安,变得比以前还要懦弱、胆小。在父亲一次次的伤害中,他学会了察言观色,学会了承受和忍耐,也体会到了生活的痛苦与无奈。他常常把自己一个人关在屋子里,小心地审视着周围的一切,生怕再受到任何的伤害。看到他这副没出息的尊容,父亲彻底失去了信心,索性不再管他,任他自生自灭。在父亲的眼里,他是一个彻头彻尾的懦夫,一个毫无前途可言的可怜虫。就这样,在困惑与伤痛中,他一天天地长大成人,性格还是没有丝毫的变化,内向、怯懦、多愁善感。但出人意料的是,他并非像父亲想象的那样无能,18岁时就考入了布拉格大学,并获得了博士学位。更令人震惊的是,一次偶然的机会,他走上了文学创作的道路,他把对生活的敏感、怯懦的性格、孤僻忧郁的气质、难以排遣的孤独和危机感、无法克服的荒诞和恐惧,融入小说之中,形成独特绚丽的风格,成为那个时代资本主义社会的精神写照。他的《变形记》《判决》《城堡》等作品享誉全球,经久不衰,成为奥地利最负盛名的作家,被誉为"西方现代派文学的宗师和探险者"。他就是世界级文学大师、现代派文学的开山鼻祖弗兰兹·卡夫卡。

卡夫卡的成功告诉我们,有些东西无法改变,如性格、容貌、高矮等,对于这些天性,我们没有必要去改变它(当然也无法改变),更不要为此懊恼和自卑。每个人都有自己的优点,但也都有自己的缺陷,与其抱怨上天对自己的不公,不如去寻找一片适合自己生长的土地。天地之宽,社会之大,只要你肯用心,无论你是一朵什么样的花,都会有一个完美的春天。

第二,通过他人评价认识自我。

我们都知道"旁观者清""以人为镜可以明得失",在认识自己的过程中,我们要主动向他人了解自己。我们要虚心听取他人的评价,同时又要客观、冷静地分析他人的评价,以便我们从多角度来认识自己。

【拓展——正确地认识自我】

13岁的麦瑞梦想有一天能成为一个出色的医生。圣诞节这天,她许下心愿,希望能拥有一套完整的人体骨骼模型。爸爸听到女儿的许愿,微笑不语,但到了晚上却变戏法似的拿出了一副被处理过的骨架。这副模型是用金属挂钩把人体的骨骼组装起来的。麦瑞只用了两周时间,就可以把它完全拆卸,然后组装得毫无瑕疵。她出于对人体的痴迷,总喜欢在手里攥一块白骨揣摩,这让她失去不少朋友。孩子们当中,没有几个人喜欢这种阴森森的东西。19岁那年,在被霍普金斯医学院录取时,虽然没有实际坐诊经验,但就对疾病的深入研究来说,麦瑞或许不亚于一些在医学院学习了4年的学生。她的特殊,让霍普金斯医学院决定破例允许一个新生提前跟随教授们研究课题,到医学院附属医院去坐诊,学习实际诊断技术与经验。当有人对此提出异议时,院长说:"为什么不呢?既然她已经为到达自己的目标付出了那么多努力,我们不妨让她的速度更快一些。"然而,在一次手术中,麦瑞发现自己竟然晕血。当看到医生的手术刀割开伤口,鲜血涌出时,她四肢冰冷、头晕目眩,还没听清楚医生在喊什么,就昏迷过去了。麦瑞认为自己不能就此止步。为洗刷耻辱、弥补缺陷,私下里,她在实验室解剖青蛙、白鼠。她戴上墨镜,想通过看不到殷红色的鲜血来缓解自己的紧张。可是,这也失败了。她闻到血腥的味道,仍然会出现晕血的症状。学校建议麦瑞转修内科,这不需要与鲜血和手术接触。可是大家都忽略了一点,内科的病号也有咯血等症状。在一次查房时,她再次晕倒,这让麦瑞彻底无法把握自己的前途了。她心灰意冷,休学回到家中,常常在卧室里一待就是一天,甚至想过自杀。难道自己的人生就此完结了吗?她悲哀地想。最疼爱麦瑞的奶奶决定找她谈一谈。一天下午,奶奶拿着从《国家地理》上精心找出的一摞图片,来到麦瑞的卧室。她一张张地把那些美丽的风景展示给麦瑞看。麦瑞不理解奶奶想向自己表达什么。看完最后一张图片后,奶奶抚摩着她的头发,慈爱地说:"傻孩子,在这个世界上,人生并不只有一条道,只要愿意,选择适合你的另一条路,你完全可以到达同样美丽,甚至更加美丽的境地。"看着奶奶温暖的目光,麦瑞哭了起来。之后,麦瑞重新选择了一所大学就读。毕业后,她在报纸上看到关于芭比娃娃的讨论。集中的意见是,芭比娃娃的身体实在是太僵硬了,能活动的关节不多,眼睛不够大,与大家期待它越来越像真人的愿望相差太远。忽然,麦瑞想起了组成人体的那些骨骼,想起了自己积累的知识。她进入玩具公司,创造性地发明了骨瓷环,让芭比娃娃更接近真实的人体,赋予了芭比娃娃更宽的额头、更大的眼睛、更灵活的各种活动部位。芭比娃娃迅速风靡了全世界。麦瑞无法想象,那个曾经固执的自己如果坚持下去,现在会是什么样子。这个故事告诉我们,生活中的道路不止一条,正确认识自我,终能实现人生的价值,到达梦想的顶峰。

第三,通过社会比较认识自我。

自我观察和他人评价难免会有各自的主观投射,因此,我们可以通过合理的社会比较更好地认识自己。我们把自己的现在与自己的过去、未来进行纵向比较,与同龄人或者有类似条件的人进行横向比较,通过更全面地纵横社会比较来正确认识自己。

【拓展——爱因斯坦的回信】

1950年12月初,爱因斯坦在普林斯顿收到拉特格斯大学一名19岁的大学生亲笔写来的长信,这个学生在信中说:"先生,我的问题是'人活在世界上到底为什么'?"他排除了诸如挣钱发财、博取功名或助人为乐之类的答案,认为人活着"什么目的也没有"。

爱因斯坦在回信中写道:"我们认为,一个人活着就应该扪心自问,我们到底应该怎样度过一生,这是一个合情合理的问题,也是一个非常重要的问题。在我看来,问题的答案应该是:在力所能及的范围内尽量满足所有人的欲望和需要,建立人与人之间和谐美好的关系。这就需要大量的自我思考和自我教育。不容否认,在这个非常重要的领域里,开明的古代希腊人和古代东方贤哲们所取得的成就远远超过我们现在的学校和大学。"

爱因斯坦还说:"我从事科学研究的动机,来自一种想要了解自然奥秘的无法抑制的渴望,而不是别的什么目的。我对正义的热爱以及为人类生活状况的改善而努力奋斗,则与我的科学兴趣无关。"

第四,通过社会实践认识自己。

我们可以通过参加各种活动,根据各种活动的过程与结果来认识自己。通过与他人的合作分析自己的人际沟通能力,通过组织开展活动来分析自己的组织管理能力,通过读书活动,发现自己的知识掌握程度,及时地查漏补缺,等等。通过具体的活动分析自己的表现及成果,更加客观地认识自己。

第五,通过反思总结认识自己。

我们发现在以上四个步骤中,我们都是在发现和认识自己,很多人也的确是那么做的,但还是不太清楚自己是一个什么样的人,所以,我们还需要经常反思和总结自己。及时归纳和善于总结自己的优点与不足,更好地把握生理自我、心理自我和社会自我。

【拓展——一位女硕士的生命追问】

2005年6月10日,一场特殊的硕士学位论文答辩会在广西大学进行。主人公何国英,一个身患绝症的女孩,坐在轮椅上,一边吸着氧气,一边进行答辩。答辩结束,评委一致认为,她的论文具有较高的学术价值和应用价值,总评为优秀。

34天后,她安静地离开人世。她以"优秀"完美谢幕,留给人们的是关于生命价值的追问……

在大学生活中,我们需要正确地认识自己的身份角色与社会地位,并对这种认识有恰当而适宜的态度。一般而言,持有较适宜的自我概念的人,在采取行动时,也往往表现得理性和积极,反之则往往与现实不相适应甚至发生冲突。

第三节 珍爱生命

有位哲人说过:珍惜生命,因为生命是你自己的。大学时期是人生观、价值观形成的关键时期,处于这个阶段的青年一方面处于不断探索、追问、求知之中,另一方面又处于压力、忧患、竞争之下。突遇一点挫折、打击,就选择终结生命作为一种解决方式,实在太不可取,因为生命对于每个人而言仅有一次,学会珍爱生命是我们在大学期间的必修课。

【拓展——关于大学生自杀事件】

据统计,我国数百万大学生中每年至少有3000人非正常死亡,而选择用自杀为生命谢幕的悲剧比例极高。2015年5月2日下午,中国人民大学有一名男生在宿舍楼坠楼死亡,坠楼具体原因尚不明确。然而,此次坠楼事件与2015年4月7日中国人民大学一男生跳楼事件仅仅隔了一个月。2014年6月,也曾有人大学生跳楼。频发的跳楼事件让人不得不关注当今高校学生的心理状态。

其实,"大学生跳楼自杀事件"绝对不是个例。不仅仅是中国人民大学,在很多其他的高校,也发生过类似的学生自杀事件。前段时间,天津师范大学大一学生吴昕怡,因被查出患乙肝而被孤立,在学校单间宿舍烧炭自杀;2014年,中山大学历史学系硕士研究生蔡某在宿舍内自缢身亡,死者在遗书中称,毕业论文、找工作困难重重,无颜面对家人;2014年,东南大学一大四男生坠楼身亡,有同学猜测是为情所困……

早在2010年,北京联合大学信息学院某学生就对大学生自杀状况展开了调查。他在北京联合大学、对外经贸大学、北京中医药大学和北京化工大学发放了200份问卷。调查结果显示:26%的大学生曾有过自杀念头。而《中国青年报》的一份调查报告显示,14%的大学生出现抑郁症状,17%出现焦虑症状,12%存在敌对情绪,而且这个触目惊心的数字还在不断地增长之中。

珍爱生命，我们需要培养自己的理性思维，让个体绕过生命陷阱，走向开阔多元的未来。

大学生珍爱自己的生命应做到：其一，了解自己的身体构造及生命的基本特征。其二，熟知有关保持身体健康和心理健康的知识，知道如何拥有强健的体魄，并懂得如何维护和增进心理健康。其三，有基本的生存技能，如懂得在遭雷击、火灾、溺水时如何自救和他救，在野外、在没有外援的情况下如何生存，等等。其四，在遭遇挫折和痛苦时，能调节不良情绪，懂得即使输掉一切，也不能输掉对生命的信念。

大学生珍爱他人的生命应做到：像尊重自己的生命一样来尊重他人的生命，不怨天尤人，不伤害他人，能与他人和谐共处。

【拓展——复旦大学投毒案的反思】

林森浩与黄洋均为复旦大学上海医学院2010级硕士研究生，分属不同的医学专业。林因琐事对黄不满，逐渐怀恨在心。2013年3月29日，林森浩在大学宿舍听黄洋和其他同学调侃说愚人节即到，想做节目整人。

2013年3月31日下午，林森浩以取物为借口，从他人处借得钥匙后，进入复旦大学附属中山医院11号楼204影像医学实验室，取出其于2011年参与医学动物实验后存放于此处的、内装有剩余剧毒化学品二甲基亚硝胺原液的试剂瓶和注射器，并装入一个黄色医疗废弃物袋中带离该室。当日17时50分许，林森浩携带上述物品回到421室，趁无人之机，将试剂瓶和注射器内的二甲基亚硝胺原液投入该室饮水机内，后将试剂瓶等物装入黄色医疗废弃物袋，丢弃于宿舍楼外的垃圾桶内。

4月1日早上，与林森浩同寝室的黄洋起床后接水喝，饮用后便出现干呕现象，最后因身体不适入院。4月16日，黄洋经抢救无效死亡。经法医鉴定，黄洋系因二甲基亚硝胺中毒致急性重型肝炎引起急性肝功能衰竭，继发多器官功能衰竭死亡。

2013年4月19日下午，上海警方正式以涉嫌故意杀人罪，向检察机关提请逮捕复旦大学"4·1"案犯罪嫌疑人林某。

一审法庭上，林森浩当庭供认了起诉书指控其采用投毒的方法致黄洋死亡的事实，但对作案动机、目的和犯罪故意进行了辩解。一审法院认为，被告人林森浩系医学专业的研究生，又曾参与用二甲基亚硝胺进行有关的动物实验和研究，明知二甲基亚硝胺系剧毒物品，仍故意将明显超过致死量的该毒物投入饮水机中。在黄洋就医期间，林森浩又故意隐瞒其病因。因此，法院认为林森浩关于作弄黄洋的动机，没有杀害黄洋故意的辩解及辩护人关于林森浩属间接故意杀人的辩护意见，与查明的事实不符，均不予采纳。

2014年2月18日，上海市第二中级人民法院一审以故意杀人罪判处林森浩死刑。2015年12月11日，上海市第二中级人民法院遵照最高人民法院院长签发的执行死刑命令，对罪犯林森浩执行死刑。

这样的结果，并不出乎公众的预料。这是一起两个家庭的悲剧，虽然林森浩在接受采访时称，"不要再纠结在一个愚蠢人的一件愚蠢的事，一件可恶的事，再怎么骂我，在哪里骂，都已经烟消云散了"。但是，这件事留给两个家庭的伤痛不可能烟消云散，而社会和教育更应该持续反思。

值得注意的是，最高人民法院审理本案的主审和林森浩都谈到一个共同的话题，即作为医学专业的研究生,却缺乏对生命的敬畏,主审法官说:"被告人林森浩作为一名医学专业的研究生,本应利用专业知识服务社会,且尊重生命、关爱生命更应是其天职。但林森浩仅因日常琐事对被害人不满,为泄愤,即利用自己所掌握的医学知识,蓄意向饮水机内投放剧毒化学品,故意杀死无辜的被害人,漠视他人生命。"而林森浩表示,他自己是一个学医的研究生,生命对他来说,应该是至高无上的,对生命应该存在敬畏,但他却缺乏这种责任感。

第四节 树立正确的婚恋观

爱情是人类不朽的话题。没有爱情的人生是苍白的、消沉的,甚至是颓废的、没有意义的。如果说20世纪80年代校园爱情还是一种秘密的话,今天高等院校里的爱情,已形成校园里一道道亮丽的风景线。但是,校园爱情大多是青春少年激情碰撞的火花,虽真真切切地存在,却像雾像雨又像风。花前月下,可以海誓山盟;现实生活,却不存在责任和义务。也偶有从实际出发者,家庭的经济条件、社会地位便成为爱情的前提。大学生正值青春韶华,树立正确的恋爱与婚姻观,处理好自己的感情生活和家庭生活,有利于我们顺利地成长成才。

【拓展——小说《情感教育》】

《情感教育》是法国19世纪批判现实主义的伟大作家福楼拜的一部重要长篇小说,描写的是一位青年大学生弗雷德利克从青年到中年的人生际遇和情感历程。弗雷德利克出生于外省一个中等资产阶级家庭,在巴黎上大学期间,先后同四个女人产生感情纠葛:第一位是美丽温柔、善良贤淑的阿尔努太太,第二位是年轻漂亮、风流淫荡的交际花萝莎妮,第三位是天真烂漫、固执痴情的家乡姑娘路易丝,第四位是风度翩翩、气韵优雅的朱门贵妇党布罗斯夫人。由于他长期深隐情网,不能自拔,最后荒废学业,一事无成,遗憾终生。《情感教育》揭示了爱情与道德的深刻内涵,语言优美,写作手法新颖独特,把男女主人公内在的情感世界描写得淋漓尽致、入木三分,深受读者喜爱,从而在世界文坛上引起轰动,其文学价值和魅力经久不衰。

一、树立正确的恋爱观

大学生应处理好以下几种关系:一是恋爱与学习的关系。学习是我们的主要任务,同学们应把爱情作为奋发学习的动力,同时还应把是否有利于促进学习作为衡量爱情价值的一个重要而特殊的标准。二是恋爱与关心集体的关系。恋爱中的双方不应把自己禁锢在两个人的世界中。脱离集体,疏远同学,会阻碍自身的全面发展与进步。三是恋爱与关爱他人和社会的关系。爱的情感丰富博大,不仅有恋人之爱,还有对父母之爱、对兄弟姐妹之爱、对社会和国家之爱。只专注于对恋人的爱而忽视对他人和社会的爱,这样的爱情就会显得自私和庸俗;相反,对他人和社会具有爱心则会使爱情变得高尚和稳固。

【拓展——木木的爱情】

学生木木来自四川宜宾一个偏远的山区。木木成绩较好,口才也不错,算得上一个帅小伙。进校的时候,木木本来有满腔的抱负,准备在大学里大展宏图,并且加入了学校学生会。然而,在一次学生活动中,木木认识了其他学院的一个城市女生琳琳。琳琳主动向木木表示了好感,没有多长时间,两人就手拉着手,一起吃饭,一起上自习,成为众人眼里甜蜜的情侣。但是,两人时有小吵小闹,木木家住农村,上大学其父母只承担了基本的学费,生活费主要是依靠自己的奖学金和平时的助学金,琳琳对这个就有很大的意见,总觉得自己的男朋友不够潇洒。比如琳琳生日,就希望木木能够请自己寝室的姐妹办个生日派对,然而,这笔开销对于木木而言,无疑是不可能完成的任务。但是,木木为了让琳琳开心,跟同班同学借了1000块钱,请琳琳寝室所有姐妹吃饭、泡吧,自己则啃了一个月馒头。还有,琳琳家境较为优越,也没有为以后的工作发愁,在大学期间,根本没有考虑以后继续深造,也没有把心思用在学习英语等方面,因此,琳琳空出了大把时间,希望木木能够多陪她,而木木进校伊始,就为自己定下了大一过四级、大二过六级、考研等目标。经常因为木木要去自习室,而琳琳要求去逛街,造成两人之间的争吵,到最后往往是木木妥协。以至于到大三,木木才勉强通过了大学英语四级考试。临近毕业的时候,矛盾更加突出。琳琳因为家里的关系,早早签了一家条件较好的公司。而木木却因为大学期间落下了很多功课,不但要补修,也成了找工作的"瓶颈",一直没有找到满意的工作。此时,琳琳家里也得知了他们两人的情况,本就对木木的农村人身份不太认同,再加上木木连找工作也出现了困难,立马提出反对。而琳琳此时也开始改变对木木的看法。木木在她眼中的光环渐渐褪去,不再是那个口若悬河、神采飞扬的学生干部,用琳琳的话来说,连工作都找不到,怎么值得信任与托付终身?琳琳开始避开木木,开始说要补习英语,后来干脆回了家,并且与其另一个男同学有密切的接触。木木一方面因为找工作不如意,另一方面也因为琳琳的态度开始心慌意乱。木木认为,他跟琳琳之间是有深厚感情的,因此,对于其他同学告之他琳琳与另一个男生有较多接触时并不相信。然而有一天在校园里,木木终于发现琳琳与该男生手挽手散步,而不是之前跟木木说的去自习。木木冲动地跟该男生大打出手,差点把对方的牙齿打掉。木木说对这段感情付出了太多,他努力想挽回,然而琳琳拒绝再见他。木木心灰意冷,每天除了在寝室睡觉,就是到琳琳寝室下等琳琳,寝室同学不给其打饭就不吃,疯狂地给琳琳打电话,终于有一天,当琳琳在电话里骂他孬种并关机以后,木木一口气喝了一整瓶白酒。

  同学发现木木昏迷以后立即将其送到医院。当时他已经是酒精中毒,医生立即对其进行了抢救,不幸中的万幸,木木终于清醒过来。然而,木木拒绝与别人交谈,沉默,还是给琳琳打电话,然而琳琳还是拒接。在这种情况下,学院领导以及辅导员用真心去关怀木木,在其住院期间,为木木熬粥,每天到医院看望木木。木木终于在一次大哭之后跟辅导员道出事情原委,辅导员没有立即批评或指责木木。等木木出院,心情较为平静以后,才与木木进行了多次细致的谈话。先是从木木的观点去分析琳琳的想法,告诉木木,他们的爱情没有坚实的基础,是经不住考验的,一旦遇到现实的问题,立即会土崩瓦解。并且举了很多现实的例子,让木木明白,这些年来,为了这段感情,木木已经失去了很多机会,现在面临毕业,木木更应该考虑的是就业,只有有了现实基础,才有可能盛开爱情之花。

  最后,学院领导与辅导员为木木争取了一个较好的就业机会,木木也及时地调整了心态,在笔试与面试中展现出较好的一面,最终如愿获得 OFFER。签约以后,木木跟辅导员说,因为这段不成熟的爱情,使他失去了很多,但是,他会努力地学习与工作,并且也会期待日后找到真正属于他的爱情。

二、树立正确的婚姻观

2004年教育部发布的《普通高校学生管理规定》确认，在校大学生如果符合我国婚姻法规定的结婚条件，可以结婚。由于大学生身份和角色的特殊性，在婚姻观上应当注意以下两个方面。

一方面，谨慎对待结婚成家。即便大学生具备了我国婚姻法所规定的结婚条件，并且双方都有结婚成家的强烈愿望，也要对结婚成家持谨慎、理性的态度。大学生的根本任务是完成学业，不断提升和完善自我，在尚未走向社会时草率结婚成家，会对学业和生活产生许多负面影响，增加许多烦恼。

【拓展——嫁给"高富帅"，婚姻原不只两个人】

"当初看他人长得帅又踏实可靠，家庭条件、工作单位也都不错，所以义无反顾地从校园一脚跨进婚姻，现在才发现，结婚并不是我想象得那么简单。"大学没毕业就嫁给现在的老公，25岁的广西女孩陈玲（化名）告诉记者，结婚3年，她做了3年的全职太太，也与丈夫身后的整个家庭关系"智斗"了3年。

2008年，陈玲还是江夏一所高校的大三学生。在一次朋友聚会上，她认识了沉稳帅气的武汉小伙王明（化名）。几次接触后，王明就对聪明漂亮的陈玲发起了"爱的攻势"。彼时，作为学校里小有名气的漂亮女孩，陈玲身后总是有众多追求者。但当时已经工作的王明不仅温柔体贴，而且有车有房、家境殷实。

恋爱不久，王明和陈玲便开始了同居生活。虽然在此过程中，王明的家人曾因女方家庭经济条件一般，对两人的恋爱关系提出过反对意见，但令人欣慰的是，面对家人的压力，王明一直表现得异常坚定。"无论家里人怎么说，他都是非我不娶。"陈玲说。

相恋一年后，仍是在校大学生身份的陈玲就与男友王明领了结婚证，正式结为夫妻。"当时我的事只有几个好朋友知道，她们都很羡慕我这么早就找到了好归宿。"她说，那时自己对婚姻生活满是憧憬。"两个相爱的人天天在一起，相看两不厌，多美好啊。"可实际上，这种美好并没持续太久。

"那时候我正上大四，到处跑招聘会找工作。因为刚结婚心情一直很亢奋，所以并没把找工作的事特别放在心上，工作也就一直没有落实下来。"陈玲说，当时他们小两口与王明的父母同住，找不到称心的工作，陈玲干脆在家当起了全职太太。

虽然当时已为人妻，但娇生惯养长大的陈玲并未很快适应自己角色的转换。即使赋闲在家，她也很少主动承担家务，时间久了，婆媳之间的摩擦不断。"我总觉得自己还是个学生，心理上没长大，谁都应该让着我。"她说，每次出现家庭矛盾，她总爱找丈夫诉苦，"有时候他深夜下班我也不管不顾，一定要他评理，做法实在有些幼稚。"

渐渐地，陈玲发现丈夫对家里的各种琐事有些疲于应付，回家的时间也越来越晚。"那段时间我很痛苦，觉得婚后生活和自己以前想象的差别太大了。但我又不好意思告诉以前的同学。"为了挽救婚姻，陈玲开始寄希望于怀孕。几个月后，她如愿以偿。

"现在为了照顾孩子，我仍然没有外出工作。等孩子再大一点，我一定要去寻找自己的事业。"陈玲说，当时被爱"冲昏头脑"，"如果让我重新选择，我一定会比当时慎重"。

对于大学生来说,如果在大学时代与爱情相逢,那就应用心呵护,倍加珍惜,处理好恋爱中的各种关系,是对爱情的祝福,也是对自己的祝福,更是对未来人生幸福的祝福。

另一方面,要学会担当责任和履行义务。婚姻意味着责任和义务。大学生一旦结婚成家,就要及时调整和转换角色,承担起相应的责任和义务。这不仅是婚姻家庭道德规范的要求,也是婚姻法的规定。不能只是把婚姻简单理解为浪漫的求婚仪式和豪华的婚庆典礼,要深刻认识婚姻家庭的责任和义务,共同创造美满的婚姻家庭。

【拓展——纸戒指见证坚贞爱情】

2012年2月15日,在济南千佛山医院的病房里,一位尿毒症男孩和自己的女友举行了一场特殊的婚礼。尿毒症男孩小丁和自己的女友小李是大学同学,从大一开始谈恋爱到现在,五年的时间里他们一直真诚相爱。特别是小丁患病五个月以来,女友小李不离不弃,一直守护在他的身边照顾他的生活,说起女友他流下了眼泪:"我拒绝不了,这种爱我拒绝不了。"他不太有逻辑的语言中渗透着两个字"真诚"。为了让他们爱情的花朵在这特殊的季节结出圆满的果实,小李和小丁决定举办婚礼。他们的真诚打动了双方的家长,得到了他们的支持。因为治病两家已经倾囊而出了,经济上拮据只好选择用纸戒指来见证他们的爱情。但小李认为这并不影响他们的婚姻质量,因为他们虽没钱,却有爱。新房是医院临时腾出的一间病房,圣洁的婚姻殿堂是肾内科的宣教室。新郎小丁的主治医师许大夫带着美好的祝福,见证了他们的爱情。两位新人自始至终脸上洋溢着幸福的笑容,他们的家长坐在面前,也激动地流下了眼泪。新人互拜了双方的家长,喝了交杯酒,最后是婚礼最重要的仪式——双方交换一对见证他们爱情忠贞不渝的特殊戒指。这对特殊戒指在新娘那里已珍藏了很多天,她把这枚戒指看得比钻石的质地还要硬。因为这戒指是小丁用心叠的,见证了他们圣洁的爱情:"我会一直留着,留一辈子,等他康复后,我们生一个小宝宝。"就这样,两位新人戴着他们特殊的婚戒结成了夫妻。小两口回到了婚房,坐在用两张病床组合成的婚床上,激动地说,婚礼虽然简单,但他们没有一点遗憾,这是他们五年经营的结果,这是他们辛勤耕耘的收获。他们将继续书写爱的诗篇,携手走完人生的路。

故事女主人公小李,在男友身患尿毒症的前提下,却不离不弃,一直陪在他的身边。自愿为对方承担责任,使他们的爱情得到了社会的认可,从而得到了升华。一对纸叠的戒指见证了他们钻石般的爱情,这对纸叠的戒指打破了世俗的恋爱观,向"功利""务实"的恋爱观宣战。他们没有房子、车子和票子,但他们有爱,他们拥有不离不弃、相濡以沫、同甘共苦的爱,这是两人之间更重要的。

在天主教堂里,神父主持婚礼时常常会说:"你是否愿意嫁给他,不论贫困、饥饿和疾病……"这是在干什么?这是在问两个相爱的人是否自愿为对方承担责任,因为这是爱情本质的体现。无论对方处在顺境还是逆境,是富裕还是贫穷,是健康还是伤病,爱一个人就要接受他的全部。这是恋爱中最重要的道德原则。本案例中的女主人公小李正是这样一个道德典范。

这是一个校园内真挚爱情典范,有力地抨击了校园内"像雾像雨又像风"的爱情。目前校园爱情呈现出炽热、浪漫、多变、不稳定的特点,和本案例中的主人公形成强烈的反差,这应该使我们深刻地认识到,在爱情中责任是对性爱和理想的升华,因此也成为爱情得以长久的重要保障,是坚贞爱情的"试金石",也是爱情的本质体现。

目前,校园内"像雾像雨又像风"的爱情,给学生的学习生活造成了很多麻烦,上课走神、上课说话、逃课……更有甚者失恋也失志,失恋后缺乏生活的勇气,更谈不上理想、人生、学习、工作、就业,造成了校园爱情严重的"后遗症",也给学生学习和生活带来了极大的负面影响,本案例中两个人真挚的爱情,为学生树立了正确楷模。

第五节 社会责任感培养

社会责任感作为一种道德情感,主要是指一个享有独立人格的社会成员对自己应该对国家、社会、集体以及他人所负责的认识、情感和信念,以及与之相应的遵守规范、承担责任和履行义务的自觉态度。社会责任感,是当代大学生应该具备的基本品质,也是构建社会主义和谐社会的关键。

大学生已经到了全面承担人生责任的年龄阶段,社会责任意识的形成受到主客观多种因素的制约,其社会责任感的表现形式和层次也会受到多种因素的影响,也必将会呈现出时代的特色。因此,注重大学生社会责任感的教育和养成引导,对于促进大学生的成长成才具有重要的现实意义。

从总体上来看,我国当代大学生具有较强的社会责任感,是可担当的一代。但是,对于某些同学而言,个别日常行为也常体现出其责任感缺乏,主要表现在:

1. 浓重的自我意识,缺少集体精神

一些学生平时以自我为中心,只考虑自己,少乐于助人;只求权利,少尽义务。在校园文化活动或是社会活动中,愿当主角,而不愿当配角,不愿做重复性、输出性工作,总担心自己被埋没、被大材小用,把个人得失看得过重。

2. 思想道德、学校纪律弱化

作为新世纪的大学生,学会知识、学会做事、学会做人是主要任务和职责。然而,一些大学生学习风气不好,厌学现象严重,混日子、混文凭的大有人在,因此出现考试作弊;有的学生将破坏公物视为儿戏,用水不关水龙头,人走灯不关;或者在公共场合例如课室、图书馆大声交谈;更有甚者,在校园内打架斗殴。

3. 忽略或者抛弃社会责任感

责任感是人们所体验自己对社会或他人所负的道德责任感情。不少学生一心只读圣贤书,对身边的同学、学校和社会发生的事情漠不关心,"各人自扫门前雪,哪管他人瓦上霜",不积极参加集体活动,对人对事都比较冷淡,自私自利。那么,大学生应该如何加强社会责任感的培养呢?

其一,开展自我教育,在生活中体验责任。苏霍姆林斯基曾经说过"没有自我教育,就没有真正的教育",应让学生懂得双手劳动的不易。通过社会实践、下乡等活动来提高学生的综合素质,让他们履行责任的同时体验到快乐。其二,以榜样为目标,学习榜样的优秀品质。其三,提高自我认知能力,培养责任意识。大学生应在不断的学习中,进一步明确自身的责任感以及使命感,自觉承担责任,履行义务。

【拓展——见义勇为,社会责任感的体现】

2009年10月24日下午2时许,武汉长江大学10余名大学生在荆州宝塔河江段手拉手组成人梯救助不慎滑入江中的两名少年。因大多数同学不会游泳,最终两名少年获救,而3名大学生不幸英勇献身。

这群大学生的见义勇为展现了新时代的崇高精神,同时也是现代大学生具有强烈社会责任感的体现。冰冷的江水中,10多名大学生手拉手搭成"人梯",将两名落水少年拉向生的此岸,3名大学生却终被无情的江水卷走……10月24日,在湖北省荆州市的长江边,上演了如此感人、如此惊心动魄的一幕。10月26日,荆州市授予在长江荆州宝塔河段救起两名落水少年的17名大学生和市民"舍己为人见义勇为英雄群体"称号。这17人当中包括14名长江大学的学生和3名沙市冬泳队的老人。俗话说:长江后浪推前浪,长江水急浪猛谁都知晓,虽说目前处于旱季,长江宝塔河段看上去比较平静,其实危机四伏,水下旋涡汹涌,沙滩边缘全是陡坎。可是当听说两名少年不慎落入长江,不管是会水的,还是不会水的大学生都毅然决然、毫不犹豫地加入救人的行列。他们是一时的冲动之举?显然不是,这是一种自发的忘我精神。

只要游过泳的人都知道,水中救人异常的危险,淹入水中者手慌脚乱、失去理智,救人者就是有高超的水性,也极可能被溺水者死死缠住;即使岸上的人手拉着手,也难以抵挡住推力巨大的急流,下江救人、结梯救人,意味着给他人一种生还,意味着给自己带来巨大的危险。这是什么精神,这是什么样的人,不用说那么多赞美词,想必看过报道的人都能理解。

在平常生活中,有些人以事不关己为原则,不时有报道,某个人在公共场所被抢,某个人在公共汽车上被偷,虽然众目睽睽,可就是难见有人出来相助;有人在危难关头,只要伸一把手就可搭救一条生命,可有的人选择了放弃;有的路过的车只要耽误几分钟,就可将危急病人送往医院得到及时医治,可有的人却铁石心肠,一踩油门而过。见义勇为需要勇气,需要的是一颗善良的心,长江大学的大学生们是一群普通的人,但是都有一颗金子般的心。

总之,大学生只有不断增强社会责任感,关心社会的发展,并把它与自身发展紧密地联系在一起,成为一种信念和情感,升华为主人翁责任感,才能提高自身的整体素质,成长成才。

推荐资源

1.《伤逝》

1925年创作的《伤逝》是鲁迅先生唯一一部反映青年男女爱情的小说,收录在小说集《彷徨》里。作者将一对青年的爱情故事放置到"五四"退潮后依然浓重的封建黑暗背景中,透过他们的悲剧命运寓示人们要将个性解放与社会解放结合起来,引领青年去寻求"新的生路",具有深刻的历史意义。

2.《季羡林谈人生》

人生,是一个老话题,也是一个永远也没有结论的研究课题。

3.《理智与情感》

小说中的爱情故事集中表现了"理智"与"情感"的矛盾冲突。理智与情感仿佛就是人生天平的两端,往哪一边倾斜,人生的道路都是不平坦的。只有保持两者的平衡,才能走出一条平坦完美的人生之路。而《理智与情感》一书正是说明了这样一个道理。

4. 电影《美丽心灵》

美丽心灵(A Beautiful Mind)是一部关于一个真实天才的极富人性的剧情片。影片讲述一位患有精神分裂症但却在博弈论和微分几何学领域潜心研究,最终获得诺贝尔经济学奖的数学家约翰·福布斯·纳什的故事。同名传记由西尔维雅·娜萨儿撰写,于1998年出版,电影则于2001年上映。

5. 电影《阿甘正传》

电影改编自美国作家温斯顿·格卢姆于1986年出版的同名小说,描绘了先天智障的小镇男孩福瑞斯特·甘自强不息,最终"傻人有傻福"地得到上天眷顾,在多个领域创造奇迹的励志故事。

第七章

安全教育

【本篇导读】

　　对于刚刚走进大学校门的莘莘学子,面对的一切都是陌生而又新鲜的,离开了熟悉的生活环境和父母的照顾,生活学习都要自己去面对。有人忙于安排好自己的生活,有人思考着如何规划今后的学业,有人热衷于参加各种体育活动,有人乐于加入形形色色的社团……的确,大学生活是多姿多彩的,而这一切开始的时候,不易被同学们重视的往往是安全问题。安全是什么?所谓人身安全是指个人的生命、健康、行动等没有危险,不受到威胁。安全是人类生存的基本要求,是个体寻求发展的必要前提。安全也是一个大学生完成学业的重要保证,是每一位大学生健康成长的基本条件。随着社会发展进步,大学生的生活空间随之扩展,交流领域也在不断地拓宽。大学生不仅要在校园内学习、生活,而且还走出校园参加众多的社会活动,危及人身安全的有害因素也随之不断增多。诸如交通的危险、社会治安的问题、网络侵害的增多、传销组织的蔓延、消防隐患等,都会影响到大学生的人身安全。这些危险往往突然发生让人猝不及防,或者常常进行了精心伪装,使人不明就里,对于涉世未深、自我保护意识不强的大学生,稍有不慎就可能造成不幸,给家庭造成痛苦,给社会造成负担。

　　本篇针对大学生其自身生理、心理特点以及生活环境的特殊性,讲解了大学生活中容易出现的主要危险因素,以及当面对危险因素时采取何种应对措施。以期通过进行安全教育,帮助同学们了解人身安全的基本常识,掌握处理各种应急情况的技能,提高自身的防御能力。

第一节　交通事故的预防与处置

　　交通事故是指车辆在道路上因过错或意外造成人身伤亡或者财产损失的事件。现代交通集水、陆、空于一体,快捷、方便,同时交通安全也是一个非常突出的问题。据有关资料统计,我国每年死于车祸的人数已达7万余人,伤残9万余人。平均每天因交通事故致残近200人,每年有9万人加入残疾人的行列。

　　大学生活离不开交通,更要注意交通安全。交通安全是指不发生交通事故或少发生交通事故的主观条件,即指交通参与者要严格遵守交通法规,提高警惕,不因麻痹大意而发生交通事故。大学生交通安全是指大学生在校园内和校园外的道路行走、乘坐交通工具时的人身安全。只要有行人、车辆、道路这三个交通安全要素存在,就有交通安全问题,也许只是一个小小的意外,就会造成严重后果,断送美好的前程,甚至生命。

本章通过大学生交通事故案例及发生交通事故的主要原因分析,阐述大学生预防交通事故发生的对策与措施,提醒大家要增强交通安全意识,自觉遵守交通法规。

一、交通事故案例与分析

随着高校改革的不断深入,高校与社会的交流越来越频繁,使校园内人流量、车流量急剧增加。许多高校教师拥有私家轿车,摩托车、电动车更是普遍,学生骑自行车的也更为普遍,并且开汽车上学也已不再是新闻了。校园道路建设、校园交通管理滞后于高校的发展,一般校园道路都比较狭窄,交叉路口没有信号灯管制,也没有专职交通管理人员管理;校园内人员居住集中,上、下课时容易形成人流高峰等原因,致使高校的交通环境日益复杂,交通事故经常发生。

【案例1】

某高校校园临近一条繁华的商业街,课余时间学生经常结伴逛街购物。2014年5月,该校女生秦某与几个同学上街。由于正值周末,街上车辆川流不息,行人熙熙攘攘。秦某被路旁商店琳琅满目的商品吸引,不一会儿掉了队。正当她着急四处张望时,同学在马路对面大声叫秦某的名字,她就急忙朝马路对面跑过去,此时一辆公交车正快速驶来,司机虽采取了紧急制动措施,但仍未能避免将秦某撞倒,秦某经抢救无效死亡。

【案例分析】

过马路注意来往车辆,确认安全后再快速通过,是交通安全的基本常识。作为成年人的秦某,理应具备这些常识。但由于她只顾浏览商品,注意力分散,没有注意到快速驶来的公交车,造成本次不应发生的交通事故。大学生空闲时购物、游玩要到市区、旅游景点等地活动,这些地方往往车流量大、行人多,各种交通标志繁多,令人眼花缭乱,与校园相比交通状况更加复杂,若缺乏通行经验,发生交通事故的概率更高。要保障交通安全,需留心观察所处交通状况,确保自身处于安全的环境,并且必须严格遵守道路交通安全法规,不与机动车辆争抢道路和抢行通行。

【案例2】

2013年11月,学生李某在校园内骑自行车,一辆清运渣土的大货车由后面驶来,驾驶员鸣笛示意超越。李某听到鸣笛后未予理会,继续行驶。当自行车与汽车齐平时,李某因恐惧发生摇晃,自行车前轮偏转与汽车右前轮发生刮擦,倒入汽车前后轮之间,李某被挂车右后轮碾轧腿部,造成双腿截肢。

【案例分析】

随着进入高校校园的机动车辆日益增多,一些校园主、次干道的车流量越来越大,而校园的主教学楼、学生生活区一般建在交通比较便利的主、次干道附近,遇上下课时容易形成人流、车流高峰,此时有些学生横过马路不按"一停、二看、三通过"的基本方法,不顾行驶的车辆,强行横穿马路,极易发生交通事故。有些学生总是认为,校园的主体是学生,在校园道路上,无论是人行道,还是车行道,学生都应受到保护,机动车辆会主动自觉避让行人和非机动车辆。因此,少数学生往往有人行道不走,偏偏要与机动车争道、抢行。尤其是夜间在机动车道上行走,行人与机动车发生碰撞的概率增大,发生交通事故也就在所难免。

【案例3】

某高校学生刘某酷爱打篮球,是球场上的运动健将,特别是花式篮球技巧,常能吸引周围人们的目光。2012年6月,刘某在球场打完球后,在回寝室的路上还意犹未尽,路上边走边不停地练习运球并把篮球在手指上快速旋转。一不小心,篮球脱手飞向路中央,他下意识地一跃扑过去想把篮球抓住,此时身后正好驶来一辆两轮摩托车,驾驶员躲闪不及将刘某撞倒,造成刘某右前臂尺骨、桡骨粉碎性骨折,轻微脑震荡。虽经治疗后痊愈,但却差一点让他从此告别了钟爱的篮球运动。

【案例分析】

大学生活泼好动、精力旺盛,许多学生热爱体育活动,但由于安全意识淡薄或校园体育活动场所缺少等原因,有少数学生不顾自身安全,在校园内空地或交通道路上跑步、踢足球、玩篮球、打羽毛球等。由于在体育活动过程中,精力主要集中在自身运动,常会忽视身边发生的其他事物,遇到车辆经过时往往来不及躲闪,导致交通事故的发生。另外,很多有悠久历史的高校,由于建校早,对交通流量的规划设计与目前的需求有差距。校园道路狭窄,瓶颈路、断头路、畸形交叉路口多,路网结构不合理,交通流过于集中,主次干道、支路比例严重失调,机动车、非机动车与行人混行,特别是夜间,路灯昏暗,视线极差,交通安全隐患十分突出,极易发生交通事故。

【案例4】

某高校大三学生齐某是个轮滑爱好者,也是学校轮滑协会的骨干,经常参加协会活动,每天自己还要安排轮滑练习。由于轮滑速度快,且不会受到道路拥堵、存放场地等的限制,齐某还经常以轮滑代步,脚踏"风火轮"往来穿梭于校园中的教室、图书馆、寝室之间。2014年9月的一天傍晚,齐某像往常一样滑着轮滑沿着宿舍旁边的小路去食堂打饭,一边走还一边听着耳机里播放的流行歌曲。此时一辆送快递的电动三轮车快速从他身后驶来,由于道路狭窄,快递员连续鸣笛示意齐某避让,可齐某完全沉浸在耳机传出的乐曲中,丝毫没有注意到身后的危险,瞬间被三轮车刮倒,造成右手腕部骨折和膝关节韧带撕裂。

【案例分析】

大学生因注意力不集中,造成的交通事故很多,较为突出的表现是大学生经常边走路、边看书、边听音乐,或者左顾右盼、心不在焉。尤其是大学生喜欢在行走甚至骑自行车时低头玩手机,对外界反应明显减弱,对周围来往车辆无法察觉,极易发生交通事故。

轮滑、平衡车等新出现的运动器械或新型交通工具,受到了越来越多人的喜爱并使用,其中尤以年轻人居多,大学生中也有大量练习和使用者。然而此类器械多属于体育运动器械或用于特殊场合的专用交通工具,并不适合作为日常交通工具上路使用,并且多缺乏必要的安全防护措施,往往存在较大的安全隐患。大学生应注意区分交通工具和休闲娱乐设备,选择具备相应设施、条件的场地使用轮滑、平衡车,在确保自身安全的同时也避免给他人带来危险。

二、交通事故防范措施

做好交通事故的预防,大学生需要掌握并自觉遵守《中华人民共和国道路交通安全法》和学校交通安全管理规定,养成良好的交通行为规范和习惯,最大限度地避免交通事故的发生。同时,也应了解交通事故处理的相关规定及程序,以便在发生交通事故后,能够有效、合法地维护自身权益。

(一)大学生交通安全事故的主要表现形式

1. 校园内易发生的交通事故

校园内发生交通事故的主要原因是思想麻痹和安全意识淡薄。许多大学生刚刚离开父母和家庭,缺乏社会生活经验,头脑里交通安全意识比较淡薄,同时有的同学在思想上还存在校园内骑车和行走肯定比公路上安全的错误认识,一旦遇到意外,发生交通事故就在所难免。校园内发生交通事故的主要形式有以下几种:

(1)注意力不集中。这是最主要的形式,表现为行人在走路时边走路边看书边听音乐,或者左顾右盼、心不在焉。

(2)在路上进行球类活动。大学生精力旺盛、活泼好动,即使在路上行走也是蹦蹦跳跳、嬉戏打闹,甚至有时还在路上进行球类活动,更是增加了发生事故的危险。

(3)骑"飞车"。一般高校校园面积都比较大,宿舍与教室、图书馆等之间的距离比较远,所以许多大学生购买了自行车,课间或下课时骑自行车在人海中穿行是大学的一道风景线。但部分学生骑车技术也实在"高超",居然能把自行车骑得与汽车比快慢,殊不知就此埋下了祸根。

2. 校园外常见的交通事故

(1)行走时发生交通事故。大学生余暇空闲时购物、观光、访友要到市区活动,这些地方车流量大,行人多,各种交通标志眼花缭乱,与校园相比交通状况更加复杂,若缺乏通行经验发生交通事故的概率很高。难怪上海一所著名大学的校长说:"在各个大学中普遍存在这样一种情况,少数学生书读得越多,越不会走路,遵守交通规则的意识越淡薄,不仅在校园里乱骑车、乱停车,在马路上违反交通规则也时有发生。"

(2)乘坐交通工具时发生交通事故。大学生离校、返校、外出旅游、社会实践、寻找工作等都要乘坐各种长途或短途的交通工具。全国各地高校大学生因乘坐交通工具发生交通事故的情况时有发生,有时甚至造成群体性伤亡,教训十分惨痛。

(二)如何预防交通事故

不管是校内还是校外,发生交通事故最主要的原因是思想麻痹、安全意识淡薄。作为一名在校大学生遵守交通法规是最起码的要求。若没有交通安全意识很容易带来生命之忧。

除提高交通安全意识、掌握基本的交通安全常识外,还必须自觉遵守交通法规,才能保证安全。以下五点是大家必须掌握并要在日常生活中严格遵守的。

1. 骑自行车人的交通安全

按照《中华人民共和国道路交通管理条例》第 58 条规定,自行车驾驶员必须遵守下列规定:

(1) 转弯前必须减速慢行,向后观望,伸手示意,不准突然猛拐。

(2) 超越前车时,不准妨碍被超车的行驶。

(3) 通过陡坡、横穿四条以上机动车道或途中车闸失效时,须下车推行。下车前须伸手上下摆动示意,不准妨碍后面车辆行驶。

(4) 不准双手离把、手中持物或攀扶其他车辆。

(5) 不准牵引车辆或被其他车辆牵引。

(6) 不准扶身并行、互相追逐或曲折竞驶。

(7) 不准骑自行车带人。

上述这些规定,是骑车人必须遵守的交通规定,也是骑车人的安全保障,不遵守这些规定就有可能付出血的代价。

2. 行人的交通安全

《中华人民共和国道路交通管理条例》规定,行人必须遵守下列规定:

(1) 须在人行道内行走,没有人行道的靠路右边行走。

(2) 横过车行道时,须走人行横道。通过有交通信号控制的人行横道,须遵守信号的规定;通过没有交通信号控制的人行横道,须注意车辆,不准追逐、猛跑。没有人行横道的,须直行通过,不准在车辆临近时突然横穿。有人行过街天桥或地道的,须走人行过街天桥或地道。

(3) 列队通过道路时,每横列不准超过两人。须紧靠车行道右边行进。

(4) 列队横过行车道时,须从人行横道迅速通过;没有人行横道的,须直行通过。

3. 乘车人交通安全

《中华人民共和国道路交通管理条例》规定,乘车人必须遵守下列规定:

(1) 乘坐公共汽车、电车和长途汽车须在站台与指定地点候车,待车停稳后,先下后上。

(2) 不准在车行道上招呼出租汽车。

(3) 不准携带易燃、易爆等危险品乘坐公共汽车、电车、出租车和长途汽车。

(4) 机动车行驶中,不准将身体任何部位伸出车外,不准跳车。

(5) 乘坐货运机动车时,不准站立,不准坐在车厢栏板上。

4. 非机动车通行规定

(1) 驾驶非机动车在道路上行驶应当遵守有关交通安全的规定。非机动车应当在非机动车道内行驶;在没有非机动车道的道路上,应当靠车行道的右侧行驶。

(2) 电动自行车在非机动车道内行驶时,最高时速不得超过 15 千米。

(3) 非机动车应当在规定地点停放。没有停放地点的,非机动车停放不得妨碍其他车辆和行人通行。

5. 机动车驾驶人及机动车通行规定

（1）驾驶机动车，应当依法取得机动车驾驶证，驾驶证要定期接受公安机关交通管理部门审验。驾驶机动车时应当随身携带机动车驾驶证和车辆行驶证。公安机关和交通管理部门以外的任何单位或者个人，不得收缴、扣留机动车驾驶证。

（2）驾驶人驾驶机动车上道行驶前，应当对机动车的安全技术性能进行认真检查，不得驾驶安全设施不全或者不符合技术标准等具有安全隐患的机动车。

（3）机动车驾驶人应当遵守道路交通安全法律、法规的规定。按照操作规范安全驾驶、文明驾驶，饮酒、服用国家管制的精神药品或者麻醉药品，或者患有妨碍安全驾驶机动车的疾病，或者过度疲劳影响安全驾驶的，不得驾驶机动车。

（4）机动车上道路行驶，不得超过限速标志标明的最高时速。在没有限速标志的路段，应当保持安全车速。

（5）机动车通过交叉路口，应当按照交通信号灯、交通标志、交通标线或者交通警察的指挥通过；通过没有交通信号灯、交通标志、交通标线或者交通警察指挥的交叉路口时，应当减速慢行，并让行人和优先通行的车辆先行。

（6）机动车遇有前方车辆停车排队等候或者缓慢行驶时，不得借道超车或者占用对面车道，不得穿插等候的车辆。机动车行经人行横道时，应当减速行驶；遇行人正在通过人行横道，应当停车让行。机动车行经没有交通信号的道路时，遇行人横过道路，应当避让。

（7）机动车行驶时，驾驶人、乘坐人员应当按规定使用安全带，摩托车驾驶人及乘坐人员应当按规定戴安全头盔。

（8）机动车在道路上发生故障，需要停车排除故障时，驾驶人应当立即开启危险报警闪光灯，将机动车移至不妨碍交通的地方停放；难以移动的，应当持续开启危险报警闪光灯，并在来车方向设置警告标志等扩大示警距离，必要时迅速报警。

（9）机动车应当在规定地点停放。禁止在人行道上停放机动车，在道路上临时停车的，不得妨碍其他车辆和行人通行。

（10）行人、非机动车、拖拉机、轮式专用机械车、铰接式客车、全挂拖斗车以及其他设计最高时速低于 70 千米的机动车，不得进入高速公路。高速公路限速标志标明的最高时速不得超过 120 千米。

三、安全小提示

（一）下列情况不应乘车，以免发生危险

（1）发现车辆破损时，声音异常；发现驾驶人精神状态不佳、酒后驾车时；发现车辆不正常运行时；发现客车有其他违反操作规程时。

（2）恶劣天气如大风、大雨、大雾、大雪不坐汽车长途跋涉。

（3）病中无人陪伴不要乘车。

（二）发生交通事故怎么办

1. 发生交通事故要及时报案

发生交通事故后，首先要及时报案，拨打122或者110报警，这样做有利于交通事故的公正处理，并且可以避免与肇事者私了时造成的不必要伤害。如果学生在校外发生交通事故，除了及时向相关部门报案外还应该及时与学校取得联系，由学校出面处理相关事宜。

2. 事故发生后要保护好现场

相关部门对事故现场的勘察结论是划分事故责任的重要依据之一，如果事故现场没有被保护好，不仅会给事故处理带来困难，还会导致学生在交通事故处理过程中不能依法维护自己的权益。切记要保护好现场，防止当事人故意破坏、伪造现场、毁灭证据等。

3. 事故发生后要控制住肇事者

如果肇事者想要逃脱，一定要设法加以制止，自己不能制止的可以发动周围的群众帮忙。如果实在无法制止，一定要记住肇事者的车辆特征和车牌号码，以及肇事者的个人特征。

4. 及时救助伤员

交通事故发生过程中有人员伤亡的要及时拨打120进行救助，救助的同时要保护好现场。防止因救助破坏了原始现场。

5. 依法解决交通事故损害赔偿

交通事故发生时，当事人不能自行协商处理，要依据法律进行处理，报警之后，要协助警察收集各种现场证据，做好交通事故认定书。当事人收到交通事故认定书后，对交通事故损害赔偿的争议，可请求公安交通管理部门协商调解，也可直接向人民法院提起民事诉讼。

面对交通事故，作为学生，首先要做到的是镇静，切勿慌乱，以防止造成二次伤害。

第二节　火灾事故的预防与应对

火灾是世界上多发性灾害中发生频率较高的一种灾害，它给人类社会造成了生命、财产的严重损失。我国也是火灾频发的国家，随着社会的进步，生活水平的提高，用火部位和用电量的不断增加，造成的火灾事故，特别是群死群伤的恶性火灾事故连年不断，给国家和家庭带来了不可弥补的损失。火灾也是威胁大学校园安全的重要因素。资料显示，大学校园里因火灾而造成的经济损失较之盗窃高出十几倍乃至几十倍。新中国成立以来，在我国1000余所全日制高校中，从未发生过火灾的寥寥无几，有的学校整座教学楼、实验楼、大礼堂被烧毁，损失了许多珍贵的标本和图书，严重影响了教学科研活动的正常进行。至于在学生宿舍里发生的小型火灾，则每年可达数千起之多，烧毁同学们的衣物、图书，烧伤同学的事例屡见不鲜，有的甚至夺走学生的生命。

为了增强大家的防火安全意识和法制观念，本章主要从校园火灾事故典型案例及分析、火灾诱发因素、火灾预防、火灾扑救方法、火灾中如何逃生等方面向大家进行防火知识介绍,目的在于提高广大学生的防火安全意识和自防、自救、自我逃生的能力,避免火灾事故的发生,减少火灾事故的损失。

一、校园火灾事故案例与分析

【案例5】

2008年5月5日,北京某大学28号楼6层一女生宿舍发生火灾,着火后楼内到处弥漫着浓烟,6层的能见度更是不足10米。着火的宿舍楼可容纳学生3000余人。火灾发生时大部分学生都在楼内,所幸消防员及时赶到将学生紧急疏散,事故才没有造成人员伤亡。宿舍最初起火部位为物品摆放架上的接线板,当时该接线板插着两台可充电台灯,以及引出的另一接线板。该接线板部位因用电器插头连接不规范,且长时间充电造成电器线路发生短路,火花引燃该接线板附近的布帘等可燃物,蔓延向上造成火灾。事发后校方在该宿舍楼进行检查,发现1300余件违规使用的电器。

【案例分析】

学生在宿舍、实验室内违章乱拉、乱接电线,是引发校园火灾的重要原因。一是不懂电工专业知识的人,一味按照自己的使用方便乱接乱拉电线,容易因错误接线造成事故;二是连接不牢固形成接触电阻过大而引发火灾事故;三是导线的设计容量是有限的,乱接电线造成过度负荷,容易因过度负荷而造成火灾。大学生要遵守学校规定,不在寝室内外乱拉、乱接电源线,更不要将电源线、电源插座横穿被褥或藏在枕头下。

【案例6】

2012年11月,河南某高校一女生宿舍楼513寝室突发大火,该寝室内木制家具几乎完全烧毁,同时还烧毁了室内的笔记本电脑2台,及衣服、被褥、书籍等物品。因正值上课时间,所幸并无人员伤亡。经调查,起火原因是手机充电器在无人时长时间充电,造成电池发热短路引起火灾。

【案例分析】

伴随着手机、平板电脑、数码相机等电子产品的普及,给大学生的生活、学习带来了许多便利,已成为生活中不可或缺的伙伴。而这些电子产品均需要充电,充电器、电池在学生宿舍内随处可见。许多学生都有在床上给手机等充电的习惯。任何充电器在负载工作时都会不同程度地发热,劣质充电器更是如此。因此,手机等充电时要远离被褥、蚊帐、纸张等易燃物品,充电完成后要及时切断电源,以防过热引发火灾。充电时来电话也要断开电源再接,以免触电。

【案例7】

2008年11月14日早晨,上海某学院宿舍楼602寝室起火,因火焰封闭了房门,室内学生无法逃出。后因寝室内烟火过大,4名女生被逼到阳台上,并分别从阳台跳下逃生,造成4人均当场死亡。经调查,起火的原因是该寝室学生在宿舍内违规使用"热得快"烧水,水烧开后未及时切断电源,致使水被烧干热水器处于干烧状态,使热水器过热熔化了绝缘部件造成短路并引发火灾。

【案例分析】

高校宿舍楼的供电线路、供电设备,都是按照正常使用情况设计的,一些使用时间较长的建筑因建设年代较早,供电线路负载较低,并未过多考虑大功率用电器的使用需要。在宿舍内违章使用电器,如电炉、电饭锅、电吹风、电热杯、热得快、电暖器等,尤其是违规使用大功率电器,使供电线路过载发热,加速破坏已老化的绝缘部件而引发火灾。使用"热得快"是造成学生宿舍火灾的最主要元凶,是各个高校明令禁止的行为。为自身和他人的生命安全着想,在宿舍内必须严格禁止使用"热得快"等大功率电器。

【案例 8】

2013年10月,安徽某高校一学生宿舍发生火灾,烧毁了该宿舍计算机1台、被褥2床及部分家具。经调查,一名学生使用电吹风时,突然停电,电吹风电源插头未拔,遗留在床上后离开宿舍。不久,供电恢复后电吹风继续工作而人还未回宿舍,因电吹风较长时间工作,引起火灾。

【案例分析】

因电路检修、施工等原因,宿舍断电的情况时有发生。突然断电后,再供电时可能瞬间电流过大引起用电器故障造成火灾。如果断电时正在使用中的电器没有及时关闭电源或拔掉电源插头,来电后电器长时间处于无人管理状态,也容易引发火灾。因此,大学生在电器使用完毕或突遇停电时,都必须及时切断电源,以消除火灾隐患。

【案例 9】

1996年暑假后刚开学不久,××大学计算机科学与工程学院的一名女生违反学生公寓管理规定,擅自在宿舍内用酒精炉做饭。在添加酒精时操作不当发生意外燃爆,导致同宿舍的另一名女同学烧成重伤,药费高达2万余元。给他人和自己在精神与身体上造成很大的痛苦。

【案例分析】

学生宿舍是学生课余休息生活的场所,人员密集且并存放大量生活用品,而这些物品往往是易燃物或可燃物品。在寝室内违规使用蜡烛、酒精炉、液化气灶等明火,乱丢烟头、焚烧书信,均非常容易引起火灾。因此,为了学生的生命财产安全,高校均明确规定在学生宿舍内严禁使用明火。

【案例 10】

1993年4月29日,太原××学院化工原理实验室危险化学品着火爆炸,995平方米的砖混结构实验室几乎削为平地。在室内工作的教研室主任刘××副教授被炸死,正在做实验的3名师生被坍塌的砖墙和水泥预制板砸死。离实验室4~5米远的女实验员被冲击波推倒在地致重伤。周围建筑物门窗玻璃被震碎,40余名师生被飞散的碎玻璃划伤手脸,其中2人受重伤。经调查确认,事故性质属于责任事故。

【案例分析】

近年来,由于在涉及危险化学品的实验过程中操作不当引起化学实验室发生火灾、爆炸等事故时有发生。学校应进一步加强危险化学品储存、使用的规范化管理。学生在进入实验室前需经过安全培训,做实验时,必须严格按照操作规程进行操作,并且按照要求佩戴手套、防护眼镜、安全帽和穿绝缘鞋等防护设备。

【案例 11】

2003年3月19日凌晨5时许，武汉××大学一学生宿舍顶层突遭火袭，火势共持续了近一小时，木质房顶完全坍塌。这是一所建于20世纪50年代的三层砖木结构老房。幸亏两名宿舍管理员及时发现，并逐一将仍在睡梦中的各寝室学生紧急叫起。因学生撤离井然有序，故未发生伤亡事故。

【案例分析】

这起事故的原因系电线短路引发火灾。因房屋建设久远（20世纪50年代建设），电路老化严重。此次火灾事故发生突然，过火面积大，损失严重。所幸宿舍管理人员尽职尽责，及早发现且处置得当，学生撤离有序，未给宿舍同学的生命安全造成更为严重的后果。

高校引起火灾的因素较多，从发生的火灾情况来看，导致学生宿舍失火的直接原因主要有以下几点：

1. 违章乱拉乱接电线

学生多数对电气使用方面的专业知识缺乏了解，安全意识又很淡薄，往往出于个人生活方便，私自乱拉乱接电线。私自拉设的电线容易损伤线路绝缘层，引起线路短路和触电事故。由于生活水平的提高，小家电越来越普及，大学生使用的小家电的种类、数量较之以往大大增加。而较早建成的宿舍楼往往安装的插座少，为使用方便，有些学生私拉乱接电线、插座，电线经常拖来拖去，造成绝缘层损坏，接头松动。还有的学生为图便宜，购买了劣质产品的电线、插座，极易造成线路短路或因接触不良发热而起火或漏电。

2. 超负荷用电

高校的建筑物供电线路、供电设备，都是按照实际使用情况设计的，尤其是学生宿舍的供电线路、设备都是按照普通的照明用电设计的，并未考虑承载大功率用电器的使用，线路负荷较小。大学生为了自己生活方便，违反学校规定在宿舍内使用电取暖器、电饭锅、电熨斗、电热壶和电磁炉等大功率电加热器具的现象普遍存在，且屡禁不止。所以很多高校的学生宿舍存在线路超负荷运行的状况。特别是一些投入使用时间较久的宿舍楼，设计标准低，线路老化较为普遍，一旦超负荷极易引起火灾。

3. 使用电器不当

各种电器均有一定的使用条件和安全使用要求。大学生往往对这些使用要求知之甚少或毫不在意，造成安全隐患。例如，日常使用的计算机、电视机、充电器、稳压电源、电热毯和电蚊香等电器，使用完后应及时关闭电源，如长时间通电，就会因散热不良，引起电器元件发热、线路短路，从而引起火灾。

4. 使用灯具不慎

一些灯具特别是白炽灯，在使用过程中会发散出大量热量。学生寝室中常见的台灯、床头灯等灯具，若紧靠蚊帐、被褥、衣服、书籍等物，极易引发火灾。因为在电能转化为光能过程中，往往要产生一定量的热，灯泡表面温度较高，而纸张、棉絮、尼龙等物品燃点较低，灯泡过于靠近这些物品，时间一长就会被引燃。

5. 违章使用明火

违反学校安全制度，在寝室、实验室和教室私自使用明火，特别是在寝室内用酒精炉、煤油炉、液化气等做饭,点蜡烛照明,焚烧杂物,等等,稍有不慎,就可能导致火灾发生。

6. 吸烟

烟头虽然是一个较小的火源,但能引起许多可燃物的燃烧。烟头的表面温度为 200℃～300℃,中心温度为 700℃～800℃,一般易燃物的燃点大多低于烟头表面温度,因此当点燃的烟头碰到低于烟头温度的可燃物时,就会引起火灾。吸烟者如将带火的烟头掉落在被褥、蚊帐、衣服、沙发或地毯等可燃物上,或把点着的香烟随手乱放在书桌、箱子等可燃物上均可引起火灾。

7. 违规操作实验

在实验过程中违反实验操作规程,导致电气设备或线路超负荷,造成火灾;使用危险化学品、特种气体进行实验时,违反操作规程引发爆炸、火灾;等等。

8. 违规存放危险品

在寝室、教室等处违反规定存放烟花爆竹、汽油、酒精、香蕉水、油漆等易燃易爆物品,埋下火灾隐患。

9. 雷击

高校建筑物均应设置防雷击设施,若建筑物或设备接地不良,遭雷击时也易引起火灾。

二、校园火灾事故防范措施

火灾的发生多为人为因素引起,为保证学校消防安全工作万无一失,必须针对导致火灾的主要原因,采取切实有效的防范措施,消除隐患,防止和减少火灾事故的发生。

(一)火灾事故预防

(1)学校的每位师生员工首先必须自觉遵守各项消防法律、法规和学校的消防安全管理制度,增强防火安全意识,做到"七不""一断"。

① 不私自接拉临时电线。未经学校用电管理部门许可,学生私自接拉临时电线,常忽视用电安全制度,极易导致供电线路超负荷或电线短路,引发火灾。

② 不在宿舍、实验室等公共场所使用电炉、电热器等电热设备。这些电热设备用电功率比较大,易导致供电线路超负荷,引发火灾。

③ 不将台灯靠近可燃物。台灯点燃时间过长,灯头发热靠近可燃物,易发生火灾。

④ 不在宿舍、教室等公共场所使用煤气炉、酒精炉等灶具。高校学生宿舍人员密集,空间常较为局促,且可燃物品较多,在使用明火的过程中,稍有疏忽就会酿成火灾。

⑤ 不卧床吸烟,不乱扔烟头、火柴梗。人躺在床上很容易入睡,未熄的烟头或火柴梗掉在被褥等可燃物上,容易造成火灾。

⑥ 不在宿舍点蜡看书。宿舍熄灯时间已经较晚,再点蜡看书,在昏暗的光线下容易疲劳睡着,如蜡烛引燃纸张、被褥、蚊帐等可燃物,极易酿成火灾。

⑦ 不在室内或存在火灾隐患处焚烧杂物。焚烧杂物时腾起的火苗、火星失去控制以及遗留未熄灭的火种,容易造成火灾。

⑧ 注意做到人走断电。人离开房间要关掉电器开关,拔下充电器等电源插头,确保

电器彻底切断电源。

只有学校师生员工的消防安全意识提高了,法制观念增强了,自觉遵守消防法律、法规和学校的安全管理制度,做到"七不""一断",才能消除火灾隐患,减少火灾事故的发生。

(2) 确保消防设施、设备和灭火器材长期处于良好状态。学校各建筑物内的消防设施、设备和灭火器材,均是为了保证消防安全,一旦发生火情,这些设备将起到报警、引导大家疏散、阻止火势蔓延和扑救火灾的作用,所以,我们必须了解这些设施、设备和灭火器材的用途与使用方法,并保护这些设施、设备和灭火器材长期处于良好状态。

目前学校在各建筑物内设置的消防设施、设备和灭火器材有以下几种:

① 防火报警设备,用于监测火灾。防火报警的手报按钮和烟感探头,一般安装在人员集中场所或重点部位,一旦出现火情,它将发出火灾报警信号。

② 应急照明灯和疏散指示标志,它是引导人们疏散的。应急照明灯和疏散指示标志,一般安装在疏散通道内或安全出口处,一旦发生火灾,供电中断,人们利用应急照明灯提供的照明,按照疏散指示标志指示的方向,疏散到安全地点。

③ 疏散通道和安全出口,它是用来紧急疏散的。安全出口设在人员集中的场所,正常情况下它是关闭的,但遇紧急情况它必须能及时打开。疏散通道必须随时保证畅通,一旦发生火灾,人员能及时地通过疏散通道和安全出口,疏散到安全地点。

④ 防火门,它是用来阻止火势蔓延的。防火门一般安装在较大建筑物的楼道里,它将建筑物分隔成若干个防火区域,并安装有闭门器,保证防火门常处关闭状态。一旦发生火灾,它将隔断浓烟和有毒气体并阻止火势蔓延。

⑤ 消火栓,它是用来扑救火灾的。消火栓分为室外消火栓和室内消火栓。室外消火栓设在建筑物周围,室内消火栓设在建筑物内。消火栓是扑灭火灾的主要水源。一旦发生火灾,可在消火栓上接入水龙带取水灭火。

⑥ 灭火器,它是用来扑救初期火灾的。学校的各个部位均配备了足够数量的灭火器,一旦发现火情可用附近的灭火器进行扑救。

上述的消防设施、设备和灭火器材只有在保证通畅、良好的情况下,才能保证出现火情后,人员及时顺利地疏散和有效地扑救,将人员伤亡和火灾损失降到最低程度。

(二)火灾的扑救

要想扑救火灾,首先要掌握灭火设备和器材的性能与使用方法。

1. 消火栓的性能和使用方法

(1) 消火栓的性能。消火栓是与自来水管网直接连通的,随时打开都会有 3 公斤左右压力的清水喷出。它适合扑救木材、棉絮类火灾。

(2) 消火栓的使用方法。室内消火栓一般都设置在建筑物公共部位的墙壁上,有明显的标志,内有水龙带和水枪。当发生火灾时,找到离火场距离最近的消火栓,打开消火栓箱门,取出水龙带,将水龙带的一端接在消火栓出水口上,另一端接好水枪,拉到起火点附近后方可打开消火栓阀门。注意:在确认火灾现场供电已断开的情况下,才能用水进行扑救。

2．灭火器的性能和使用方法

灭火器是用来扑救初期火灾的,目前学校日常配备的有三种类型手提式灭火器。

(1) 干粉灭火器。它内装的药剂是粉状磷酸氨盐,可以扑救可燃气体、电器、油类和木材、棉絮等类型火灾。

(2) 二氧化碳灭火器。二氧化碳灭火器适宜扑灭精密仪器、电子设备以及600伏以下的电器初起火灾。

(3) 1211灭火器。它内装的药剂是液态卤代烷,可以扑救可燃气体、电器和木材、棉絮等类型火灾,还可以扑救精密仪器火灾。

上述三种灭火器的使用方法相同,将灭火器提到起火地点附近,站在火场的上风口拔下保险销,一只手握紧喷管(二氧化碳灭火器应握住较粗的喇叭口装喷管,不得握住较细的金属喷管部分,以免冻伤),另一只手捏紧压把喷嘴对准火焰根部扫射。

(三) 参加灭火的注意事项

火场是人员多、情况复杂的场所。要迅速有效地扑救火灾,必须统一指挥,才能保证灭火战斗的整体性和协调性,避免影响扑救效率,更好地完成灭火工作。

(1) 一切行动听指挥。

(2) 注意自身安全,避免伤亡。

(3) 用水扑救带电火灾时,必须先将电源断开,严禁带电扑救。

(4) 使用水龙带时禁止扭转和折弯。

(5) 扑救液体火灾时(汽油、酒精)不能直接喷射液面,要由近及远,在液面上10厘米左右扫射,覆盖燃烧面、切割火焰。

(6) 注意保护现场,以利于火因调查。

三、火灾报警

当火势较大、无力扑救时要迅速拨打"119"报警。拨打火警电话要做到:

(1) 打电话时要情绪镇定。

(2) 听到话筒里说"我是火警报警中心"时,再报告火灾情况。要说清发生火灾的单位名称、详细地点、燃烧的物质、火势大小、报警电话、报警人姓名。

(3) 要注意报警中心的提问,不要说完就放下电话,当对方说消防车马上就到时再挂断,并且派人在校门口等候,引导消防车迅速准确到达火场。同时要将火灾情况报校保卫处、派出所。

四、火灾事故逃生与自救

火灾造成人员伤亡的主要原因是火焰烟雾中毒所致的窒息。因为火灾烟雾中含有大量的一氧化碳及塑料化纤燃烧产生的氯、苯等有害气体,火焰又可造成呼吸道灼伤及喉头水肿,这些因素足可使浓烟中的被困者3~5分钟内中毒窒息身亡;另外,还有直接被大火吞没烧死、被倒塌的建筑物砸压或跳楼坠亡等。

火灾的发生往往十分突然,对于身处灾难中的大学生,能否顺利逃生,除了与起火时间、火势大小、人员所处楼层高度及建筑物内有无报警、排烟、灭火设施等因素有关,也与被困人员的自救和呼救能力以及是否掌握正确的逃生方法等密切相关。

(一) 火灾自救与火场逃生

每个人都在祈求平安。但天有不测风云,人有旦夕祸福。一旦火灾降临,在浓烟毒气和烈焰包围下,不少人葬身火海,也有人幸免于难。"只有绝望的人,没有绝望的处境",当我们面对滚滚浓烟和熊熊烈火,只要冷静机智运用火场自救与逃生知识,就有极大可能拯救自己。因此,掌握多一些火场自救的知识,困境之中也许就能获得第二次生命。

1. **参加消防演练,才能遇火不慌**

学校应在各单位或重点部位进行疏散演练,身处校园中的每一名教师、学生均应积极主动参加,只有有了疏散常识和亲身经历,才会遇火不慌。

请牢记:要想遇火不慌,必先练。

2. **熟悉环境,牢记疏散通道和出口**

对于自己在学校中所处的环境,特别是不熟悉的环境,如不常去的实验室、其他校区的教室等,为了自身安全,务必留心观察,特别是疏散通道、安全出口及楼梯方位等,以便关键时刻能尽快逃离火场。

请牢记:一定要居安思危,给自己预留一条通路。

3. **扑灭小火,惠及自己和他人**

当发生火灾时,如果发现火势并不大,且尚未对人造成很大威胁时,而且周围又有足够的灭火器材,应奋力将小火控制住,千万不要惊慌失措地乱叫乱窜,置小火于不顾而酿成大灾。

请牢记:争分夺秒才能扑灭初期火灾。

4. **保持镇静,辨明方向,迅速撤离**

突遇火灾,面对浓烟和烈火,首先要强令自己保持镇静,迅速判断危险地点和安全地点,决定逃生的办法,尽快撤离险地。千万不要盲目地跟从人流和相互拥挤、乱跑。撤离时要注意,朝空旷地方跑,要尽量往楼下跑,若通道已被烟火封堵,则应背向烟火方向离开,通过阳台、气窗、天台等往室外逃生。

请牢记:遇事沉着冷静才能想出好办法。

5. **简易防护,蒙鼻匍匐**

逃生时经过充满烟雾的路线,要预防中毒和窒息。为了防止浓烟呛人,可采用毛巾、口罩蒙住口鼻,匍匐撤离的办法。烟气较空气轻而飘于上部,贴近地面烟气较少,匍匐前进是撤离的最佳方法。穿过烟火封锁区可向头部、身上浇冷水或用湿毛巾、棉被等将头、身裹好再冲出去。

请牢记:多一层防护就多一分安全。

6. **选择步道,不用电梯**

建筑物都会有两条以上通道、楼梯和安全出口。发生火灾时,要根据情况选择较为安全的楼梯通道。除可利用楼梯外,还可以利用阳台、窗台等攀援到安全地点。高层的建筑物,电梯在火灾时可能断电,因为电梯井贯穿每个楼层,电梯运行会使火灾加快蔓延速度,而且电梯受热会变形,将人员困在电梯里。因此,千万不要乘普通电梯逃生。

请牢记:逃生时,千万不要乘普通电梯。

7. 缓降逃生,滑绳自救

高层、多层公共建筑内,一般都设有消防楼梯、高空缓降器或救生绳,如没有这些设施,而安全通道又已被烟火封堵,你可以迅速利用身边的床单、窗帘、衣服等自制简易救生绳,并用水泡湿后从窗台或阳台沿绳滑到下一层或地面,安全逃生。

请牢记:心细胆大,自制绳可逃生自救。

8. 避难场所,固守待援

假如用手摸房门已感到烫手,此时一旦开门,火焰与浓烟势必迎面扑来。逃生通道被切断,且短时间内无人救援。这时候,可采取创造避难场所、固守待援的办法。首先关紧迎火的门窗,用湿毛巾或湿布塞堵门缝或用水泡湿棉被蒙上门窗,然后不停地往上浇水,防止烟火渗入,固守在房内,直到救援人员到达。

9. 缓晃轻抛,寻求救援

被烟火围困暂时无法逃离的人员,应尽量待在阳台、窗口等易于被人发现和能避免烟火近身的地方。在白天可以向窗外晃动鲜艳衣物,或外抛轻型晃眼的东西;在晚上即可以用手电筒不停地在窗口晃动或敲击东西,及时发出有效的求救信号,引起救援者的注意。因为消防人员进入室内都是沿墙摸索行进,所以在烟气窒息失去自救能力时,应努力滚到墙边或门边,便于消防人员寻找、营救;另外在墙边也可防止房顶塌落砸伤自己。

请牢记:充分暴露自己,才能争取有效拯救自己。

10. 火已及身,切勿惊跑

如果发现身上着了火,千万不要惊跑或用手扑打,因为跑和扑打时会形成风,加速氧气的补充,促旺火势。当身上衣物着火时,应赶紧脱掉衣服或就地打滚,压灭火苗;能及时跳进水中或让人向身上浇水、喷灭火剂就更有效了。

请牢记:火已烧身就地滚,易行有效。

(二)逃生时易犯的错误

1. 忘记报警

火灾发生时及时拨打报警电话是人人皆知的基本常识,但事实上,当身处火灾之中时,有很多人却因慌乱忘记了报警,结果贻误了救人和扑救火灾的最佳时机。

2. 大声呼救

大学生日常所处的建筑物室内往往使用了木材、塑料、化学纤维等可燃甚至是易燃材料进行装饰,且装饰材料表面涂有各种油漆涂料,燃烧时会散发出大量的烟雾和有毒气体;实验室发生火灾时如引燃有毒化学物质,也会释放出有毒气体,容易造成人员中毒或窒息死亡。所以,在逃生时,可用湿毛巾折叠,捂住鼻口,屏住呼吸,起到过滤烟雾的作用,不到紧急时刻不要大声呼救或移开毛巾,且须采取匍匐式前进逃离方式。

3. 乘坐电梯

发生火灾时,千万不能利用电梯作为疏散通道,这是因为电梯井的烟囱效应以及火灾很可能导致电线短路而造成电梯停运。正确的逃生途径是楼梯,并且安全通道一般都配有应急指示灯做标志,在火灾发生时,学生可以循着指示灯逃生。

4. 室内家具内躲避

退守室内时,千万不可钻到床底下、衣橱内躲避火焰或烟雾。因为这些都是火灾现场中最危险的地方,而且又不易被消防人员发觉,难以获得及时的营救。

5. 原路逃生

原路逃生是人们最常见的火灾逃生行为。因为多数人并不熟悉建筑物内部的所有通道及出口,一旦发生火灾时,人们总习惯沿着最熟悉的通道或进来的出入口和楼道进行逃生,如通道已被大火封闭,就会失去最佳逃生时间。

6. 盲目从众

当人的生命突然面临危险状态时,极易因惊慌失措而失去正常的判断思维能力,第一反应就是盲目跟着别人逃生。常见的盲目追随行为有跳窗、跳楼,逃(躲)进厕所、浴室、门角,等等。克服盲目追随的方法是平时要多了解与掌握一定的消防自救和逃生知识,避免事到临头不知所措。

7. 往上逃生

因为火焰是自下而上地燃烧,经过装修的楼层火灾向上的蔓延速度一般比人向上逃生的速度还快,当你没跑到楼顶时,火势已发展到了你的前面,因此产生的火焰会始终围着你。如不得已逃到楼顶,也要站在楼顶的上风方向。

安全小贴士

火灾紧急疏散逃生自救十要素:
(1) 熟悉环境,记清方位,明确路线,迅速撤离。
(2) 通道不堵,出口不封,门不上锁,确保畅通。
(3) 听从指挥,不拥不挤,相互照应,有序撤离。
(4) 发生意外,呼唤他人,不拖时间,不贪财物。
(5) 自我防护,低姿匍匐,湿巾捂鼻,防止毒气。
(6) 直奔通道,顺序疏散,不入电梯,以防被关。
(7) 保持镇静,就地取材,自制绳索,安全逃生。
(8) 烟火封道,关紧门窗,湿布塞封,防烟侵入。
(9) 火已烧身,切勿惊跑,就地打滚,压灭火苗。
(10) 无法自逃,向外招呼,让人救援,脱离困境。

第三节 诈骗的识别与防范

诈骗是指以非法占有为目的,用虚构事实或者隐瞒真相的方法,骗取数额较大的公私财物的行为。与抢劫、盗窃等其他犯罪形式不同,由于诈骗行为完全不使用暴力,并且常常是在犯罪分子刻意营造的一派平静甚至"愉快"的气氛下进行的,加之受害人一般防范意识较差,较易上当受骗。随着社会科技的发展以及日趋复杂的社会治安形态,形形色色的违法犯罪分子往往在思想单纯、缺乏社会经验的年轻大学生身上打主意,借结交之机、推销或招聘之名,变换手法,施展骗术,引诱学生上当。防范和惩治诈骗分子,不仅需要政府大力打击,也需要大学生提高自身防范能力,认清诈骗分子的惯用伎俩,避免上当受骗。

当前,尤其是网络和信息的诈骗让人防不胜防,其背后已经衍生出一条隐秘的犯罪产业链条。我们面对的并不是传统意义上的骗子,而是一个分工精细、高度产业化的诈骗网络体系。但不管网络和信息诈骗手段如何翻新,只要我们提高警惕,识破他们诈骗的伎俩,就能予以避免。

一、校园诈骗案例与分析

【案例12】

8月23日,正是新生报到的时候,某高校大一新生张某遇到三个打扮入时、学生模样的年轻男子,三人自称是来看同学的,分别来自香港大学等三所高校。三人告诉她,几人住在喜来登饭店,因钱花光了,所以面临被赶出来的境地,其中一男生李龙(化名)说,想和叔叔联系打钱过来,希望能借用张某的银行卡。张某想,遇到有困难的人理应帮助对方。张某于是告诉对方:"我卡里有5100多元钱,你们打在我卡里吧。"李龙当即便与叔叔联系,在电话里,李龙把对张某说的话说了一遍,然后说打三万块钱到卡里,并将张某的卡号在电话里说了。随后,李龙三人让张某陪同一起去提款机上看钱到了没有。但是查询了数次都发现钱没到账。李龙几人提出拿卡在学校对面提款机上查询。张某又和三人到校外提款机上查询,钱还是没到。李龙顺手拿过卡说:"奇怪,怎么还没到账?"随后又将卡还给了张某,之后三人借故离开了。三人离开后,张某觉得这几个人有点奇怪,于是拿出银行卡检查,却发现这张卡并非自己的那张,急忙到银行查询,发现这是张废卡,而自己卡上的钱早已不翼而飞。她这才明白自己被骗了,立即向派出所报了案。

【案例分析】

张某的遭遇是大学生因热心帮助陌生人,上当受骗的典型事例。不法分子是以"借用银行卡打钱"等名义进行诈骗,他们多选择入校新生尤其是女生为目标,先是以伪装的学生身份取得受害人的信任,再取得对方的同情,然后实施诈骗。大学生经历了"十年寒窗",与社会少有接触,缺乏经验,遇人遇事不深究、不细想,难辨真假。加之思想单纯,心地善良,乐于帮助有困难的人,并且很容易相信他人。他们对于事物的分析多停留在表面,甚至根本就不加分析,不假思索去帮一个素未谋面或相识不久的人,从而使诈骗分子有机可乘。诈骗分子假冒在校大学生或其亲友、同学、记者、华侨等身份,接近大学生,以急须帮助为由,向学生伸手借钱,借手机打电话。钱、卡、手机一旦得手,诈骗分子马上乘机"金蝉脱壳"销匿无踪,这是诈骗分子惯用手段之一。

【案例13】

国庆节期间,某大学的几名男生因为家庭经济较困难,几人便商量一起去打短期工,正巧看到学校南门外一家包子店旁边有一则启事,指明专招学生假期工和钟点工,有保安、司机和服务员等12个工种约58个岗位,报酬为每天30~50元。几人照着启事上的地址来到解放西路海城大厦,一上楼便被人引到一间办公室,填了份简历后,便被要求交80元钱,交了钱后才被告知他们是职业介绍所,80元钱是介绍费,保证在一年内为他们介绍满意的工作,如果超过一年,需再交100元。几名学生说,过了两天,职介所给他们某搬家公司"曾总"的手机,做了一天搬家工,事后搬家公司却没有支付任何报酬,他们打电话要钱,对方总是推托,前两天当他们再次询问时,对方竟然称那天是试用期,没有报酬。几个人找到职介所要求退回中介费,职介所却称中介费收了就不退。采访中,几名大二学生反映,他们上大一时,这种职介所就用相同方式骗了不少同学。一到那里,就被要求填一份简历,交50~80元钱,介绍一份月收入700元的工作时,要求他们再交200元钱,有些同学交了钱,到介绍的公司没干几天便被找借口辞退了。而交给职介所的钱没有任何收据或发票,多半都要不回来。

【案例分析】

现在大学生就业压力大,竞争激烈。一些大学生或为提高能力适应社会,或为解决暂时经济困难,纷纷走上社会,或报名参加培训,寻找就业机会。诈骗分子借此机会设下骗局,通过校园周围的小广告、报纸媒体或者手机信息发布招聘信息,骗取学生中介费、报名费等。有的甚至在合约中设下陷阱,待为数不少的大学生交了中介费或者押金后,他们以种种借口不兑现承诺,有的甚至干脆人去楼空,"蒸发"了事。

求职的大学生在面对陌生的招聘、中介机构的时候,不要过于轻信对方的介绍或许诺,保持清醒的头脑,多留一个心眼,不被不熟悉的人刻意营造出的现场环境所诱导,失去判断能力。要勇于维护自身的合理利益,要求对方提供合法的资质证明,交费时要求开具正规发票。对于自己难以判断的事情,可以现场暂时不表态,给自己一个缓冲的思考时间,跟老师与同学再沟通下,防止上当受骗。

【案例14】

某个下午,一名30多岁的陌生男子闯进某高校学生宿舍,拿着一本很精致的笔记本说:"同学,这本笔记本我两块钱卖给你,你4块钱能把它推销出去吗?"某学生接过笔记本看了看,质量还不错,那个人看到学生对他的"诱饵"感兴趣,就边说边打开他那装得鼓鼓的书包:"你们看,我这里还有水笔、钢笔、笔芯、雨伞——全是名牌,一律3块钱!"见学生对这些东西爱不释手,他趁热打铁:"想你们大学生在学校也不容易,我以低价格卖给你们,你们在学校卖的时候价格可以高一点,我这一包东西可以让你们挣到三四百块钱!"面对眼前利润的诱惑,加上很早就羡慕那些靠自己赚钱上大学的人,所以整个宿舍成员达成一致,共同出资,用400块钱买下了这些东西。可当推销员走后不久就发现:一盒200支的笔芯只有七八十支,还都是那些用胶带粘在盒壁上的;水笔,也只有外面的一层,里面夹的全是硬纸,打他留的电话号码却是空号。

【案例分析】

在这一案例中,骗子以少充多、以次充好,其实手法并不高明。几名大学生被贪图利益的心理蒙蔽了自己的眼睛,才上了骗子的当。俗语说:"人见利而不见害,鱼见食而不见钩。"贪心,是绝大多数诈骗案件受害者共同的心理弱点。很多诈骗分子之所以屡屡得手,很大程度上也正是利用人们的这种不良心态。受害者往往被诈骗分子开出的"好处""利益"所吸引,对于诈骗分子的言行举止不加深思,不作分析,更想不到要去进行调查,见"利"就上,趋之若鹜,最后"捡了芝麻,丢了西瓜",甚至是"赔了夫人又折兵",此类教训十分惨痛。

【案例15】

兰州某高校大二学生张某,下火车等公交前往学校途中遇到一老一少两个骗子联手演双簧,将他从家里带来的6800元学费骗了个精光。张某等车时,一个20多岁小伙过来与张某搭讪。此时,一老者在二人面前走过,掉下一沓百元大钞。20多岁陌生小伙赶忙捡起来神神秘秘地要和张某分赃,张某一口拒绝。一会儿老者返回找钱并咬定是张某把钱藏了起来,张某百口莫辩。老者要检查张某书包,在搜查张某书包的过程中,老者翻出了张某的银行卡并称张某已经将钱存入银行卡里了,要求去银行检查交易记录。在张某说出银行卡密码准备一起前往银行的时候,老者与陌生小伙拦下一辆出租车扬长而去。张某赶紧翻看钱包,发现两张银行卡已经不翼而飞。张某赶紧打银行电话查询,结果6800元的学费已经被人取走。

【案例分析】

这其实正如中国人民公安大学王大伟教授所说,骗子打的是震撼牌。以突发的灾害或意外事件,如车祸、碰瓷、银行卡透支、涉不法事件受司法机关追查等,扰乱受害人的心智。利用受害人突遇意外的大脑空白期,以及害怕受到指控、威胁的心理实施诈骗。在这一案例中,受害大学生张某急于证明自己清白,在精心设计好的情景中,受到骗子一步步的逼迫和引导,失去了做出正确的分析判断的能力。此类诈骗案件,骗子最终得手均源于受害人个人信息泄露,犯罪分子往往正是看中了大学生涉世不深、处置无经验的弱点,有针对性地作案。要避免受害,其实很简单,如果知道自己没有涉及这类事情,不要慌张,及时向学校和老师报告,就不会上当。

【案例16】

三亚某学院大一新生林某认识了自称海口某大学学生的"刘文皓"。刘称其能帮学生从铁路内部购得学生票,林某信以为真,先后招徕其学校51名大学生从刘某处购买了火车票。后发觉买来的火车票存在多处问题,经过三亚火车站的鉴定,51张火车票全部为假火车票。案发后"刘文皓"失踪,三亚各高校从该男子处购买火车票的学生人数达到了680名,票面价值15万元。

【案例分析】

每年寒假,全国各地的大学生都要回家过年,由于火车便捷、安全,票价也较为经济,绝大多数大学生选择乘坐火车。而此时正值全国铁路进入春运高峰期,返乡的客流集中,发送旅客人数以亿计,使火车票变得一票难求,很多线路的车票在刚刚开放预售后就被抢订一空。能否顺利买到回家的火车票成了许多大学生极为关注的事情。一些不法人员利用铁路客票紧张,大学生急于返乡且社会经验不足、易于受骗的特点,在大学生中兜售高价票或伪造的火车票的情况时有发生。对此,大学生一定要提高警惕,坚持从铁路售票窗口、12306官网等正规渠道购买火车票,不给不法分子以可乘之机。学校也可与铁路部门加强沟通和协作,在学生放假购票高峰时段在学校开设临时售票点,阻断假票的销售渠道,帮助学生顺利乘车返乡。

【案例17】

小刘是某学院一名大四学生,因为沉迷于网络游戏,成绩一直不好,大学英语四级考试一直没有考过。眼看即将毕业,为此,小刘竟耍起了花招。2014年6月初,小刘上网搜索了一些声称代考英语四、六级的网站,最后选定了一家并加了他们的QQ。对方告诉他英语四级代考1000元,一次不过则双倍赔偿。小刘当时心里很急,就一口答应。随后,代理人告诉小刘,他们的机构总部在北京,"枪手"遍布全国各地。"他还让我通过QQ传过去一张照片,然后他们会为我选一位本地的长得跟我差不多的人去替我考试。"小刘害怕自己被骗,就说想跟"枪手"先见个面。机构的工作人员称,得先汇给他们50%的定金,才能让小刘和"枪手"见面。小刘给他们汇去500元后,双方约定于当天下午2点在火车站附近的麦当劳店前见面。

　　小刘准时到了约定的地点,但在麦当劳门口等了好一会儿,始终不见"枪手"踪影。就在小刘觉得自己可能被骗时,接到该机构一名女子打来的电话,告诉小刘暂时还不能让"枪手"和他见面,还说害怕小刘是警方卧底,想见面得再交3000元保证金。本就生疑的小刘更怀疑这些人是骗子,就推说由于个人原因考试没能报上名,不考了,要求对方退回500元的定金。随后,那位代理人员说,先前汇给他们的钱暂时不能退给小刘,因为公司有规定,每个月月底结账,下月初才能给小刘退钱。此后,对方的手机就一直处于关机状态,再也无法联系。

【案例分析】

　　大学校园中的每个学子都有自己的目标理想,谁都希望获得成功。对于如何实现理想,不同的人有不同的理解,会采取不同的方法。有些学生通过坚持不懈的刻苦学习充实自己,获得成功;有些学生喜欢急于求成,不愿脚踏实地。比如为了考试过关,不愿走钻研正道,却转思另辟蹊径,寻找"枪手"或求助"高人"。正因为有人需要,近年来在大学校园里、在网络上,宣称考试包过、代考、提供考试答案的广告和信息逐渐增多。少数大学生明知这类信息违反国家法律和学校规定,并且存在巨大的受骗风险,但在有求于人,而"刚好"有人愿意"帮忙"时,便放松了警惕,愿者上钩了。对方提出要求,自己唯命是从,积极自觉地满足对方的要求,生怕不如对方的意,从而步入陷阱。

二、如何防范诈骗

(一)大学生被骗的特点

1. 诈骗时间

　　一般多发生在寒暑假期间和开学后一段时间。因为此时学生为注册缴纳学费,每个人手中大都存有一定数量的现金,一旦诈骗得手,对学生而言,损失是巨大的。

2. 行骗地点

　　诈骗分子大多选择在校园、银行门口、汽车站、火车站和路边公共电话亭附近作案,这些地方人员复杂,行骗时不易引起受害者怀疑,而且这些地方视野开阔,如果失手,容易逃跑。

3. 受骗对象

　　从前街头诈骗分子一般都选择下岗职工或中老年人为诈骗对象,但近年来大学生也逐渐成为受害者。在被骗的大学生中大部分是外地或刚入学的新生,特别是有些大学生是第一次离开父母、第一次出远门,缺乏社会经验。

(二) 校园诈骗作案的主要手段

1. 假冒身份,流窜作案

诈骗分子往往利用假名片、假身份证与人进行交往,有的还利用捡到的身份证等在银行设立账号提取骗款。骗子为了既能骗得财物又不露出马脚,通常采取游击方式流窜作案,财物到手后即逃离。还有人以骗到的钱财、名片、身份证、信誉等为资本,再去诈骗他人,重复作案。

2. 投其所好,引诱上钩

一些诈骗分子往往利用被害人急于就业和出国等心理,投其所好,应其所急施展诡计而骗取财物。某高校应届毕业生丁某为找工作,经过人托人再托人结识了自称与某公司经理儿媳妇有深交的哥儿们何某,何某称"只要交 800 元介绍费,找工作没问题",谁知何某等拿到介绍费以后便无影无踪了。

3. 真实身份,虚假合同

利用合同或无效合同诈骗的案件,近几年有所增加。一些骗子利用高校学生经验少、法律意识差、急于赚钱补贴生活的心理,常以公司名义、真实的身份让学生为其推销产品,事后却不兑现诺言和酬金而使学生上当受骗。对于类似的案件,由于事先没有完备的合同手续,处理起来比较困难,往往时间拖得很长,花费了许多精力却得不到应有的回报。

4. 借贷为名,骗钱为实

有的骗子利用人们贪图便宜的心理,以高利集资为诱饵,使部分教师和学生上当受骗。个别学生常以"急于用钱"为借口向其他同学借钱,然后却挥霍一空,要债的追紧了就再向其他同学借款补洞,拖到毕业一走了之。

5. 以次充好,恶意行骗

一些骗子利用教师、学生"识货"经验少又苛求物美价廉的特点,上门推销各种产品而使师生上当受骗。更有一些到办公室、学生宿舍推销产品的人,一发现室内无人,就会顺手牵羊、溜之大吉。

6. 招聘为名,设置骗局

随着高校体制改革和社会主义市场经济的发展,高校学生分担培养费的比重逐步加大。为了减轻家庭负担,勤工俭学已成为大学生求学的重要手段。诈骗分子往往利用这一机会,用招聘的名义对一些"无知"学生设置骗局,骗取介绍费、押金、报名费等。某高校几位学生通过所谓的"家教中介"机构联系家教业务,交了中介费后,拿到手的只是几个联系的电话号码,其实对方并不需要家教,或者"联系迟了",但再想要回中介费是绝对不可能的。

7. 骗取信任,寻机作案

诈骗分子常利用一切机会与大学生拉关系、套近乎,或表现出相见恨晚而故作热情,或表现得十分感慨以朋友相称,骗取信任后常寻机作案。诈骗分子何某在火车上遇到某高校回家度假的学生杨某,交谈中摸清了该生家庭和同学的一些情况。何某得知杨某同班好友李某假期留校后,便返身到该校去找李某,骗得李某的信任后受到了热情款待。第二天,8名学生寝室遂被洗劫一空,而何某却不辞而别了。

(三) 校园诈骗案件的预防措施

1. 提高防范意识,学会自我保护

社会环境千变万化,青年大学生必须尽快适应环境,学会保护自我。要积极参加学校组织的法制和安全防范教育活动,多知道、多了解、多掌握一些防范知识对于自己有百利而无一害。在日常生活中要做到不贪图便宜、不谋取私利;在提倡助人为乐、奉献爱心的同时,要提高警惕性,不能轻信花言巧语;不要把自己的家庭地址等情况随便告诉生人,以免上当受骗;不能用不正当的手段谋求择业和出国;发现可疑人员要及时报告,上当受骗后要及时报案、大胆揭发,使犯罪分子受到应有的法律制裁。

2. 交友要谨慎,避免以感情代替理智

人的感情是主体与客体的交流,既是主观体验也是对外界的反映,本身应该包含合理的理智成分。如果只凭感情用事、一味"跟着感觉走",往往容易上当受骗。交友最基本的原则有两条:一是择其善者而从之,真正的朋友应该建立在志同道合、高尚的道德情操基础之上,是真诚的感情交流而不是简单的利益关系,要学会了解、理解和谅解;二是严格做到"四戒",即戒交低级下流之辈,戒交挥金如土之流,戒交吃喝嫖赌之徒,戒交游手好闲之人。与人交往要区别对待,保持应有的理智。对于熟人或朋友介绍的人,要学会"听其言、察其色、辨其行"而不能"一是朋友,都是朋友"。对于"初相识的朋友",不要轻易"掏心窝子",更不能言听计从、受其摆布利用。对于那些"来如风雨,去如微尘"的上门客,态度要热情、处置要小心,尽量不为他们提供单独行动的时间和空间,以避免给犯罪分子创造作案条件。

3. 同学之间要互相沟通、互相帮助

在大学里,无论哪个学院、哪个专业,班集体总是校园中一个最基本的组织形式。在这个集体中,大家向往着同一个学习目标,生活和学习是统一的、同步的,同学间、师生间的友谊比什么都重要,因此相互间应该加强沟通、互相帮助。有些同学习惯于把个人之间的交往看作个人隐私,但必须了解,既然是交往就不存在绝对保密。有些交往关系,在自己认为合适的范围内适当透漏或公开,更符合安全需要,特别是在自己觉得可能会吃亏上当时,与同学有所沟通或许就会得到一些帮助并避免受害。

4. 服从校园管理,自觉遵守校纪校规

为了加强校园管理,学校制定了一系列管理制度和规定,制度总是用来约束人们行为的,在执行过程中可能会给同学们带来一些不便;但是制度却是必不可少的,况且,绝大多数校园管理制度都是为控制闲杂人员和犯罪分子混入校园作案,以维护学生正当权益和校园秩序而制定的。因此,同学们一定要认真执行有关规定,自觉遵守校纪校规,积极支持有关部门履行管理职能,并努力发挥出自己应有的作用。

安全小贴士

防范网络诈骗口诀

畅游网络要小心,诈骗手段在翻新
真假网店难分辨,购物不慎就被骗
以次充好货难验,拿钱就跑最常见
投资理财和股票,多是骗子设的套
所谓内幕和信息,全是人家使的计
网络中奖真够狠,奖品多是笔记本
领奖先要手续费,买个教训实在贵
防范网络的骗术,不贪便宜要记住
一旦难分假和真,110咨询最放心

第四节 传销的识别与防范

近年来,一度沉寂的传销向学校渗透发展。国务院令第444号《禁止传销条例》中对传销做了如下定义:传销是指组织者或者经营者发展人员,通过对被发展人员以其直接或间接发展的人员数量或者销售业绩为依据计算和给付报酬,或者要求被发展人员以交纳一定费用为条件取得加入资格等方式牟取非法利益,扰乱经济秩序,影响社会稳定的行为。大学生具有一定的知识和能力,但是欠缺社会经验和自我保护意识,容易被非法传销组织宣传和煽动,因此成为传销组织的目标。各地高校学生因涉入非法传销,而荒废学业,被迫退学,甚至精神崩溃的事件频频发生,不仅扰乱了学校的正常教学秩序,也严重影响到学生的身心健康。

本章通过列举大学生涉入传销的典型案例及案例分析,剖析传销的特点和惯用手法,提出传销的防范措施,以期提高大学生对传销活动特征、危害的认识,掌握防范传销活动的基本方法,杜绝传销对大学生的不良影响。

一、高校传销案例与分析

【案例18】

张某某,男,21岁,为某高校计算机控制技术2006级的学生。张某某性格外向,和同学关系处理得不错。由于2008年的全球金融危机大爆发,给身为2009届应届毕业生的张某某带来了巨大的就业压力,而且由于张某某家在农村,经济条件较差,在校3年学习期间有2年靠国家助学贷款完成学业,因此该生急于寻找理想的工作,在2009年4月即将毕业前被其高中同学以介绍高薪工作为名拉入传销组织,骗至三门峡一传销窝点洗脑,在被传销组织灌输一夜暴富的思想后,开始深陷其中不可自拔。

【案例分析】

由于大学生涉世未深,思想单纯,容易轻信他人,缺乏识别陷阱的能力和自我保护意识,对传销组织的欺骗性、隐秘性和危害性认识不够。张某某就是因为经不起同学的蛊惑而上当受骗。另外,由于该生家庭比较困难,渴望通过自己的努力快速致富,尽快使家庭脱贫。这种急功近利心理导致他对传销鼓吹的一夜暴富的神话具有浓厚的兴趣,把传销当成了实现理想的阶梯,难以抵御所谓的高薪引诱和一些不切实际的"糖衣炮弹"。

严峻的就业形势也是大学生身陷传销的一个重要原因。许多大学毕业生都有积累实践经验的渴望,传销组织正迎合了他们的这种心理,大肆鼓吹"锻炼人""轻松赚大钱"的谎言。而这些学生一旦"入套",他们就会通过强大的心理攻势和严密的组织控制,慢慢将学生们"俘虏",最终使其一步步掉入传销泥淖,沦为传销组织者的敛财工具。

【案例 19】

两名在山东某大学就读的女大学生戴某、祝某某,在 8 月底到学校报到后失踪,学费也没有交。经过警方侦查,发现失联的女大学生和她们的高中同学、失联一年多的湖南某大学学生周某被传销组织控制,并正从南京乘坐开往南宁的 K161 次列车。接到报警的广州铁路公安局衡阳公安处民警火速出动,在列上将他们解救下来。

经过询问,三人被传销组织的宣传迷惑,将学费、生活费共计 4 万多元全部上交传销组织。9 月 13 日,备受关注的失联案使传销组织感受到当地公安机关的压力,三人被传销团伙裹胁逃离山东泰安,乘坐火车回衡阳老家。由于受到传销组织长时间灌输洗脑,三名女生在派出所沉默不语,对家人来接也很抗拒。

【案例分析】

传销组织对于学校大学生的渗透和蛊惑是不遗余力的,经常会利用同学、同乡这种更隐蔽的手段去欺骗大学生。他们除了采用常见的推销产品、一夜暴富等欺骗手段之外,还打着职业介绍、招聘兼职、网络营销等幌子,通过发传单、找中介或在招聘求职类网站发布信息,向在校大学生发送手机短信、电子邮件等方式,不择手段地进行诱惑欺骗,获取求职心切又缺少经验的大学生的信任。

【案例 20】

2014 年 9 月 14 日,河南商丘市某街道办事处在公安部门的配合下,一举端掉辖区一民房内的传销窝点,当场解救被骗入传销窝点的大学生 10 名。这些被骗参与传销大学生年龄均在 18~23 岁,分别来自湖北、安徽等地。他们怀揣梦想网上求职,被骗到商丘进行传销活动,手机被传销头目没收,居住房间设施简陋,生活十分艰苦。

"我才来三四天,是通过网络招聘来的,来到后才发现被骗了。"来自湖北省大冶市的胡某某告诉解救人员说,"一进来就是开会,天天给我们讲一夜暴富、一夜发财等洗脑课程。"经执法人员劝说、引导、教育,很多人认识到了传销带来的危害和问题的严重性。"今后一定擦亮双眼,远离传销。"另一位大学生说。

【案例分析】

大学生社会经验不足,并且多数怀揣创业致富、改变自身命运的美好梦想。传销者恰恰是利用了这一特点,将矛头指向涉世未深的大学生,在媒体或网络上发布虚假招聘广告,以高薪等各种优厚待遇引诱求职者上钩。一旦落入他们的圈套,这些大学生就会失去人身自由,难以脱身。因此提醒广大大学生,网上求职时一定要谨慎、小心,通过正规渠道去找工作,不要去一些不正规的网页填写信息。

【案例 21】

20 岁的谢某是内蒙古某大学的一名大一学生。他接到高中同班女同学的电话,邀请谢某放暑假来汉中游玩。当他乘火车到达汉中,在火车站接他的除了女同学外,还有一名自称是女同学表弟的男子,从谢某到汉中"表弟"一直跟着他。谢某到汉中后三人吃喝和住宿的钱全由谢某出,而且女同学也一直在背着谢某打电话,显得很神秘的样子,这让他产生了怀疑。谢某提出回云南老家,女同学却说让谢某多陪她几天,并退掉了车票,之后带他去见所谓电子厂的吴主任。在某小区的顶楼,他见到了吴主任及其他成员,在三室一厅的房子里大概有 30 个人,地上铺着垫子,他们坐在地上聊天,还有人在上课。谢某感觉他们像是搞传销的,警惕性也开始提高了。

接下来的 10 天,谢某就和其他人一样吃住在这里,不能随便出去,每天都要上课。谢某不认真听,才没有被洗脑。不仅如此,谢某的一举一动都被严格监视,他的手机、身份证以及钱包都被扣押了。打电话、发短信,有人会查看手机的通话记录和聊天内容,甚至上厕所都有人跟着。

为了自身安全,谢某假意答应让家人寄钱,让传销分子放松警惕,终于找到机会与女同学一起外出。但一直被在火车站接他时的"表弟"监视着,为了制造逃跑机会,谢某将其支开,劝女同学跟自己一起离开,遭到女同学拒绝。随后谢某拔腿就跑,并上了一辆出租车才成功逃离虎口。

【案例分析】

本案中传销分子同样是利用了同学之间的友谊和信任,诱骗大学生谢某进入传销窝点。但不同的是,谢某对传销有一定的认识,清楚地知道传销的危害。在经历了传销团伙限制人身自由、上课洗脑和威逼利诱等一系列攻势之后,能够审时度势,在保证自己人身安全的前提下,寻机逃离。谢某用他的清醒和机智,为我们提供了一个防范传销的良好范例。

二、传销的防范

近年来传销组织以大学生为欺骗对象有愈演愈烈之势,大学生陷入传销组织的新闻也屡见不鲜。传销对大学生的危害已远远超出了诈骗钱财本身,不仅扰乱了大学正常的教学秩序,也严重影响到大学生的身心健康,极大地浪费了社会人才资源。非法传销活动对校园的渗透,除了传销具有很强的欺骗性和隐蔽性,以及社会对非法传销的监管存在漏洞等客观原因外,大学生自身的不成熟、渴望成功又急功近利,特别是对传销的本质和危害缺乏认识,对防范传销的措施不够了解其也是重要因素。因此,学校应积极发挥防范大学生传销的主导作用,加强防范传销的教育引导;大学生也应树立正确的成功观和就业观,认清传销的本质,自觉增强免疫能力。

(一)如何甄别、区分传销

(1)在没有提供实质性业务或服务的情况下,以发展人员数量为主要经济来源。

(2)以宣传或承诺高额回报为诱饵,采取非法集会、巧立名目或以产品变相收取不等价、不客观的费用进行非法集资。

（3）以出售产品或提供服务为幌子，从事集资诈骗等违法犯罪的商业欺诈，用欺骗手段甚至强制进行交易的敛财行为。

以类似以上行为来达到非法占有他人财产的目的，严重扰乱社会经济秩序和管理秩序，具备其中任何一种要件就可以定性为传销。

（二）传销案件呈现的主要特点

（1）传销人员的地域范围较广。

（2）"拉伙"对象多为亲属、同学、朋友等。在传销组织中，有儿子拉父母加入的、有丈夫拉妻子的，也有拉同学的，有的不但全家"入伙"，而且连姑、舅、姨也拉下水。

（3）高学历人员增多。与以往的初中以下文化为主体不同，近年来传销人员的学历层次有增高趋势，而且出现了大学生。部分在校大学生在寒暑假或实习期间参与传销，更有甚者是休学参与传销。其中不但有一般院校毕业生，而且不乏名牌院校大学生。

（4）传销组织"老大"均在外地。

（5）传销的社会影响恶劣。传销人员上下线之间一般实行单线联系，在"培训"过程中有限制人身自由的现象。而且传销规模呈扩大趋势，不少人"陷"传销链中不能自拔，他们不再考虑如何诚信经营，而是成天想法拉"人头"，诚信之风受到破坏。

（三）传销的方式、方法

参加者通过交纳入门费或购买商品等变相交纳入门费的方式，取得加入传销组织的资格，并取得介绍发展他人加入的资格。即加入的前提是要交纳一定的费用。交纳费用后，则作为介绍自己加入者的下线，成为传销组织的成员，同时取得销售产品和发展下线的资格，他人经自己介绍或交纳一定的费用加入传销组织后即成为自己的下线，自己为后加入者的上线，从表面看参加者既是传销产品的消费者又是经营者，具有使用和销售产品的双重身份。

先加入者靠发展后加入者，从后加入者交纳的费用中受益，发展越多，收益越大。收益额的多少，由加入者发展的下线和下线再发展下线的情况决定，即传销采用的是一种复式计酬方式。如果加入后不能发展下线或发展下线很少，因加入时交纳了高额入门费他就成为该传销活动的受害者，实际上发展下线越多，传销规模越大，后加入者就越多，上当受骗的人也越来越多，像金字塔一样，因为财富从下向上转移，收益者只是处于塔顶的少数人。

组织者的受益，主要来自参加者的入门费或认购商品所交纳的费用，并非真正来自商品营销的利润。因而有些传销组织在对传销人员进行培训时甚至公开宣称：这些产品不值钱，你将它扔掉都可以，重要的是发展下线，只要发展了下线才能增加自己的收入。这句话说明传销的商品只是传销组织发展成员的一种媒介，并非物有所值，揭开了传销者的面纱，暴露出赤裸裸的"传人头"诈骗活动的真面目。

组织者事先承诺在短期内能给参加者高额回报来引诱他人加入，高额回报是传销能够吸引人参加的重要因素。

（四）大学生被骗传销组织的原因

大学生涉足非法传销的主要原因可归纳为以下几点：

1. 对传销与直销的区别认识不清

大学生社会生活经验不足，对传销的危害性认识不够，对传销和直销本质的区别分不清楚，认识模糊。容易被传销组织以招聘为名引诱利用，陷入传销陷阱，一些人在加入传销组织之初，隐约感觉是传销，有的还和传销分子辩论，但由于对传销与直销的法律界限认识不清，经过传销分子"授课""洗脑"后，他们逐渐认同了传销组织鼓吹的"这就是直销，并不是非法经营"的观念，认同这是大有前途的"辉煌事业"。

2. 巨大的利益诱惑

参与传销的大学生中，家庭经济条件普遍不好，他们希望能尽快找到工作，以摆脱目前的经济困境。非法传销的宣传迎合了一些大学生急于建功立业、摆脱经济困境的心理，传销组织往往打出高额回报的招牌，声称只要下线达到一定数量就可以升为业务主任、经理，提成将翻番，月收入可达数万元，等等。

3. 通过"亲情管理"和"洗脑"，满足了部分大学生在校园无法满足的情感需求

传销组织在管理方面，普遍采用了一种"家庭式亲情管理"，一般10余人为一家，家长由传销组织骨干成员担任，负责对家庭的日常管理。当大学生被骗到传销组织后，会受到其他成员的热烈欢迎，让他们感受到"回家"的感觉，消除戒备心理。在传销组织内相互关心、相互恭维的氛围中，使参与者感到温暖，虚荣心得到很大的满足。可见传销组织通过"亲情管理"满足了大学生在学校无法满足的情感需求，拉近了大学生与传销组织间的距离，为他们留下来加入传销组织奠定了基础。

要使招聘来的人员加入传销，首先就要进行培训，对新成员的培训又称"洗脑"，目的是让他们接受传销理论，交纳入门费加入传销。现在的非法传销组织一方面多打着直销的幌子，称直销因省去许多中间的环节，直销的利润来源是出厂价与市场零售价之间的差额，参与者获得的报酬正是这中间的差额，是合法的收入，让参与者对自己从事的是"直销"深信不疑；另一方面宣传发展下线的重要性，由于传销采用的是复式计酬，要取得成功就要发展下线，他们以几何倍增学理论称，几年以后拿到几万元、几十万元的收入是一件轻松的事。在传销组织的氛围中，每天通过各种形式的培训进行思想轰炸，很多最初不愿加入的人在长时间不能脱身的情况下逐步从身体到思想受到控制，加入了传销。

4. 当前严峻的就业形势

严峻的就业形势使25岁以下的无业人员成为传销的主力，目前大学生就业竞争压力大，毕业后找不到工作岗位的情况存在。一些大学生缺乏脚踏实地、循序渐进的就业观，抱有不切实际的暴富心理。传销组织抓住大学生求职心切的心理，单纯、天真容易被哄骗的情况下，对大学生灌输速成、暴富思想，让他们在金钱利益前失去理智，加入传销，陷入非法传销的陷阱，成为他们继续骗人的工具。

（五）防范传销的对策

1. 加强对大学生的宣传教育，增强对非法传销的抵抗力

加强大学生的宣传教育，是防范大学生参与传销的一个重要措施，学校学工、团委、保

卫部门要加强对大学生的思想和法制教育,引导学生培养正确的就业观、成功观和务实作风,广泛宣传非法传销的本质特征、欺骗手段和社会危害,让学生对非法传销有一个清醒的认识,从而增强识别和抵制非法传销的能力,自觉远离传销,以积极、健康的心态走出校园,迎接挑战,尽快适应社会,为国家建设贡献出自己的力量。

2. 加强对大学生的日常生活管理,落实安全防范措施

在日常管理方面,辅导员要经常深入课堂和学生寝室,了解学生的学习、生活情况,掌握学生的思想动态,对学生上课出勤情况要经常进行检查,对缺课的学生要查明原因,当学生去向不明时要及时与学生家长联系。加强毕业生的就业指导,对招聘毕业生的单位要核实情况,外出找工作的学生应留下联系方式,以便遇到困难时取得联系。学校要及时发布就业信息,严查用人单位的资格,对以招聘毕业生为由引诱学生参与传销的组织或个人,应积极配合公安、工商部门予以严厉打击。

3. 积极挽救陷入传销陷阱中的大学生,保障其人身和财产安全

当前大学就业难问题突出,非法传销在今后一段时期难以消除,大学生在求职过程中被传销所欺骗的事件难以避免,各高校在加强对学生教育和管理的同时,如果发现本校学生被传销组织控制,应及时向公安机关报案,积极配合公安机关做好营救工作,尽快将学生从传销组织中解救出来,避免他们在传销陷阱中越陷越深,成为非法传销继续骗人的工具,以保护学生的人身和财产安全。

第五节 网络侵害的防范与处置

21世纪是信息社会,自互联网进入中国以来,信息的传播更加方便快捷,网络正迅速地进入人们生活的方方面面。通过网络,我们可以足不出户地购得自己中意的商品;通过网络,我们可以与素昧平生的人互相交流,排解压力;通过网络,我们不需见老师就可以享受面对面的辅导;通过网络,我们可以便捷地获取自己需要的信息。网络使人们的沟通更加便捷,生活越发丰富多彩。与此同时,大学生对互联网的热衷度和依赖性日趋加强,互联网已经成为其生活中不可或缺的一部分,对其思想和行为等方面带来了深远影响。然而一部分大学生过度沉迷于虚幻的网络中,对网络信息缺乏必要的甄别能力,自我保护意识淡薄,给别有用心的人提供了可乘之机。一些不法分子利用网络的隐蔽性和少数学生对网络的轻信,发布虚假信息,实施骗钱害人的违法犯罪行为。现实生活中,因迷恋、轻信网络而上当受骗甚至酿成悲剧的事情屡屡发生,给部分学生及其家庭带来了严重危害,也影响了社会安定和谐。如何使大学生正确地认识和使用网络,防范网络可能带来的危害,已成为当务之急。

本章通过列举典型大学生网络侵害案例及分析,介绍了网络侵害的主要形式及防范措施,以期使大学生了解网络活动中可能遇到的安全问题,掌握基本的防范方法和相关法律知识,避免在网络活动中受到伤害,保障个人健康成长。

一、网络侵害案例与分析

【案例22】

2014年4月,江苏某学院做出了一个处罚决定,决定对113名考试8门以上不及格

的学生做出退学处理,而156名考试4门以上不及格的学生留级一年。当这个消息传出之后,在学生中引起了震惊。而这么多的同学被退学和留级,有一个很重要的原因,就是这些被处理的学生当中绝大多数是因为染上网瘾而荒废学业的。大三学生小董就是这些学生中的一员,当老师正式通知学校对他做出了退学处理的决定时,对于他来说无疑是一记重磅炸弹。小董一开始没敢告诉家里,一直在学校耽误了半个月之后,没办法隐瞒才告诉了家里,他的妈妈听了之后,当时就气病了。

小董被开除的原因非常简单,就是考试成绩不及格,在当年应该通过的18门课程当中,小董不及格的科目总共达到了11门。小董从小学到高中一直都是优等生,造成11门功课不及格的原因,就在于迷恋上网络游戏,有时候甚至一天一顿饭都不吃,连着在网吧里玩十几个小时。由于把时间和精力都用在了网络游戏上,他上课要么没精打采趴在桌子上睡觉,要么干脆就不去上。据该学院院长介绍,此次被学校处理的学生中,多数都沉迷于网络游戏,普遍长期旷课甚至不参加考试。据了解曾有学生在网吧里一直待了一个多月,都没有出去过,吃、住都在网吧。

【案例分析】

从中学步入大学,是人生中一个重要的转折点。大学生离开了父母家庭的庇护和约束,开始学习自己管理自己的一切,有些学生会觉得不适应,不知所措。由于中学时学校家长压得比较紧,学生的负担很重,进入大学他们认为可以有喘息的机会,就想要放松自己。大学生目前最主要的娱乐方式也是最流行的方式就是上网。网络游戏给大学生提供了一个在现实生活中不可能得到的虚拟世界,在游戏中你可以扮演你想要做的角色,幻想在里面可以快意恩仇。像小董这样的学生往往沉溺在虚拟世界里,不仅逃避现实世界,并且导致了其人际交往方面的能力显著退化。随着网络的不断普及,加之有的大学生自控能力较差,网络成瘾在大学生所面临的网络安全问题中占有很大比例。

【案例23】

2013年4月,四川某大学商学院大一学生A同学在淘宝上购物后,收到QQ信息的加好友提示,便同意将其加为好友。对方自称是店家,声称货物有瑕疵,需核实信息以便退款,A同学不假思索地配合"店家"。首先收到"验证是否为本人操作"的验证码(其本质是淘宝账号的修改密码验证码),得到验证码后的"店家"首先修改了A同学的账号密码(导致A同学不能登录淘宝账号),同时掌握了其用户信息,并通过所得到的信息,取得A同学的信任;然后A同学在"店家"的引诱下输入了银行账号,并在支付宝的备注里输入了银行密码,当"店家"询问其卡上余额时,A同学微有纳闷,但仍未怀疑;当收到银行的验证信息"尾号为××的卡将支出××元"时,A同学略有迟疑,在对方压力式"逼问"下,A同学一烦躁便将验证码脱口而出。最后,A同学银行卡被扣除800元,仅剩20多元零头。

【案例分析】

本案中A同学网络受骗的现象普遍存在于当代大学生当中。网购作为新型的购物方式,以独特的购物理念和便捷的特点而颇受当代大学生青睐。然而不法分子却利用网购这一平台,发布大量的虚假信息欺骗消费者。大学生因社会经验不足,思想单纯,鉴别能力有限和对网络信息的真实性把握得不够完整,往往成为网络中的受害者。

A同学对自我信息的保护意识和防骗的警惕性较低,同时,做事冲动、情绪化直接促使了事件的发生。网购被骗后,A同学应采用法律武器维护自己的权益。可根据《网络商品交易及有关服务行为管理办法》等相关法律保障自己的权益,而不是任违法者逍遥法外。

【案例 24】

某高校大一学生贾某喜欢在网上购物,一次当她在浏览网页时,发现某网站以极低的价格销售数码相机,于是与对方联系,对方称销售的数码相机是走私品,价格相对便宜,并且货到付款。贾某禁不住订购了一部,支付了50元的预付款。第二天,贾某接到自称是快递公司的人打来的电话,说其所购相机已送到她所在的城市,为了其人身安全,要求贾某付清全款后才给货。贾某在付清余款后,对方又编造种种谎言索要钱款,贾某最终也没有见到相机。

【案例分析】

近年来网络购物发展迅猛,因其便捷和便宜吸引了大量消费者,大学生在其中也占有很大比例。但很多大学生对网络购物的安全知识缺乏了解,受骗上当的例子不胜枚举。不法分子设置的网购骗局,往往是先在互联网搭建钓鱼网站平台,自称可以从特殊渠道获得走私、罚没或抵押的商品或以极低的折扣出售名牌商品,并在网站上留下经过修改的虚拟号码作为联系电话。当吸引到顾客后,骗术第一步是先付少量定金;第二步是告知买家货已送到你所在城市,为了其人身安全,要求受害者付清余款才给货;第三步编造一系列谎言,让你汇款,直到你发觉受骗不再汇款为止。大学生在网购时应不要贪便宜,轻易相信个别网站的虚假宣传,应选择信誉好、有保障的商家。

【案例 25】

2012年5月的一天,福建某高校大三学生吕某在宿舍中上网聊天,有人以其亲戚的QQ与之聊天,称遇到困难,急需用钱,吕某信以为真,通过网络多次转账,共计给对方4500元。后来吕某觉得不太放心,又给这个亲戚打电话询问,结果对方毫不知情。吕某这才恍然大悟,随即报案。案发后,当地警方经过缜密调查,发现诈骗吕某的人藏身广西某市,派出专案组将涉案诈骗的邓某抓获。

【案例分析】

本案中吕某亲戚的QQ号码被诈骗犯邓某盗取,并利用亲戚关系来向吕某行骗。邓某先在网上下载木马软件,然后注册一个女性网名的QQ号,专门搜索一些IP在国内的男性网友,主动加对方为好友,说自己拍了一些性感照片放在空间,让对方去"踩"空间评论一下。对方只要一进入他的QQ空间,就会中木马,QQ号码和密码就都被他盗了。接下来,邓某再登录被盗的QQ号,冒充QQ主人跟在线的好友聊天,寻找借口实施诈骗。这个案例提醒我们,遇陌生人叫"踩"QQ空间,千万不要去,很容易被盗号;遇到QQ上的好友叫汇钱,一定要打电话跟本人联系确认,避免上当受骗。同时,大学生在使用QQ、微信等网络聊天工具时,遇到好友突然提出想要借钱或其他反常言行时,不要轻易相信对方、满足对方要求,一定要先通过电话等方式确认对方身份。

【案例 26】

在某银行开通网银业务的大学生小谢近期收到一条短信,内容为"系统提示:您的网银盾(U盾)到今天过期,为了您的账户安全,请在24小时内登录×××下载控件,以免失效",落款是某银行客服部。收到信息的小谢登录短信所提示的网址进行操作,不久,其账户的钱款不翼而飞。经过警方缜密侦查并抽调近百名警力对该诈骗团伙进行抓捕,成功抓获利用黑客手段进行网银诈骗盗窃的犯罪嫌疑人王某等12名人员,缴获24部电脑及大量手机、银行卡等相关作案工具。

【案例分析】

此类仿冒银行的钓鱼网站利用木马进行远程诈骗,嫌疑人通过大量群发欺诈短信,诱使客户登录假冒的银行网站进行升级。客户从假冒银行的钓鱼网站下载并运行含有木马的升级程序,木马程序伪装为网银盾管理工具,骗客户输入网银用户名、登录密码和网银盾密码,随后将受害者的资金转走。在登录网上银行时,应注意核对所登录的网址与银行官方网址是否相符;要妥善保管账号、密码,不要选诸如身份证号码、出生日期、电话号码等作为密码,建议用字母、数字混编密码;要做好交易记录,对网上银行、网上证券等平台办理的转账和支付等业务做好记录,定期查看"历史交易明细"和打印业务对账单,如发现异常交易或差错,应立即拨打有关客服热线进行确认;要管好网银数字证书,避免在公用的计算机上使用网上交易系统;万一账号资料被盗,应立即修改相关交易密码或进行银行卡挂失。此外,上网电脑要安装防火墙及杀毒软件,不要轻易下载打开来源不明的文件,以防止个人账户信息被黑客窃取。

【案例 27】

2014年10月18日凌晨,福州一名在校大学生为提升自己微博的"关注度",将网友的猜测在个人微博上撰写发布了一条附有多张照片的博文,称"昨夜凌晨,在学生街kk酒吧楼下发生打架事件,造成一死两伤"。由于该博文冠名"腾讯大闽网",被广大网友误认为系官方言论,因此在微博、网络上被快速传播、转载、评论并在一定程度上引发了公众的恐慌,造成不良影响。杨某发布的微博谣言被转发、转载、评论数百条,浏览量数万次。因害怕自己捏造的虚假博文"曝光",杨某随后将该条微博进行删除,但尽管如此,不良的社会影响已经形成。鉴于杨某尚属于在校生,且这之前未发现违法记录,警方依法对其施以行政处罚。

【案例分析】

这是一起典型的利用互联网论坛散布谣言、危害社会安全的行为。现代社会,网络传播迅猛,网民急剧增加。然而,由于网络法律仍未健全,网络道德尚需建构,以致网络道德缺失,很多网民利用电子邮件或者在博客、BBS、微信、QQ空间等网络载体上散布谣言或虚假信息,进行人身攻击,披露他人隐私,偷看他人邮件,冒用他人网名等损害他人名誉比比皆是。

二、校园网络侵害的防范

校园网络安全的防范既是一个复杂的技术问题,又是一个重要的管理问题,它涉及技术、管理、环境、法规、监控等方面。保证网络安全,要从软件与硬件两个方面加强技术防范与保护。在硬件方面要保证计算机网络服务的设施、线路的安全与稳定,防止自然灾害与人为因素的破坏和损坏,这是信息与网络安全的基础。在软件技术保护方面,目前主要是防止计算机病毒、防止黑客攻击、防止各种非法侵入与犯罪。同时,大学生作为使用校园网络的主体,也应加强自身网络安全知识的学习,遵守法律法规和道德准则,培养良好的上网习惯。防范措施主要有下列几个方面。

(一)避免痴迷网络

大学生痴迷网络行为通常有痴迷网络交际和痴迷网络游戏两种。

痴迷网络交际的学生喜欢通过 QQ、博客、论坛、微信等广交网友,和网友交流谈心,往往投入大量的时间和精力。这些大学生对网络交际充满了好感,遇到问题和困难总是最先到网上找网友解决,对网络交际有很强的依赖。这也使他们的交往交流方式发生了改变,不愿和身边的同学交流,遇到困难也往往不愿向身边的人寻求帮助,越来越沉默寡言,逐渐形成了自闭的性格。

痴迷网络游戏是当今"90 后"大学生网络不良行为的典型代表,是对大学生危害较为严重的行为之一,也是造成大学生无法完成学业、被迫退学的最重要原因之一。上大学后,远离了父母的管教,在较为宽松的环境下,少数自制力和自我约束力不强的大学生被网络游戏吸引,开始痴迷网络游戏,网络游戏的虚拟世界给他们带来的成就感远远大过现实生活中所学的专业知识。因此,他们逃避现实世界中的各种压力,逃避现实世界中的各种考验,在毫无约束的虚拟网络世界里挥霍时间,愉快地体验游戏过关的成就感和满足感。长期下去,他们不愿从网络游戏中走出来,在面对现实问题时显得不知所措,变得孤僻自闭、精神萎靡,完全失去了大学生应有的蓬勃朝气和进取精神。

青少年的网络成瘾问题已经引起了社会各界人士的重视。在网络心理问题中,最严重的是网络成瘾综合征。"网瘾"就是指网络成瘾综合征(以下简称 IAD),即对现实生活冷漠,而对虚拟的网络游戏、情爱、信息等沉溺、痴迷。IAD 患者最主要的表现为由于过度使用互联网而导致个体明显的社会、心理功能损害。

我国专家对网络成瘾提出了 9 条诊断标准:

(1)渴求症状(对网络使用有强烈的渴求或冲动感)。

(2)戒断症状(易怒、焦虑和悲伤等)。

(3)耐受性(为达到满足感而不断增加使用网络的时间和投入的程度)。

(4)难以停止上网。

(5)因游戏而减少了其他兴趣。

(6)即使知道后果仍过度玩游戏。

(7)向他人撒谎玩游戏的时间和费用。

(8)用游戏来回避现实或缓解负性情绪。

(9)玩游戏危害到或失去了友谊、工作、教育或就业机会。判断某人有网瘾,必须同时符合以上 5 条或 5 条以上。一般认为,网络成瘾可分为网络交际成瘾、网络色情成瘾、网络游戏成瘾等。

网络成瘾症治疗主要有以下措施：

程度较轻的网络成瘾者可以通过自我调适摆脱网络成瘾的困扰，主要采用以下方法：

①科学安排上网时间，合理利用互联网。首先，要明确上网的目标，上网之前应把具体要完成的工作列在纸上，有针对性地浏览信息，避免漫无目的地上网。其次，要控制上网操作时间。每天操作累积时间不应超过 1 小时，连续操作 1 小时后休息 30 分钟左右。最后，应设定强制关机时间，准时下网。

②用转移和替代的方式摆脱网络成瘾。用每个人所特有的其他爱好和休闲娱乐方式转移注意力，使其暂时忘记网络的诱惑。例如，喜欢体育运动的人可以通过打球等方法有效地转移注意力，如果你觉得网瘾太大，自己抵抗力太小，那么以下的三条具体建议，可以帮助你预防网络成瘾症：

第一，不要把上网作为逃避现实生活问题或者消极情绪的工具。"借网消愁愁更愁"。理由是，上网逃脱不了现实，逃得过初一，逃不过十五。

第二，上网之前先定目标。每次花两分钟时间想一想你要上网干什么，把具体要完成的任务列在纸上。不要认为这个两分钟是多余的，它可以为你省 10 个两分钟，甚至 100 个两分钟。

第三，上网之前先限定时间。看一看你列在纸上的任务，用 1 分钟估计一下大概需要多长时间。假设你估计要用 40 分钟，那么把小闹钟定到 20 分钟，到时候看看你进展到哪里了。

总之，我们在享受高科技带来的全新概念时，不能忘记很重要的一个原则：网络的精彩绝伦、快速便捷以及其他的种种优点都不能完完全全地替代现实生活，网络生活只能作为现实生活的一部分。

（二）防范网络陷阱

不可否认，互联网确实开阔了我们的视野，丰富了我们的生活，但是互联网上也存在着大量的陷阱。如果不能认识到这些陷阱的危害并预防它们，那么，互联网带给我们的恐怕不再是鲜花和美酒，而是财物的浪费、秘密的泄露，更有甚者会危及人身的安全。

"网络陷阱"到底有几种，如何破解？根据近年来网络陷阱的表现大致可以分成四大类：病毒陷阱、色情陷阱、感情陷阱以及金钱陷阱。

1. 病毒陷阱

病毒陷阱是网上最常见的一种陷阱。电脑病毒是一种经过恶意设计，能隐蔽运行和自我复制、具有破坏力和不良表现欲的计算机软件，它们在用户不注意的时候侵入计算机系统，破坏用户文件，窃取用户隐私，强迫用户浏览不良站点。互联网的广泛应用，使病毒的制造和传播空前活跃，带有黑客性质的病毒和嵌入网页的恶意代码大量涌现。由于个人计算机系统的天生脆弱性与互联网的开放性，我们将不得不与病毒长久共存。

应对措施：对付病毒陷阱的最有效方法就是选择一个合适的在线杀毒软件，并随时升级它的防毒代码，对可能带有恶意代码的不良网站保持警惕，在没有通过病毒检测前不要轻易打开来路不明的文件。

2. 色情陷阱

色情陷阱是互联网的一大毒害。因为各个国家法律不同,所以色情陷阱是长期存在的。目前出现了一种依托色情网站的恶意拨号软件,用户在浏览该网页时会受到诱惑而下载运行它,此时,配有"猫"的电脑会自动拨打国际长途,让用户支付巨额话费。

应对措施:对付这类陷阱的最根本方法就是不去浏览色情网页,转移自己的注意力,如听听音乐、打打球等,使自己的兴趣逐渐转移到健康的活动上。

3. 感情陷阱

感情陷阱是上过网的青年男女的困惑。不少人热衷于去聊天室找异性聊天。沉迷于精神恋爱之中,这不仅耗时劳神,而且还有一定的风险性。有人想把网上恋情向现实生活中扩展,则大多不能如意。有心理变态者专门扮作异性去谈情说爱,还有人通过网络搞爱情骗局,险象环生。

应对措施:对付这种陷阱,关键是要有定力,端正自己的上网观,不做有悖于道德和为人准则的事情。

4. 金钱陷阱

金钱陷阱是目前网络新产生的一种危害极大的陷阱,陷阱设计者的最终目的就是骗到钱,主要有以下几种方式:

一是网络传销。交钱入会,靠发展下线赚钱,上线赚下线、下下线的钱;与传统传销相比,网络扩散范围更广、速度更快,而且传销的产品也不仅限于化妆品、药品等实物,还包括计算机软件、各种信息等。

二是网上竞拍。此种骗术主要是找"托儿"或者自己哄抬拍品价格,以诱人上当,高价将拍品买走。国内目前还没有相应的法规对此种行为进行有效约束。如果你要参加商品或藏品竞拍的话,一定要了解拍品的价值及市场定位,可千万不要在轮番叫价中上了拍主"托儿"的当。

三是邮件行骗。网上"幸运邮件陷阱"的制造者常常转换地点,在网上发出无数的电子邮件,信中说:"阁下收到的是'幸运邮件',只要你按照信中的地址寄出小额幸运款,幸运则会降临,你将收到数以万元计的汇款,如果你有意失去这次机会,噩运将会长久地追随……"云云。如果你真信了这套胡诌,把钱寄了出去,那么你等到的将是无休止的后悔。

应对措施:对付这类陷阱就是不能贪图小便宜,不要轻易向个人或不知名的小型网站寄钱或者透露你的信用卡信息。

(三)遵守道德准则和规范

(1) 讲究社会公德和 IT 职业道德,用掌握的计算机知识技术服务社会,造福社会,自觉维护国家安全和社会公共利益,保护个人、法人和其他组织的合法权益,不以任何方式、目的危害计算机信息系统安全。

(2) 珍惜网络匿名权,做文明的"网民"。

(3) 尊重公民的隐私权,不进行任何电子骚扰。

(4) 尊重他人的知识产权,不侵占他人的网络资源。

(5) 尊重他人的通信自由和秘密,不进行侵权活动。

（6）诚实守信，不制造、传播虚假信息。
（7）远离罪恶、色情信息，不查阅、复制、制作或传播有害信息。

全国青少年网络文明公约

要善于网上学习，不浏览不良信息。
要诚实友好交流，不侮辱欺诈他人。
要增强自护意识，不随意约会网友。
要维护网络安全，不破坏网络秩序。
要有益身心健康，不沉溺虚拟时空。

第八章

追求卓越

【本篇导读】

大学本身是以追求卓越为目标和理想的,不少大学把追求卓越确立为自己的精神和理念。然而身临其中的大学生却渐渐迷失了方向,发出如此之感慨。这不由得引发我们的思考,我们该如何认识和理解卓越？在大学中该如何追求卓越？

本篇就将针对大学生如何从人生目标、吃苦耐劳、敬业与奉献、宽大的胸怀以及领导力培养等各方面实现卓越的追求。

第一节 明确的人生目标

生命教育工作者边疆先生在《唤醒心目中的巨人》一文中讲述了这样一件事：有一年,一群哈佛大学的毕业生临出校门前,校方对他们做了有关人生目标的调查,结果发现：27％的人没有人生目标,60％的人人生目标模糊,10％的人有短期的人生目标,3％的人有清晰且长远的人生目标。25年后,哈佛大学再次对这群毕业生进行了调查,发现他们经历了各自不同的人生。据调查发现：那3％的人在25年间朝着一个方向不懈努力,几乎都成为社会各界的成功人士,其中不乏商业领袖和社会精英；那10％的人的短期目标不断实现,他们成为各个领域中的专业人才,大都生活在社会的中上层；那60％的人安稳地工作与生活着,但都没有什么特别的成绩,几乎都生活在社会的中下层；那27％的人生活没有目标,过得很不如意,并且常常抱怨他人与社会,抱怨"不肯给他们机会的这个世界",当然,也抱怨他们自己。

文章分析说,其实他们之间的差距仅仅在于：25年前,他们中的一些人就已经知道自己最想要做的是什么事,而另外一些人则不清楚或不是很清楚。这个调查生动地说明了人生目标对于人成功的重要意义。

一、人生目标对大学生成长的意义

针对当代大学生对自己的前途目标不明确,理想观念淡薄,过于追求物质上的享乐,以至于不能将自己的前途与祖国的需要紧密地结合起来,经常会感觉到自身没有明确的目标,或者有目标却没有动力为之奋斗,内心感到空虚无力,有些同学甚至有"此时不乐,更待何时"的想法。为了不让以后的泪水祭奠我们逝去的青春,这里分析了对理想信念的含义、特征和重要意义,指出了作为当代大学生所坚定的理想信念的主要内容,以及为实现这个理想信念我们应该如何去做、如何让它与现实零距离。

1. 理想与信念

理想是人们在实践中形成的具有实现可能性的对未来的向往和追求,是人们的政治立场和世界观在奋斗目标上的集中体现。不同的阶级、不同的时代,人们的理想各不相同,同一阶级、同一时代人的理想也不尽相同。理想是人类精神生活的产物。理想作为一种社会意识,是人们对客观现实发展趋势的超前反映,即人们在认识客观规律基础上给自己构建的未来美好蓝图。因此,理想不是人们主观的臆造,不是空想或幻想,而是经过努力可能实现的符合科学的目标。

【拓展——理想的特征】

目标性:对自身实践行为的价值方向进行选择。

超前性:以预见方式反映未来。

时代性:同一定时代的生产发展水平联系。

阶级性:一定社会群体内的共同理想。

现实可能性:经过努力可以实现。

信念是人们在一定认识基础上确立的,对某种理论主张或思想见解及理想坚信无疑,并身体力行的精神状态。信念以认识为基础,以情感为关键,以意志为保证。

【拓展——信念的特征】

稳定性:一旦形成,终生不渝并具有巨大惯性。

多样性:人们需要的丰富多彩,导致信念的丰富多样。

执着性:努力身体力行,不达目的誓不罢休。

亲和性:志同道合。德同则相聚,道合仍须志同。

实践性:根源于实践并积极反作用于实践。

理想和信念总是如影随形,相互依存。理想是信念的根据和前提,信念则是理想实现的重要保障。信念是对理想的支持,是人们追求理想目标的强大动力。信念一旦形成,就会使人坚贞不渝、百折不挠地追求理想目标。在很多情况下,理想亦是信念,信念亦是理想。当理想作为信念时,它是指人们确信的一种观点和主张;当信念作为理想时,它是与奋斗目标相联系的一种向往和追求。

2. 理想信念对大学生成长成才的重要意义

苏格拉底曾说:世界上最快乐的事,莫过于为理想而奋斗。因此,如果说社会是大海,人生是小舟,那么理想信念就是引航的灯塔和推进的风帆。理想信念能够指引人生的奋斗目标,提供人生的前进动力,提高人生的精神境界,所以,树立正确远大的理想信念对大学生具有重要意义。

当代大学生肩负着祖国和民族的希望,承载着家庭和亲人的嘱托,满怀着对未来美好生活的向往。同学们在大学期间,不仅要提高知识水平,增强实践才干,更要坚定科学、崇高的理想信念,明确做人的根本。

崇高的理想信念能够引导大学生做什么人。人的理想信念,反映的是对社会和人自身发展的期望。因此,有什么样的理想信念,就意味着以什么样期望和方式去改造自然社会、塑造和成就自身。在大学阶段,"做什么人"是在学习生活中会时时面对的人生课题,只有树立起高尚的理想信念,才能够很好地回答这一重要的人生课题。

崇高的理想信念能够指引大学生走什么路。大学时期,都普遍面临着一系列人生课题,如人生目标的确立、生活态度的形成、知识才能的丰富、发展方向的设定、工作岗位的选择,以及如何择友、如何恋爱、如何面对挫折、如何克服困难,等等。这些问题的解决,都需要一个总的原则和目标,这就需要确立科学、崇高的理想信念。只有这样,才能使将来的人生道路越走越宽,使宝贵的一生富有价值,卓有成效,充满自豪。崇高的理想信念能够指引大学生为什么学。对当代大学生而言,为什么学的问题,是与走什么路、做什么人的问题紧密联系在一起的。大学生只有树立崇高的理想信念,才能明确学习的目的和意义,激发起为国家富强、民族复兴和自身成才而发奋学习的强烈责任感与使命感,努力掌握建设祖国、服务人民的本领。把今天的学习进步同祖国明天的繁荣昌盛紧紧联系在一起,使理想信念之花结出丰硕的成长成才之果。总之,理想信念是激励人们迎接挑战、克服困难的精神支柱和强大力量,理想信念越坚定,克服困难的勇气和意志就越坚定。当代大学生所处的时代和所承担的任务与以往不同了,但同样会遇到各种各样的困难和挫折,同样需要坚定理想信念,应培养克服困难和应对挑战的坚强意志。

理想信念对人生历程起着导向的作用,指引人生的奋斗目标;理想信念提供人生的前进动力,激励人们向着既定目标奋斗前进;理想信念提高人生的精神境界,它一方面使人的精神生活的各个方面统一起来,另一方面又引导着人们不断地追求更高的人生目标。大学时期确立的理想信念,对今后的人生之路将产生重大影响,不论今后从事什么职业,我们都要把个人的奋斗志向同国家和民族的前途命运紧紧联系在一起,把个人今天的学习进步同祖国明天的繁荣昌盛紧紧联系在一起。

理想信念是人们对未来的向往和追求,一旦形成,就会成为支配和左右人们活动的精神动力。一个政党、一个国家、一个民族,只有确立了共同的理想信念,才会有强大的凝聚力和向心力。无论过去、现在和将来,共同的理想都是保证革命和建设事业取得胜利的精神支柱与精神动力。当今的国际经济和科技竞争,越来越围绕人才和知识竞争展开。以人才培养为突破口,努力提高本民族的科学文化素质,培植和发展知识与科技创新能力,是实现中华民族伟大复兴的关键所在。大学生是拥有现代科学知识的人才群体,在未来经济发展中将发挥重要的作用。他们不仅比较系统地掌握了某一方面或某一领域的现代专门科学知识,是未来知识和科技创新的主体;而且拥有较系统的现代管理科学知识,毕业后将成为各部门或单位的骨干。当代大学生所肩负的历史使命决定了对大学生进行理想信念教育的极端重要性。

3. 当代大学生怎样树立符合实际、切合自身特点、崇高的理想信念

虽说每个人也许不只一次地对自己强化过要树立理想与信念这个观点,可是也许从出生到现在,我们都未必明确究竟怎样的理想与信念才能帮助我们活得快乐,找到支撑我们生命的那份精彩和动力!

【案例1】

美国历史上唯一一位著名的黑人国务卿——康多莉扎·赖斯,她最初就认定自己的理想是当一名成功的钢琴家,可是在后来一次偶然的音乐剧上,她清楚地看清了自身的特点,所以她毅然转身从政,最终成就了美国历史上不可磨灭的一位巾帼人物!

【案例分析】

如果一味盲目地坚持自己错误的理想,那么就只会不断地失败,不断地打击自己的自信。

【案例2】

我国在改革开放之后,结合本国特点与苏联解体的残酷现实,制定了走中国特色社会主义的道路,而有了今天中华之腾飞!

【案例分析】

正是根据本国的国情和特征制定的近期目标与最高理想,才有了今天中华之腾飞!

作为大学生,我们一定要有崇高的理想,只有这样我们才会有幸福的一天,现代的青少年们,有的所拥有的理想非常的狭隘,甚至是肤浅,一切以金钱和名利至上。可是拥有了财富和地位,只能代表在某一方面你有一定的能力,并不能说你就是一个成功的人,甚至是有理想的人。所以我们应该拥有像杜甫那样"吾庐独破受冻死亦足"的崇高信念,孟子"穷则独善其身,达则兼济天下"的崇高理想,我相信一个拥有崇高理想的人,无论他是否可以在短时间内成功,但至少在过程中他的人生会是多彩和幸福的!

4. **当代的大学生面对自我的理想信念应该如何活在当下**

首先,我们要坚定对党的信任,党的领导是社会主义取得胜利的关键,坚定走中国特色社会主义道路的信念,坚定实现中华民族伟大复兴的信心。只有紧密地团结在党的周围才能将自己的理想与中国特色社会主义道路联系在一起,坚定了社会主义道路的信念才能够自觉按照党的和人民的要求为人、学习、做事、健康成长、成才。

其次,将立志高远与始于足下相结合。立志当高远,立志做大事,同时立志需躬行。志当存高远就是放开眼界,不满足于现状,也不屈从于一时一地的困难和挫折,更不要斤斤计较个人私利的多与少、得与失。当然,雄心壮志只能建立在脚踏实地的基础上,"雄心壮志需要有步骤,一步步地,踏踏实实地去实现,一步一个脚印,不让它有一步落空"。(《华罗庚诗文选》,中国文史出版社1986年版,第188页)

最后,正确对待实现理想过程中的顺境和逆境。在逆境中孤而不堕,逆境的恶劣环境,对于挑战者而言,可以磨炼意志、陶冶情操。在顺境中不骄不躁,应高潮而快上,乘顺风而勇进,抓住时机不断丰富与完善自己。

因此,当代大学生要杜绝拜金主义、享乐主义等不良思想,树立崇高的理想和坚定的信念,使自己的理想适应祖国和人民的需要,真正做一个对社会有用的人。

二、大学生应确立人生目标

人生确立一个什么样的生涯目标,要根据主客观条件来加以设计。每个人的条件不同,目标也不可能相同,但确定目标的方法是相同的。下面就如何确立目标的重点作一介绍。

1. **目标的确立幅度不宜太宽**

奋斗目标有高有低,专业面有宽有窄。在确立目标时,是宽一点好,还是窄一点好呢?

从科学的角度来看,专业面越窄,所需的力量越小。也就是说,用相同的力量对不同的工作对象,专业面越窄,其作用越大,成功的概率越高。所以,目标的幅度不宜过宽,最好选一个窄一点的题目,把全部精力投放进去,较易取得成功。

2. 目标的确立要长短配合恰当

目标的确立应该长短结合。长期目标为人生指明了方向,可鼓舞斗志,防止短期行为。短期目标是实现长期目标的保证,没有短期目标,长期目标也就不能实现。特别是在职业生涯发展过程中,通过短期目标的达成,能体验到达成目标的成就感和乐趣,鼓舞自己为了取得更大的成就,向更高的目标前进。但是,只有短期目标,看不到远大的理想,就会失去奋进的动力,还会使人生发展左右摇摆,甚至偏离发展方向。

3. 同一时期目标不宜多

就事业目标而言,同一时期目标不宜多,最好集中为一个。目标是追求的对象,你见过同时追逐5只兔子的猎手吗?别说5只,就是两只也追不过来,因为那几乎是不可能的事。所以,在确立目标时,最好把目标集中在一个点上。

4. 目标的确立要具体明确

目标就像射击的靶子一样,清清楚楚地摆在那里。如果目标含糊不清,就起不到目标的作用。例如,有人决心干一番事业,具体干什么不知道,这就等于没有明确的目标,自以为有目标,而没有明确的目标,不仅起不到目标的作用,还可能造成假象。投入了时间、精力和资金,却起不到"攻击"目标的作用,10年过去了还是一事无成。

5. 目标要留有余地

生涯目标要留有余地,也就是在实现目标的时间安排上,不要过急、过满或过死。如果过急,比如需要5年才能达到的目标,定为3年或2年,就会"欲速则不达",不是计划落空,就是影响工作质量。如果安排过满,在同一时间里既做这个,又做那个,结果会顾此失彼,身心太累,而无法坚持。如果安排过死,如规定某一时间只能做某事,若遇某些干扰,无法完成,又没有补做时间,必然会落空。

要留有余地,就是要留有机动时间,即使发生某些意外,也有时间和精力机动地处理。

三、确定人生目标,规划实现步骤

人生的目标就像人生路上的灯塔,时刻照亮着一个人前进的道路,使每个人在人生道路上不至于迷失方向、不至于偷懒不前、不至于碌碌无为、虚度人生。可见一个人如何很好地确立人生目标是非常重要而现实的。如何确立人生目标呢?主要从以下几个方面做起:一是明确什么是人生目标;二是如何把人生目标生活化;三是如何实现人生目标;四是如何珍惜生命的每一分、每一秒;五是努力做一个理想与现实相交融的幸福快乐的人;六是如何画好人生这幅属于自己的最为美妙的画卷。

1. 人生目标

人生的目标,具体到某一个人就是对一个人一生要达到的最终角色的描述。也就是一个人最后想成为什么样子,在人生舞台上要扮演怎样的角色。其实人无所谓成功与不成功,有钱或是没有钱,有地位或没地位。人最大的收获应是你是否已按你最初选定的角色去扮演了,如果扮演好这个角色,且觉得一生过得挺快乐与满足的,笔者认为这样的人生就是成功与快乐的。人生最可悲的是到了风年残烛,还不知自己一辈子干了些什么,一生又是如何过来的。这样的人生就是主人公没有设定明确目标的结果。当然一个人一辈子的理想在人生过程是会改变、可以调整的,但无论如何调整,均不能改变的一个事实就是:一个人不能茫茫然地过一辈子,要有理想、有目标、有追求。我认为主要的人生目标无非是事业、财富、健康与快乐等指数。

(1)事业目标。

事业是最能直接反映一个人在一生中为人类所贡献大小的衡量指标。如李嘉诚,其成为华人首富,解决了多少人的就业问题,每年为国家上缴多少税收,每年为社会捐过多少善款;等等。这一切均能衡量出一个人在当时社会所做的贡献的大小,这样的人生是值得后人记住与爱戴的,更是大家学习的榜样。但也有一种类型的人,在他生前几乎没有任何名气与贡献,但当他死后,却发现了他的价值连城,无人能比,但一切的一切只有历史会记住他,他却无法享受到历史赋予他的一切荣光与财富了,这样的人同样是伟大可爱、值得推崇的,如毕加索、爱因斯坦等。

(2)健康目标。

一个人的健康水平优劣与否,直接关系一个人的生活的质量、事业成功的概率,以及自信心的大小,对此本人是有深刻体会的。例如,我对疾病就有一种天生的恐惧感,哪怕是得了一点儿感冒,我也会自信心大降、工作效率大减,日常的豪言壮语立马收起,因此保持一个健康无病的身体,几乎成了我日常生活的第一追求,因为健康对一个野心勃勃、想干一份事业的人来说太重要、太值得重视了。只有健健康康地活着才有意义、才有快乐可言。因此,一个人的健康的目标如对一辆车的保养一样,要常护理常新,永远保持优质的配置与功能,绝不能让一个设备或零件提前报废。从人的健康生活而言,就要生理与心理两手抓,两手都要硬。比如活到50岁的时候,就要学会倒过来活:"今天五十,明年四十九。"这样我们就不会因年龄的增长而失去对目标的追求的信心和决心,老在心里嘀咕:"我老了,我不行,还是少干点吧。"其实,人是感情动物,情感的暗示很大程度上代表了一个人的心态及这个人的整体的生活态度,如果我们能倒过来活,每天早上都对着镜子说一句"你看我年轻、我很美!"比你每天对着镜子无精打采地说"我老了,不中用了"对健康要好得多。

(3)快乐目标。

当代很多年轻人均把实现人生快乐作为人生目标。这是社会发展到一定程度的产物无可厚非。但如果年轻人把快乐简简单单地只想成是:吃好、穿好、住好、玩好,每天无忧无虑就是快乐,那就大错特错了。快乐其实包含极其丰富的内涵。我认为快乐至少由生活的质量、个人的自信与健康、事业的顺利与成功、人际关系的和睦、家庭的幸福与吉祥、人与环境自然的和谐等因素组成,可以说这些要求缺一不可。因此,追求快乐生活是一个很高的境界,需要每个人付出极大的努力才能达到,而不是上帝安排的命运,因此一个人要好好地过一辈子,必须设定几项快乐的目标,比如家庭要和谐、居住环境要好、身体要健康,事业也要有所成就,不能太落后等,均是构成快乐人生应追求的目标。

2. 人生目标生活化

生活最常见的方式是一个人生下来在努力活下来的同时,一般是经历了这么几个过程：读书上学、工作赚钱、结婚成家、生儿育女、赡养老人、生老病死，从而完成一个人生的过程。如果从一个人的成长发展来看，主要先是成长阶段，其次是发展阶段，最后是成熟阶段。如果人生的目标能早而坚定地确定下来，那么一个人的成长过程就会更有目的性、更有目标感、也更有成就感，这样的人生应是成功的，因为这样的人生已把人生目标融入日常的生活，因此，如何让自身的生活目标化，我的初步的设想是：

一是养成多个良好的人生习惯。如良好的学习习惯、良好的身体锻炼习惯、良好的生活作息习惯、良好的待人接物的习惯等，均是一个成功人士应努力培养的好习惯。

二是设定不同年龄段的人生小目标。这个问题我在前几章也有谈及，人生的大目标就是由人生各阶段的小目标所组成的，没有小目标的一个个地实现，何来的大目标实现呢？！

三是谨小慎微地迈好人生的每一步。人生如风云变幻，不可不小心。可以说人生处处有陷阱，人不可太张狂，也不可太拘谨。如何才能把握好这个尺度呢？我认为应处处保持清醒而智慧的大脑。多学习、多长见识，多向社会、向身边的人学习，特别应多一点时间修身养性，提高自身的内涵与修养。

四是培养自身坚忍不拔的意志力。因为人生苦短、人生难测，谁能保证自身平平安安过一辈子，因此，必须培养一个正确的人生观、价值观与世界观，不可走极端。万事不可强求，凡事要顺其自然。谋事在人，但成事往往在天。

3．实现人生目标的三大必备要素

如果把实现人生目标当作一次攀山，这就需要每个人具备一定的条件与素质，我认为在众多的要求中，健康体魄、聪明才智、矢志不渝三大要素是一个人实现成功人生目标的最关键的要素。

（1）健康体魄。

俗话说得好，身体是革命的本钱，更是一个人实现人生辉煌的首要条件，没有健康一切免谈，自身如何保持长青、长新、长健，应是每个人每天第一要考虑的问题，而不是次要的问题。保持个人的身体与心态的健康，时时保持体内体液的阴阳与酸碱的平衡是关键。同时，加强个人修养，不要动不动就生气，就虚火上升，就吃药打针，均是不好的习惯。主要的是要养成长期适合自身的锻炼习惯，并想办法坚持下来。

（2）聪明才智。

人是感性动物，更是灵性的智慧动物，一个人如果失去智慧与灵性，无疑就失去了人最动人、最可贵的一面。因此，如何培养与加强自身的智慧、如何使自己成为一个先知先觉者、如何让自己尽量地比同龄人聪明能干一些、如何让自己比一般人想得更远些、如何让自己干的活比别人更多更好一些等，均是能培养自身增长见识与智慧的方式。最为重要的就是要坚持学习、学习、再学习，坚持活到老、学到老，永不服输，也永不服老，永远保持一颗学习的良好心态。

（3）矢志不渝。

对待人生的目标，就像对待自己的爱人一样，要有一份矢志不渝的心，对自己追求的目标要有永不放弃、一追到底的心，绝不可三心二意、三天打鱼两天晒网。不管在什么境遇下，均要坚持到底，要有永不放弃的决心与信心，要相信自己，要相信目标，更要相信"天道酬勤"的规律。当一个人一旦明确了自身要终身追求的目标后,就要坚持、坚持、再坚持,努力、努力、再努力。

对于追求目标过程中碰到的困难,每个人均要有一个充分的思想准备,因为任何一项事业就是人们经过不懈的努力而获得的,不是轻而易举能达到的,否则也就不算是事业了,因为人人会做的事,就体现不出成功人士的不同凡响了。因此,心中存有梦想的人,就要有忍受寂寞与痛苦、折磨的思想准备,因为这是一条不是人人均能发现、能走成功的路,也不是人人均能达到的彼岸。而使自身坚持下去,坚定地朝着一个目标前进的动力来自哪里呢?我认为应来自绵绵不断的小小成功的鼓励,人需要经常给自己一些鼓励与表扬。因为,人是情绪动物,只有不断地让自身获得一次比一次高的自信,才能不断地激发自身的创新与创造力,不断地克服困难,完成一项一项任务,取得一个又一个的成功。

第二节 吃苦耐劳的精神

吃苦耐劳对于每一个人,尤其对于大学生来说,是必须具备的基本品质之一。当前,大学生吃苦耐劳品质缺失已是一个不争的事实,更是一个不容忽视的现实。吃苦耐劳品质是大学生内在意志品质最外在的表现,也是当前素质教育中最易忽视的、最为缺乏的教育,而随着社会的不断向前发展,更是越来越凸显其社会价值。

一、吃苦耐劳的定义

吃苦耐劳是一个历史范畴,它的外在形式随着时代的进步、人类生存条件的发展变化而呈现多样性和变动性,在不同的历史时期,它表现出不同的内涵。但其内在本质却是永恒不变的,具有超时空的普遍意义,代表了社会前进的方向,并非在艰苦生活条件下的权宜之计,而是贯穿于人类社会发展始终的精神支柱。这样的精神状态和行为品质不论过去、现在还是未来都具有无可争辩的时代价值和重要意义。

1. 吃苦耐劳品质的内涵

对于"吃苦耐劳"一词,我们似乎耳熟能详,甚至成为我们的日常用语。但是,对于吃苦耐劳的内涵界定,则至今没有准确定论,尚待进一步研究。在现代汉语词典中,"苦"的内涵非常丰富,既可以作为形容词使用,又可以作为动词使用,还可以作为副词来使用,其本意指苦菜,与甜、甘相反,后引申为苦味,古称五味之一。"苦味"后又引申为"辛劳、困扰、痛苦"等,在现代日常用语中,"苦"又可以作为"刻苦、竭力、尽力"等词语使用。"苦"既有纯粹生理感受的苦涩味道,又引申为遭遇挫折、困难时的精神痛苦以及百折不挠、奋力进取的精神和态度。"耐"在古汉语中指禁得起、受得住,通"奈",奈何;通"能",能够。在现代日常用语中,引申为"容忍、胜任、相称、愿意"等词语使用。"劳"是指劳累、辛苦、疲劳、用力等人类创造物质或精神财富的活动。在新华字典中"吃苦耐劳"一词常用作定语,含褒义,形容人的坚韧不拔,能经受困苦的生活,也禁得起劳累的精神状态和意志品质。

基于以上观点,由此总结出"吃苦耐劳品质",就是一个人在克服困难和挫折的过程中,磨炼出的一种比较稳定、坚定、一贯的坚强的意志和顽强的精神品质。

【拓展——吃苦耐劳的名言】

1. 不经冬寒,不知春暖。
2. 人,只要有一种信念,有所追求,什么艰苦都能忍受,什么环境也都能适应。——丁玲
3. 知识是从刻苦劳动中得来的,任何成就都是刻苦劳动的结果。——宋庆龄
4. 遇横逆之来而不怒,遭变故之起而不惊,当十分之谤而不辩,能够任大事矣!——汤斌
5. 只要咱们能善用时刻,就永远不愁时刻不够用。——歌德
6. 骐骥一跃,不能十步;驽马十驾,功在不舍;锲而舍之,朽木不折;锲而不舍,金石可镂。——荀况
7. 普通人只想到如何度过时刻,有才能的人设法利用时刻。——叔本华
8. 人只有献身社会,才能找到那实际上是短暂而有风险的性命的好处。——爱因斯坦
9. "一劳永逸"的话,有是有的,而"一劳永逸"的事却极少……——鲁迅
10. 好动与不满足是进步的第一必需品。——爱迪生
11. 应对生活的狂涛,叫骂诅咒者是庸人,低头沉思者是哲人,劈浪奋进者是开拓的人。
12. 性命的好处在于付出,在于给予,而不是在于理解,也不是在于争取。——巴金
13. 先甜不算甜,后苦才叫苦。
14. 有志者,事竟成,破釜沉舟,百二秦关终属楚。苦心人,天不负,卧薪尝胆,三千越甲可吞吴。
15. 一等二靠三落空,一想二干三成功。
16. 社会主义制度的建立给咱们开辟了一条到达理想境界的道路,而理想境界的实现还要靠咱们的辛勤劳动。——毛泽东
17. 现实是此岸,理想是彼岸,中间隔着湍急的河流,行动则是架在川上的桥梁。
18. 天无整日雨,人无一世苦。
19. 为了党的事业,我必须冲锋在前,退却在后;吃苦在前,享受在后;除掉思想上的缺点,不怕艰苦困难,不怕流血牺牲,革命到底!——董存瑞
20. 一寸光阴一寸金,寸金难买寸光阴。
21. 构成天才的决定因素就应是勤奋。……有几分勤学苦练,天资就能发挥几分。天资的充分发挥和个人的勤学苦练是成正比例的。——郭沫若
22. 故天将降大任于斯人也,必先苦其心志,劳其筋骨,饿其体肤,空乏其身,行拂乱其所为,因此动心忍性,增益其所不能。——孟珂《孟子》
23. 苦难是一笔财富,而在苦难中奋起的人们,才是财富真正的拥有者。
24. 宝剑锋从磨砺出,梅花香自苦寒来。
25. 懒惰——它是一种对待劳动态度的特殊作风。它以难以卷入工作而易于离开工作为其特点。——杰普莉茨卡娅
26. 苦难是人生的老师。——巴尔扎克

27. 莫等闲,白了少年头,空悲切。——岳飞

28. 奇迹多是在厄运中出现的。——培根

29. 咱们平时说"勤学苦练"。苦,并不是"傻"的意思,而是说:练功时,第一,不好怕吃苦;第二,要苦思。——盖叫天

30. 自苦雄才多磨难,从来纨绔少伟男。

31. 少而好学,如日出之阳;壮而好学,如日中之光;老而好学,如秉烛之明。——刘向

32. 草木不经霜雪,则生意不固;吾人不经忧患,则德慧不成。——沈近思

33. 逆境是到达真理的一条通路。——拜伦

34. 吃得苦中苦,方为人上人。不吃苦中苦,难得甜中甜。

35. 锻炼不刻苦,纸上画老虎。

36. 谁不备受折磨,谁就不会有信心。——安格尔《安格尔论艺术》

37. 火以炼金,逆境磨炼人。——辛尼加

38. 卓越的人一大优点是:在不利与艰难的遭遇里百折不挠。——贝多芬

39. 在今天和明天之间,有一段很长的时刻;趁你还有精神的时候,领悟迅速办事。——歌德

2. 大学生吃苦耐劳品质的内涵

目前,我国的大学生的年龄主要集中在18～22岁,个体的生理发展已基本完成,但心理发展正处于从未成熟走向成熟的发展阶段,具有很强的可塑性。大学是大学生从课堂走向社会的过渡阶段,更是关键阶段。

青年大学生具有蓬勃向上、积极进取、勇于创新的特点,担负着建设中国特色社会主义和中华民族伟大复兴的历史重任。现在的大学生关注社会,但缺乏对改革开放和发展社会主义市场经济的正确认识,不了解社会转型是一个长期、艰巨、复杂的过程,对在改革开放、发展社会主义市场经济、社会转型期出现的种种问题、困难缺乏一定的辩证思考分析能力。

古人说:"吃得苦中苦,方为人上人。"吃苦耐劳是人生的立业之基、成业之本。如果说老一辈的吃苦耐劳是环境所迫,那么当代大学生则需要靠"自觉吃苦耐劳"来培养。所谓"自觉吃苦耐劳",其一,是指在思想上做好"吃苦"的准备。也就是说,大学生在思想上要不怕吃苦、敢于吃苦、迎苦而上、不避艰苦,将这种吃苦作为一种人生进取的历练,自我锤炼的基础。其二,是指在行动上要有"耐劳"的意志。古人云,"千里之行,始于足下;不积跬步,无以至千里;不积小流,无以成江海",千里之路,是一步一步地走出来的,没有小步的积累,是不可能走完千里之途的。脚踏实地,一步一个脚印,不畏艰难,不怕曲折,坚忍不拔地坚持下去,才能最终到达成功的彼岸。

艰苦奋斗与吃苦耐劳是一脉相承的。陈永红在"加强大学生艰苦奋斗教育的几点认识"中指出:对大学生进行艰苦奋斗教育,从根本上说是要帮助他们树立正确的世界观、人生观和价值观,教育他们志存高远、顽强拼搏、奋发有为,这是艰苦奋斗教育的应有之义。苏守波在"当代大学生还需不需要'艰苦奋斗'"中写道,艰苦奋斗具有丰富的时代内涵:解放思想、实事求是是艰苦奋斗精神的核心和精髓;吃苦耐劳、顽强拼搏是艰苦奋斗

最基本的要求;脚踏实地、刻苦钻研、勤勉敬业是艰苦奋斗精神的又一重要内容;艰苦朴素、勤俭节约是艰苦奋斗精神的实质所在;自强不息、知难而进是艰苦奋斗精神的集中体现;励精图治、积极探索、勇于创新是艰苦奋斗精神的价值取向。

所以说,大学生吃苦耐劳品质的内涵具体表现为以下层面:在学习上,要勤于学习、善于思考、勇于钻研,要学有所精、持之以恒,耐得住学业之苦;在工作上,踏踏实实、任劳任怨、勇于创新,要学以致用、善学善用,耐得住名利之苦;在生活上,要勤俭节约、适度消费、绿色消费,要艰苦奋斗、独善其身,耐得住生活之苦。

二、吃苦耐劳品质与大学生的关系

吃苦耐劳的优良品质是中华民族优良的传统美德,是先人留给我们后辈的宝贵财富。但随着社会的发展,人们对吃苦耐劳精神的认识出现了偏差。而进入21世纪以来,大学生是否具备吃苦的精神来应对各种机遇和挑战更是引起了世人的关注。因此,强调培养大学生吃苦耐劳的精神,首先要正确认识几种关系:

1. 重新认识吃苦耐劳品质与时代的关系

改革开放以来,我们的物质生活水平和精神生活水平得到显著提高,整个国家的面貌焕然一新。可是,生活条件的改善并不意味着可以丢掉吃苦耐劳的精神。吃苦耐劳的优良品质是我们中华民族的瑰宝,更是我们中华民族快速发展的不竭动力。

【案例3】

每次大学新生入学时,我们都会看到这样的情景:一个孩子两手空空,左顾右盼地欣赏着自己即将步入的大学校园,后面跟着大包大揽的父母,一直到将孩子在校的所有床具铺好、买好、千叮咛万嘱咐之后,才依依不舍地离去。

【案例分析】

大学生生活缺乏独立性的最突出表现就是依赖性强。生活上的自理能力很差,对家庭过分依赖。家长过分地溺爱、娇惯,使他们从小过着"饭来张口,衣来伸手"的优越生活。

2. 重新认识吃苦耐劳的品质与"大学生自身素质"的关系

现代社会要求大学生具有多种类型的素质,其中最基本的也是几乎每一位新世纪人才都应具备的素质就是健康的身体素质和良好的心理素质。而随着时代的发展,大学生素质的内涵也在不断地扩展,不仅要求大学生具有良好的身体素质、掌握较完备的专业理论知识,社会的发展还要求大学生具备良好的心理素质。但改革开放以来,随着全球化的趋势愈演愈烈,多元文化的碰撞与冲突,当代大学生的世界观、人生观和价值观开始面临多样化选择,在这过程中必然会遇到挫折。而如何战胜这些挫折,如何培养大学生全面的素质,这是我们培养大学生吃苦耐劳品质需要重新思索的重要问题。

【案例4】

2012年5月26日,人民日报海外版发表了题为"两成大学生竟然从不提问"的报道。报道中指出:清华大学教育研究院发布了一份根据中美985所高校包括清华大学在内的23所本科院校的调查研究报告,这份调查研究报告共收集了2万多份调查样本,根据调查样本的数据对中美两国研究型大学做了一番对比。调查数据表明,985院校学生在"课上提问或参与讨论"题项上,有超过20%的中国大学生选择"从未",而选择这一选项的美国大学生只有3%;只有10%的中国学生选择"经常提问"或"很经常提问",而选择这一选项的美国大学生约为63%。

【案例分析】

从这些数据中可以看出,上自清华大学,下至普通院校,大学生普遍缺乏学习的内在动力,发展后劲不足。

3. **重新认识吃苦耐劳品质与大学生就业的关系**

大学生就业问题是近年来全社会普遍关注的问题,大学生就业难已是社会的普遍共识。可大学生就业难究竟难在哪里?首先体现在大学生找不到满意的工作,企业招不到符合要求的人才。而造成这一局面的原因,很大程度上归结于大学生吃苦耐劳素质的欠缺。市场经济条件下,随着我国对外开放程度的提高,企业规模扩大及企业之间竞争的日趋激烈,企业员工的吃苦耐劳精神、坚定的意志品质逐渐成为公司在商海立足的重要因素。大学生要想成功就业,不仅需要机遇等各方面充分的准备,更重要的是还要有吃苦耐劳的精神。

【案例5】

据有关2010年调查资料的结果显示:只有将近五分之一的学生有明确的就业目标,约五分之三的学生表示有就业目标,但不确定;近七成的大四男生对就业模板有一定思考,而女生这一数据约有四成。

另据对企业的调查显示:近70%的企业不愿意雇用应、往届大学毕业生,究其原因是大学生对自身的规划缺乏长远目标,企业不愿意花时间、金钱帮助他们实现从学校到社会的转变。

另据"华工学生走29省市发放超万份问卷调研大学生就业问题"的调研显示:受访学生中,有七成工作5年内至少跳槽两次。

【案例分析】

上述三组数据可以说明:当前大学生对就业、就业价值等相关问题认识模糊,具体表现为就业缺乏目标性。

三、大学生吃苦耐劳教育的必要性及其可能性

吃苦耐劳是中华民族的传统美德,是前人留给我们的宝贵精神遗产。随着社会经济的进步和社会文明的发展,吃苦耐劳品质在当今社会中越来越凸显其所具有的时代价值。

1. **吃苦耐劳教育的必要性**

大学生吃苦耐劳品质的培养的必要性,主要表现在两个方面:一方面是实现中华民族伟大复兴对大学生提出的客观要求;另一方面是大学生自身全面健康发展的迫切需要。

吃苦耐劳是实现中华民族伟大复兴对大学生提出的时代要求。当代大学生是一群有知识、有理想、有创新精神的有为青年,是承前启后、继往开来的一代,实现中华民族伟大复兴的重任责无旁贷地落在了他们肩上。现在正是社会主义现代化建设的关键时期,也是大学生成长和发展的黄金时期,要想使大学生的成长和发展与社会主义现代化的要求相一致,则必然要加强对大学生的社会责任感的培养。增强大学生的社会责任感必然离

不开大学生吃苦耐劳品质的培养,建设社会主义和谐社会需要大学生具有社会责任感和历史使命感。

吃苦耐劳是大学生迎接社会挑战所应具备的基本品质。改革开放、市场经济的发展,各方面思潮蜂拥而至,处处充满了诱惑,使大学生的思想遭受到前所未有的冲击。面对复杂的社会现象,一些大学生的价值取向越来越偏向实际,人生理想趋向实际,价值标准注重实用、个人幸福追求实在、择业观念偏重实惠。

大学生作为建设社会主义事业的生力军,他们在未来的社会发展中起着举足轻重的作用,培养大学生吃苦耐劳的品质显得尤为重要。如果对他们吃苦耐劳的品质缺乏足够重视,他们不但无法担负起建设社会主义的大业,甚至可能成为社会发展的绊脚石。因此,学校德育必须意识到大学生吃苦耐劳品质培养的必要性和紧迫性。

2．吃苦耐劳教育的可能性

吃苦耐劳教育不仅是必要的,而且是可能的。

(1)"人的全面发展"为吃苦耐劳品质的培养提供理论基础

人的全面发展理论是马克思主义的重要理论之一,在广义上是指人类和个体各方面都得到发展,在狭义上是指个体的体力、智力、心理、品德、能力等各方面的发展。

人的全面发展理论不管是从具体的个人的全面发展还是人类的全面发展都指向"人才"。要培养和造就全面发展的人才,就要使人的素质得到整体性的提高和发展。培养人才特别是为实现可持续发展培养人才,不仅要开发智力、教人做事,更要构建人格、教人做人。只有使掌握科学技术的人在德、智、体、美等诸多方面得到和谐发展,才能造福于人类社会。一个没有吃苦耐劳品质的人不可能是一个全面发展的人,而一个全面发展的人必然具备吃苦耐劳的品质。

总而言之,人的全面发展理论为教育工作者开展吃苦耐劳教育提供了必要的理论前提和基础,为吃苦耐劳品质的培养提供了必要的可能性。吃苦耐劳教育之可能,根本原因就在于它指向人的全面发展,与人的自我目标保持高度一致,是人所固有的本质的能力的一种外延与释放。

(2)"需要层次理论"为吃苦耐劳品质的培养提供发展可能

人的身体内潜藏着不同的五种需求。这五种需求根据人需要的迫切程度从低到高、按层次需要逐级递增,依次分为生理上的需求、安全上的需求、归属与爱的需求、尊重的需求、自我实现的需求。这五种需求中,前三种属于低层次的需求,通过外部条件就可以获得满足;而尊重的需求和自我实现的需求则属于高层次的需求,这些需求是通过内部因素才能实现的,而且一个人对尊重和自我实现的需求是无止境的。马斯洛认为,该需要得以满足后,后面的需求才显示出其激励作用。从这一观点可以看出,人生来就具有一种内在的自我实现的需求,自我实现的需求是人的最高需求,学校德育的目的就是通过各种措施促使这一需求得以实现。

至此可以看出,吃苦耐劳品质是在人性中存在着的一种心理及道德特质,因此为吃苦耐劳品质的培养提供了可能,那么如何将这种可能变为现实呢?一是要在吃苦耐劳教育的促进下不断地为个体所自省,并伴随着个体认识的加深而不断地内化。二是需要适当的教育环境的影响,这就要求学校德育要呼吁、影响社会及家庭共同努力,一起创造一个有利于吃苦耐劳品质培养的外部环境。

(3) 社会环境的优化为吃苦耐劳品质的培养提供现实条件

现代德育理论将德育教育分为显性教育与隐性教育,显性教育主要是指那些有意识的、面对面的、直接的、正面的"显露"教育方式;隐性教育是指无意识的、潜在的、间接的,使受教育者在不知不觉中接受教育的一种教育方式。而社会环境就包括在隐性教育之中,在现代德育中它越来越凸显出自身的价值,也越来越引起现代德育工作者的重视。

大学生是社会环境中的一分子,他们的成长离不开社会环境,因此,社会环境的好坏很大程度上影响着他们的行为,新时期社会环境的复杂多变,更应引起德育工作者的高度重视。良好的社会环境,可以促进大学生良好道德品质和习惯的养成;恶劣的社会环境,不仅不利于大学生道德品质和习惯的养成,还会阻碍、压制良好的道德表现,甚至形成扭曲的道德标准。

四、大学生吃苦耐劳品质培养的教育策略

目前大学生吃苦耐劳品质的培养不容乐观,造成大学生吃苦耐劳品质缺失的原因是多方面的。由此可见,大学生吃苦耐劳品质培养必须加强,而且是一个长期、复杂、艰巨的系统工程。

1. 明确吃苦耐劳品质在大学生综合素质中的地位

合格的当代大学生必须具有较高的综合素质,例如在智力方面、身体方面和心理方面,而吃苦耐劳精神贯穿于各个方面素质提高过程的始终,并且要通过大学生吃苦精神的发挥才能促进大学生自身及社会的发展。因此,培养大学生的综合素质在大学生教育中具有重要的意义。

【案例6】

广州南洋理工职业学院,实施了"培养大学生吃苦耐劳精神,从扫厕所开始"的吃苦耐劳活动。

【案例分析】

这是一种较好的吃苦耐劳活动,此活动不仅仅让学生体验到劳动的艰辛和不易,更是让他们有一种认真做事的态度,起到了良好的教育意义。

【案例7】

石家庄职业技术学院的创新吃苦耐劳活动,是将吃苦耐劳活动与专业特色相结合,针对旅游管理专业,为学生量身定做"公交车市区导游"活动,并为活动制定了详细的要求,既让学生学以致用地服务社会,又起到锻炼学生吃苦耐劳的能力的作用。据悉,该校建立了一套吃苦耐劳教育的系统培养计划,从新生直到毕业,三年的大学生活伴随着吃苦耐劳教育的深化,这对学生吃苦耐劳品质的培养无疑具有非常重要的作用。

【案例分析】

让学生在活动中体验吃苦耐劳的重要意义,让学生在反思中内化吃苦耐劳的行为,正是以学生为主体实施吃苦耐劳教育活动的目的之所在。

总而言之,只有通过大量的吃苦耐劳实践活动,大学生才能对吃苦耐劳有一个全方位

的体验。吃苦耐劳品质只有在实践中才能形成。只有通过实践,大学生才能提升吃苦耐劳的情感,实现吃苦耐劳的行为,养成吃苦耐劳的习惯。

2. 大学生要注重自身在吃苦耐劳品质培养中的主体性作用

当前,我国处于改革开放大环境和全球化背景下,各种思想观念无时无刻不在影响着大学生,教师已经不再是大学生获得信息的唯一途径了,通过各种传播媒介大学生自主地选择学习的方式、学习的内容、学习的目的、学习的途径。因此,更应发挥大学生的主体性作用,引导大学生树立起培养吃苦耐劳精神的意识并逐渐落实到自己的行动中。

【拓展——以体验和情感生成为基础的吃苦耐劳教育】

以体验和情感生成为基础的吃苦耐劳教育的内涵大致包括以下四个方面:第一,必须把吃苦耐劳教育根植于学生的最初需要,融入学生的日常生活中,在日常生活对大学生吃苦耐劳教育起着潜移默化的作用。第二,创设吃苦耐劳教育问题情境,激发大学生吃苦耐劳情感参与,产生吃苦耐劳的体验,培养迎难而上的意志力。第三,吃苦耐劳教育是以人的情感体验为中介,通过体验不断地强化最终落实为自身的品质内化,也就是说吃苦耐劳教育一定要注重学生的实践活动。第四,教育的最高目的是培养完整、自由、全面发展的人。吃苦耐劳教育既关注于道德品质的养成,更关注于学生自由全面的发展,将精神发展的主动权还给学生。

以体验和情感生成为基础的吃苦耐劳教育的优点在于:其一,注重学生的主体性发挥,激发了学生自身教育的内在动机,强化了学生的内在生命体验,实现了"以学生为本"的教育思想,使学生由被动的学习者变为主动的自我塑造者;其二,它符合吃苦耐劳等道德教育的基本规律特点。可以说,吃苦耐劳教育的本质是在尊重道德教育基本规律基础上的情感生成教育,没有情感的渗入,就没有吃苦耐劳品质形成的内化机制,吃苦耐劳教育就如同无根之木、无源之水,吃苦耐劳行为的产生就是毫无根基的,不具有持久性,就背离了教育的本质,那么吃苦耐劳教育就失去了其教育的价值性。

3. 高校要创设有利于大学生吃苦耐劳品质形成的教育环境

大多数大学生都认为吃苦耐劳品质对自己来说很有意义。因此,我们更应创设一种有利于大学生养成吃苦耐劳素质的环境。而这首先就需要教育工作者认识到吃苦耐劳品质在大学生成长中的作用,并在自己的工作中积极地向大学生展示其魅力。其次,倡导大学生走向实践,让大学生投身于社会环境之中进行锻炼,使学生了解社会现实,在生活实际中逐步培养自己的吃苦耐劳精神。

【案例8】

据报道,2007年"十一"黄金周临近,新疆大中专院校的学生已陆续下到田间地头,勤工俭学拾棉花。而城里的孩子并不适应这项劳动实践,拾棉花在一些学生和家长眼里成了一项"痛苦"的任务,从而出现了各种怪现象:家长帮孩子完成任务、学生交钱买"任务"、施"苦肉计"开病假条等。

【案例分析】

对于组织学生拾棉花这样一项非常有意义的劳动实践活动,一些学生和家长却采取消极的态度,想方设法逃避,实在令人担忧。

【拓展——吃苦耐劳与重大事件相结合】

大学生往往高度关注与国家及民族利益相关的重大事件。比如 1998 年长江流域特大洪灾,在同洪水的搏斗中,展现了我们的民族和人民万众一心、众志成城、不怕困难、顽强拼搏、坚韧不拔、敢于胜利的伟大抗洪精神;2003 年全国"非典",时任中共中央总书记胡锦涛同志在中共中央政治局第四次集体学习时强调指出:在当前这场防治非典型肺炎的斗争中,我们要大力弘扬万众一心、众志成城、团结互助、同舟共济、迎难而上、敢于胜利的精神……迎难而上、敢于胜利,就是要坚定战胜困难的昂扬斗志和必胜信念,实事求是地分析形势,沉着冷静地面对挑战,坚忍不拔地克服困难,在困难和挑战面前不惊慌、不退缩、不悲观、坚定信心、顽强拼搏,坚决同病魔斗争到底。

各高校充分利用大学生对此类重大事件的敏感度及关注度,采取各种措施不失时机地对大学生开展了吃苦耐劳、艰苦奋斗教育,深入挖掘这些重大事件中蕴含的吃苦耐劳、艰苦奋斗教育资源,将重大事件引入课堂教学及校园网络、校园广播之中,通过班会、观看电影、专题讲座、社团活动、志愿者活动等形式,使大学生在活动中切身体验吃苦耐劳、艰苦奋斗的精神;深刻体会到中华民族不畏艰险、敢于斗争的伟大精神,亲身践行吃苦耐劳的优良品质。

第三节 敬业与奉献精神

敬业与奉献精神是现代人类都应具有的品质,是现代社会发展的必要条件,是现代人类个体生存所依赖的必需基础。

从社会发展的角度来讲,现代人类作为一个个体,其衣食住行、生存发展,都依赖于一个整体正常运转的社会体系。打个比方,如果社会是一个动物,则每个人都是这个动物身上的一个细胞,社会依赖个人创造的价值发展(如细胞进行各种代谢活动),个人则依赖社会提供的平台生存(如生物为细胞提供养分)。

因此,如果每一个自然人个体都能够有敬业和奉献精神,努力为社会创造价值,则社会将会更加进步,同时,社会进步所产生的价值也会反哺给自然人,丰富自然人的生活,为自然人提供更好的保障。而如果每个人类个体都不具备敬业与奉献精神,不为社会创造价值和财富,则社会将会逐渐崩溃。脱离了社会体系,人类的生存和生活也将无以为继。

具体到生活中,我们每一个人的衣食住行,实际上都是现代社会分工协作所产生的。例如,我们吃的食品、穿的衣物、使用的各种工具、住的房屋,这些东西绝大多数都不是我们人类个体自己制造的,都是其他人通过辛勤劳动创造而来的,因此,作为回报,我们也应秉承敬业和奉献精神,做好我们本职工作,从而回馈他人,回馈整个社会。

一、敬业精神的定义

"敬业"一词典出《礼记·学记》:"一年视离经辨志,三年视敬业乐群。"最初的敬业是指专心于学业,后来泛指以恭敬严肃的态度对待工作,认真负责、一心一意、任劳任怨、精益求精的精神。

敬业总是和"爱岗"联系在一起的。爱岗是敬业的前提,敬业是爱岗情感的进一步升华,是对职业责任、职业荣誉的进一步深刻理解和认识。一个不爱岗的人很难做到敬业,一个不敬业的人,很难说是真正的爱岗。

所以,每个从业的公民要真正做到敬业,首先,必须从爱岗做起。也就是说,不论做什么工作,不论职务大小,都要立足本职工作,严肃认真,兢兢业业,脚踏实地,一丝不苟。其次,必须树立为人民服务的思想。要知道每个工作,每个岗位,都是可敬的,都是人民需要的。为人民服务不是抽象的一句空话,它体现在每个从业公民的具体工作之中。所以,每个从业公民只要树立了为人民服务的思想,就能在工作中积极主动,奋力进取,精诚协作,高度负责,什么困难都能克服。再次,努力学习和掌握现代科学知识,业务上精益求精。随着现代化建设和市场经济的发展,劳动分工越来越细,技术含量日益增加,竞争也越来越激烈。对每个工作劳动的公民来说,文化知识、业务水平、技术素质要求越来越高。一个公民如果只有敬业的良好愿望,却没有敬业的各种素质,敬业就没法落到实处。最后,坚守岗位责任,干一行爱一行。履行职责是每个公民的本分,岗位责任就是社会责任,是社会对每个公民的义务要求。所以,每个在职业岗位上的公民都要有明确的、执着的责任意识。

敬业就是用一种严肃的态度对待自己的工作,勤勤恳恳,兢兢业业,忠于职守,尽职尽责。如果一个从业人员不能尽职尽责,忠于职守,就会影响整个企业或单位的工作进程,甚至损害到个人的利益。

爱岗与敬业总的精神是相通的,是相互联系在一起的。爱岗是敬业的基础,敬业是爱岗的具体表现,不爱岗就很难做到敬业,不敬业也很难说是真正的爱岗。

对当今的大学生而言,敬业不仅仅是就业后需要有的品质,大学教育的目的是教会大学生就业的知识,教会大学生做事和做人,因此在大学生活中,学生的敬业精神就体现在认真学习科学文化知识、培养艺术素养与人文精神,同时培养大学生对社会活动的积极参与意识。也就是说,大学生的敬业,就在于不断认真学习知识、培养情操和参与社会活动、积累社会经验。

这种敬业不仅是学校对学生的要求,也是社会对未来求职者和创业者的要求。只有做到敬业,做到多学、多问、多积累经验,才能成为一名合格的大学生。

【案例9】

在北京大兴,有一名大学生村干部叫胡建党。到村任职至今,已扎根农村将近6个年头。最初,他在村里实验印字西瓜、发展紫枣种植,逐步得到村里认可后,他萌生了进一步发展特色产业的想法。说干就干,寒冬腊月,他顶着刺骨的风,骑着一辆自行车跑区县、跑市里,找项目,筹资金。渴了喝瓶矿泉水,饿了啃口凉馒头。"功夫不负苦心人",最终,他筹到了15万元经费,带领村民成立了北京爱农星农产品专业合作社,种植和销售具有更高经济效益的食用菌,也就是我们俗称的蘑菇。在发展合作社的过程中,他始终秉持"做给农民看,带着农民干,帮助农民富"的理念,一路学技术,抓管理,找销路,惠民生。目前,合作社发展得有声有色,150多户村民积极入社,村级人均收入实现了翻番,村庄面貌也发生了大变样。

作为受习近平总书记等中央领导接见最多的大学生村干部,胡建党早已具有了不小的知名度。有一次我问他:建党哥,你现在是不是经常出席各种各样的活动呢?他说:

"现在邀请我作报告、作交流的单位真的特别多,但实际去的挺少,村里还有很多的事情等着我去做啊。"

我想,也正是一种高度的敬业精神,才使他能够"把村干部事业当作人生事业来经营",并在有了很多机会,可以在聚光灯下侃侃而谈,接受鲜花与掌声、报道和赞誉的时候,仍然能保持那样的一份平实与坚守。

【案例分析】

敬业是一种非常可贵的品质,它能引领我们立足本职,勤奋工作,克服困难,取得成绩,从平凡走向优秀,并从优秀走向卓越。

【案例 10】

在山东烟台,有一名大学生村干部叫张广秀。2014 年春节,她收到一份特别的新年礼物,习近平总书记的亲笔署名复信。此事随即在广大青年中引起强烈反响,掀起了一股学习总书记复信精神和张广秀感人事迹的热潮。大家或许会问,究竟是什么样的品质,让一名小小的村干部,受到如此的关注呢?

2009 年 8 月,张广秀考取烟台大学生村干部。从到任之日起,她便积极融入农村,勤奋踏实工作,一边走家串户了解情况,一边积极参与到村里的基层党建、产业发展、惠农服务、计划生育、账目管理、矛盾化解等各项工作中。2010 年 9 月,张广秀感到身体不适,被确诊患有急性白血病。在住院接受治疗前,她强忍着身体的极度疲惫和疼痛,带病坚持工作。在住进医院,坚持同疾病作斗争的过程中,她仍时常惦记着工作,挂念着村里的群众。并表示,"病好了,还去做村干部"。2011 年 3 月,在党委政府关心下,张广秀在北大人民医院接受了骨髓移植手术。2013 年 6 月,张广秀履行诺言,重返岗位,比专家建议的 3 年修养康复时间提前了半年。

【案例分析】

大家不难看出,张广秀身上有着一种高度的敬业精神,因而能够真正做到干一行爱一行,身患重病不忘本职,并最终赢得大家的认可,成为我们学习的榜样。

二、奉献精神的定义

敬业和奉献是紧密联系在一起的。所谓奉献,就是一心为他人、为人民、为社会、为国家、为民族作贡献。有这种境界的人,从事工作的目的,不是个人的名利,也不是家庭的名利,而是有益于人民、社会、国家和民族。奉献是在自始至终贯穿着敬业等优良职业道德品质长期积累的基础上产生的。在我们社会,像雷锋、孔繁森、李国安、范匡夫等同志,之所以受到社会尊敬,就是因为他们在各自的工作岗位上默默地为社会作出了无私的奉献。

奉献是社会主义职业道德的最高境界。一个公民如果真正做到了奉献,他就能在工作中做到爱岗敬业、诚实守信、办事公道、服务群众、奉献社会。同时,奉献也是社会主义公民道德的最高境界。

一个公民如果真正做到了奉献,也就无论在什么场合,都能够爱国守法、明礼诚信、团结友善、勤俭自强和敬业。奉献是无私的付出。虽然它是公民的基本道德规范,但是,它也是社会主义公民做人的最高境界,一个社会主义公民能够无私地奉献自己的辛勤劳动、聪明才智,甚至自己的年轻的宝贵生命,这样的公民难道不是一个道德高尚、值得人们学习的榜样吗?

雷锋同志曾说:"人的生命是有限的,可是,为人民服务是无限的,我要把有限的生命,投入到无限的为人民服务之中去……"孔繁森同志也曾说:"把自己当作泥土吧,认众人把你踩成一条路。"他们是这样说的,也是这样做的。

这就是他们无私奉献观的最好写照。奉献,就是给予,付出,不谋报酬,不计得失,为社会、为他人服务,爱岗,敬业,奉献,是一种崇高的道德情操。中华民族是一个崇尚敬业乐业精神的民族。

美国总统约翰·肯尼迪曾经说:"纵观人类历史长河,危机时刻有幸担当捍卫自由大任的人们并非多数。我不愿逃避责任——我乐于承担。我不相信谁能避开现实。我们为事业所尽的力量、忠诚和奉献将照亮这个国家和所有为之服务的人们——其光芒也将照亮世界。所以,我亲爱的美国人,不要问你的国家能为你做什么,问你能为你的国家做什么。"

在这里,国家和社会实际上是趋同的,也就是说,每一个人都有义务为社会奉献,这是真正的普世价值。

对于当代大学生而言,奉献精神也是一种积极的社会需求。社会的稳定发展繁荣,需要每一个社会人积极面对,积极参与,辛勤劳动和创造价值。当每一个社会人都具备积极的奉献精神,则社会将会越来越美好,越来越进步,不断前进的社会,会为每一个个体创造一个良好的环境;而如果所有社会人都缺乏奉献精神,自私自利的话,社会将会坠入倒退的深渊,趋向于崩溃,最终,一个渐趋崩溃的社会会损害每一个人的利益,直至影响到每一个人的生活甚至生存。

三、敬业奉献精神与人生收获

蜡烛,是生活中最普通的一件物品,大家都知道,它有一种"奉献"的精神,只要你需要,它会不停地发光为你照明,是为"敬业"。它放尽光芒,却毫无怨言,是为"奉献",如果非要在这之前加上一个定语的话,应该是"无私"。所谓"奉献",就是献出你宝贵的东西给你的祖国、事业或亲人。奉献是"落红不是无情物,化作春泥更护花"的美丽;是"横眉冷对千夫指,俯首甘为孺子牛"的爱憎分明;是"僵卧孤村不自哀,尚思为国戍轮台"的英勇;是"粉身碎骨浑不怕,要留清白在人间"的气概! 敬业与奉献,二者紧密相连,没有奉献精神的敬业只是一句空话,而离开了敬业,奉献精神则成为无源之水、无本之木。

【案例11】

王雅文从2003年10月走上成县妇幼保健站站长岗位后,仅一年多的时间,成县妇幼保健站综合服务能力和工作水平就得到大幅度的提升,各项指标成倍增长。她爱站如家,没有节假日,每天的上班时间超过10小时,一心扑在工作上,为成县妇幼卫生事业的发展作出了突出的贡献……她当选为全市第二届敬业奉献道德模范。

【案例分析】

凡能成就一番事业者,无不对其从事的职业专心致志,有的更是呕心沥血、鞠躬尽瘁。如今,敬业奉献已被列为公民基本道德规范。我们应一如既往地以敬业奉献作为做好本职工作的强大动力,为党的事业、人民的福祉奉献光和热。

【案例 12】

"教育局长的好榜样"——湖南桂东县教育局局长胡昭程,他为了把贫困地区的教育提高到发达地区的水平,为了让自己的同胞迅速走上脱贫致富的道路,身患肝癌,瞒着妻子和家人,走遍全县中小学校,兢兢业业,为提高教育质量,为党的教育事业鞠躬尽瘁。

【案例分析】

湖南桂东县教育局局长胡昭程,就是一位敬业奉献的英雄模范人物。正像一位读者所说:"从胡昭程的身上,又看到了当年的焦裕禄。"

【案例 13】

"中学校长的好榜样"——河南安阳县北郭乡第一中学原校长刘亚民,作为乡一中的校长,他心不离学生,身不离讲坛,带出了一批优秀教师。他为了改变学校面貌,到处奔走呼号。在他的敬业奉献精神带动下,他们的学校面貌变了,学校的中招连续 10 年居全县榜首。当他住院深度昏迷被大家唤醒后,他还吃力地问,"校长会开了吗?假期毕业复习班一定要安排好"。这句话成了他的临终遗言。

【案例分析】

河南安阳县北郭乡第一中学原校长刘亚民又是一位杰出的代表,他为了穷乡办出好教育,长期忍着病魔的折磨,做到了敬业奉献。

第四节　宽大的胸怀

有人说,不见大海不知天有多宽,见了大海才知人是多么渺小。海,是那么宽容,可以包容一切。实际上做人的道理也在于胸怀,只有拥有了宽广的胸怀,才会体验到"退一步海阔天空"的轻松和愉悦。做人心胸宽广,就得有"得饶人处且饶人"的宽容,体谅别人的难处,谅解别人的错处,关注别人的长处。

一、宽容的定义

1. 什么是宽容

什么是宽容呢?从专业术语层面上来讲,宽容是一种基于对世界多样性的认识,而产生的对异己的、不妨碍他人的自由和正当利益、不违反公共价值、不破坏现代制度的思想和行为,予以宽恕、容忍、尊重的思维方式与行为方式。

2. 宽容与大学生的关系

随着高等教育由"精英教育"向"大众化教育"转变,昔日罩在大学生头上的"天之骄子"的光环已逐渐消退,然而,这并不能改变大学生作为同龄人中的先进分子、国家未来的建设者和领导者的地位。虽然并非每一个大学生都会成为社会的精英,但社会的精英绝大多数来自大学生。

在大学阶段,大学生将基本实现由知识的接受者向知识的掌握者、创造者、传承者的角色转变。由于对知识点掌握和思维能力的提升,他们将获得巨大的社会组织能力,他们在大学阶段形成的思想观念,也将直接影响到社会的发展方向。宽容作为一种意识,如能内化为大学生的思维方式、行为方式,也将对社会、国家和个人产生诸多积极的影响。

二、宽容对人生成长的影响

当前的大学生群体面临着越来越大的来自经济、学业、就业等多方面的沉重压力,在此情况下,运用宽容原则来避免或缓解人际关系的紧张显得尤为重要。

【案例 14】

小何,湖南农业大学一年级"90后"学生,家里的独生儿子。他说:"上大学前,父母告诉我,到学校后无论遇到什么问题,只要坚持'推己及人,保持宽容'的原则,将心比心,就一定能化解矛盾,融洽关系。"

刚到大学时,周围全是陌生的面孔,大家来自不同的家庭,性格各异,习惯不同,难免因为生活琐事出现矛盾。对于这些生活琐事,小何道出了自己的一次亲身经历:"记得有一次晚上,我去洗衣房洗衣服,回宿舍时忘了带钥匙,手里端着脸盆,敲了半天门,里面的同学才把门打开,我有些生气,说了几句难听的话,我们当时就吵了起来,并且大打出手,直至其他同学拦住后我们才停手。过后,我冷静下来,想起父母告诉我的话,感到自己做得很不好。室友已经睡着了,而且在上铺,起床需要时间,换成我是他,不也一样吗?何况我自己大晚上出门不带钥匙也不对。于是,我马上找他道歉,他连声说自己也不对。后来我们俩成了大学里最要好的朋友。"

【案例分析】

如今,"90后"的孩子大都为家里的独苗,平时在家里都是宠着惯着,一旦脱离了家庭进入大学生活难免有些不适应。在生活中与同学摩擦产生小矛盾后经常以自我为中心,觉得自己永远是在理的那一方,会为了自己面子而不顾同学之间的情谊。然而,当一方选择退让,以宽容的心态对待事情时,另一方往往也会为自己的所作所为感到愧疚,从而双方很容易抛弃那些虚假的"尊严"而达到谅解。由此可见,以宽容的心态对待周围的人,别人必将宽容回赠与你,这对于大学生的交际发展是极为重要的。

【案例 15】

最近,北京迷笛音乐学校被警察突袭尿检,多名学生被警方带走。多名学生集体吸毒的新闻,迅速引爆网络。虽然校长称只有10余名学生被带走,但是此事已然引发轩然大波。北京迷笛音乐学校因迷笛摇滚音乐节闻名于世,学校为摇滚行业、音乐行业输送了众多音乐人才,被称为中国摇滚音乐的"黄埔军校"。由迷笛学校主办的迷笛音乐节,更成为国内首屈一指的户外摇滚音乐节,乐迷规模数以万计,在国内外都有很大的影响力。这样一所国内知名的音乐学校,为何有如此多的学生"涉毒"呢?

音乐学校或艺术学校,培养的学生以及学生所接触的外部环境主要在演艺圈。演艺圈有什么时尚和风气,往往在第一时间传染给这些艺术学校。学生们要入行和社会实践,不可能不与演艺圈和演艺人员打交道,好的环境可以影响人,恶劣的环境同样可以影响人,在不良的演艺环境下,一些艺术学校和艺校生就很难做到洁身自好。

迷笛学校校长张某接受媒体采访表示,的确有10余名学生被带走,不过对于这些犯错的学生,学校也给了他们极大宽容,我们盼望他们尽早回归学校,继续学业。张某同时表示,学校不会严格处罚这些学生,但会给他们开会进行批评教育。

【案例分析】

学生吸毒,学校采取的"宽容"态度让人实在无法宽容。学校负责人需要有坚决而明确的态度,仅仅依靠批评教育来感化学生,注定不会有太大的约束力。尤其是对于这家以培养摇滚类音乐人才的学校和这些志在投身摇滚乐且性格叛逆的青年学生而言,更应该制定严格的校规校纪,一旦连校方都采取"宽容"的态度对待此事,谁还来纠正学生这些错误的行为呢?

三、大学生如何培养宽广的胸怀

那么,作为大学生,怎样才能达到做人胸怀宽广的境界呢?

(1) 做人胸怀宽广,就要有原则。一味地宽容并不是真正的宽容,反而会让遵守的人反感,想得到别人的尊重,要有自己的想法,摸着自己的良心问自己,事情该怎么处理就怎么处理,问心无愧就行!平平淡淡的,顺其自然就好,不勉强自己,也不委屈自己,做想做的事,坦坦荡荡问心无愧,做个实实在在的自己。

(2) 做人胸怀宽广,就得宽容大度。雨果曾说过,只要有一种看透一切的胸怀,就能做到豁达大度,把一切都看作"没什么",才能在慌乱之时从容自如;忧愁时增添几许快乐;艰难时顽强拼搏;得意时言行如常;胜利时不醉不昏。人的面部表情与人的内心体验是一致的。心情舒畅、精神振奋是宽容大度的体现。

(3) 做人胸怀宽广,就得学会沉得住气。一般来说,心胸狭窄的人都是由于有潜意识的自卑心理和缺乏自信心所导致的,那你的关键问题就是调整自己的心态,增强自己的自信心,克服自卑,只要你能做到这些,你的心胸就会开阔起来。当你遇到挫折的时候,应该保持头脑清醒、面对现实,勇敢面对、不要逃避。冷静地分析整个事件的过程,是否是自己本身存在的问题。如果是一个浮躁急性之人,身上缺乏的正是这种沉稳。

(4) 做人胸怀宽广,就得听取他人忠告。忠言逆耳,很多时候我们往往刚愎自用,听不进他人的忠告。多听听他人的忠告,有时虽然"难听",但也一定要强迫自己听!

(5) 做人胸怀宽广,就得善待身边的朋友。在现实生活中,我们更应该好好珍惜身边的朋友,真诚待人。特别是那些益友,能在他们身上学到很多东西,学会留住身边的缘分。理解别人的处事方法,尊重别人的处事原则。

(6) 做人胸怀宽广,就要注重换位思考。要站在别人的角度看问题,因为每个人对于事情的看法都是不同的。所以当一个人和你的想法、看法有不同的意见,或者和你有什么争执,或者让你生气了的时候,那么就学着站在对方的角度去想。如果你是他,你又会如何。宽容一个人不难,难的是愿不愿意做到可以站在对方的角度看问题。

(7) 做人胸怀宽广,就要善于调节自己。参加一些社会活动,要多走出家门,不能总是把自己封闭在一个小空间,在与人接触的过程中,会让你的心胸变得更宽阔。另外,出去旅行,看看这个祖国的大好河山,也是会有一定的效果的。

人生短短几十年,换个角度仔细想想,没有什么事情是不能被包容的,那么我们何不敞开胸怀去面对一切,做最好的自己,让人生更加的精彩,让自己从此享受快乐的人生!

第五节 卓越品行

良好的品行是文明社会发展的必然趋势。所谓"其身正不令则行,其身不正,则令不行",正是一个人具有良好品行的体现。事实证明,无论是一个社会,还是一个独立的个人,如果只有能力水平的发展而没有品德品行的发展,这个社会就没法维系,作为个人也不会被社会认可进而有成功的人生。

一、当代大学生品行教育分析

(一)"重能力,轻品行"的现状原因

在现代大学教育中,大学生的品行教育往往被忽视或者说不够理想。雅克德洛尔在向联合国教科文组织提交的报告中就指出:"目前教育青年人的方式,对于青年人的训练,人们接受的大量信息——这一切都有助于人格的分裂。为了训练的目的,一个人的理智认识方面已经被分割得支离破碎,就是随它在无政府状态下发展。为了科学研究和专门化的需要,对许多青年人原来应该进行的充分而全面的培养弄得残缺不全。为从事某种内容分得很细或者某种效率不高的工作而进行的训练,过高地估计了提高技术才能的重要性,而损害了其他更有人性的品质。"

当下大学生为什么只关注自我能力的发展,而忽略自我品行的培养呢?

其一,对能力本位社会现实的错误认知。改革开放使中国进入了以发展为取向和以能力为本位的市场经济社会。发展是硬道理,发展最根本的是要靠能力。然而,市场经济条件下的发展和能力,是一个综合的指数,发展和能力的内容包括品行发展与品行能力,品行发展和品行能力是健康发展的保证,市场经济发展进入健康轨道的事实证明了这一点。

然而,人们看到的只是能力和发展本身,而忽略发展和能力对品行的要求。导致这种错误认知的原因是:一方面,市场经济发展初期的无序状态,使能力扭曲地展现,而缺少对品行的约束;另一方面,社会转型后人们的注意视点由于以往对发展和能力的忽略,导致只关注能力的价值而忽略品行的意义。不能否认,在社会现实中道德调解机制作用的弱化,也是人们忽略品德品行的一个原因。

其二,教育畸形发展造成价值取向的偏差。考试,既是目前分配教育资源和选拔人才的有效形式,也是实现教育公平的现实方式。凭考试成绩享受和占有教育资源,这是客观现实。现实中的各种升学考试,很自然地把考试成绩看成是一种能力的反映,是决定命运的真本事。单纯地追求考试成绩、追求能力的发展,而忽略发展和能力中的品德品行;这种现实加上社会生活中能力本位的实际,也自然使学生们把自己的发展和能力看成是决定自我命运的关键。

其三,主体性增强和自我意识的不完全发展。主体性是指人作为认识、实践和价值主体所具有的能动性、创造性、自主性、自为性等特性。主体性的实现既是人类发展的目标,也是人类自身发展程度的标志。自我意识是人的主体性发展的内容,也是主体性发展的

表现。思想解放和市场经济的发展,使人的主体性得到增强,自我意识得到发展。人们更加自觉地发挥主体的能动性、创造性、自主性和自为性,关注自我的发展和能力就是主体性与自我意识增强和发展的表现。然而,忽略自我品德品行发展,却是主体性和自我意识不完全发展的表现。因为,完全发展的主体性和自我意识,是对自我能力发展和自我品行发展认知的统一。相对于以往的主体性和自我意识不发展来说,目前的发展是一种进步和历史的必然,但相对于人的主体性和自我意识的目标来说,又是不完全的发展。

(二)学校和社会对品行教育问题的影响

1. 学校因素对品行教育问题的影响

学校是教育的主体,是培养人的主要场所,学生从五六岁进入学校,至少要在学校学习9年,有的要在学校学习16~20年。因此,学校教育在学生的品行形成过程中起重要作用。但在目前,学校教育中存在着种种问题,忽视了品行教育的培养。其中,高等教育的失序表现得尤为明显。具体表现为:

(1)教育的工具化。由于受市场经济的负面影响,急功近利成为当今社会一些人的普遍心态。学校教育在人才培养方面也往往追求立竿见影的短期效应,重才轻德倾向明显。主要表现是大学教育重视学生的专业知识、技能的培养,忽视学生政治、道德、哲学、社会科学教育等人文素质的培养,德育课更多是一门成绩,而非教给学生指导自己活动的信念,很多"无用"的知识,比如哲学、文学都被排斥或者被工具化了。对大学生应具有的人生观、价值观、道德观以及法律观缺少硬性指标的评价和具体的教育措施,造成学生除专业成绩表现差异外,其他方面都一样。

(2)以智力教育代替品行教育。由于"应试教育"的长期影响,许多高校在教育思想上过多注重了智力素质,把智力发展作为人才培养的唯一目标,而忽视了非智力素质如情感、意志、性格等的培养。大学生除了完成繁重的学习任务外,还要应付繁多的考试,特别是外语等级考试和计算机等级考试,致使大学生普遍感到学习紧张,压力过重。

(3)校园文化建设的落后。改革开放的深入发展,给校园文化建设带来了生机和活力。现实生活中,校园文化建设已经成为高校思想政治工作的重要组成部分和有形载体,对于实现大学生人格素质的现代化有着直接的效果。但是,许多高校在大力提倡校园文化建设的同时,实际上往往存在着形式化、单一化和零碎化等现象。学校娱乐场所、活动器材、活动技能缺乏,娱乐形式单调使大学生得不到足够的文化活动,有些人觉得大学生活并不像中学时想象的那样丰富多彩,而是枯燥、乏味和空虚。有一些高校为了追求经济利益,不顾办学条件盲目扩招学生,使应有的教育和管理跟不上,教师只能忙于应付教学,根本无暇教育引导学生,校园文化单调,校园活动缺乏,校园周边环境杂乱,这些都将严重影响大学生的心理健康发展和道德人格构建。

(4)高校心理咨询工作的欠缺。大学生的心理健康教育和咨询工作令人担忧,开展的广度和深度及水平与大学生心理发展的需要存在一定的距离。近年来一些高校建立了心理咨询机构,但由于学校师资力量不足,或缺少有经验的专业心理咨询人员,心理指导、咨询工作起不到效果。据报道,北大校医院心理咨询中心每周一至周五下午应诊,预约应诊的患者已经排到了两个月以后。北京半数以上的高校至今还未设立心理咨询机构,也没有经过专门训练的心理咨询教师,学生的许多心理问题仍然被混同于一般的思想问题加以不科学的指导。

另外,由于缺少正面的宣传和教育,不少学生存在"只有精神不正常的人才看心理医生"的错误认识,一些有心理问题的学生往往不愿意主动咨询,导致人格缺陷和障碍的形成。

(5) 教育内容的空泛。专业、课程、教材落后于时代,既与社会要求有一定距离,又与个人的需要有差距,特别是一些公共课程问题最为突出。大学的围墙把社会和校园隔离开来,校园文化成了"孤岛文化",教育长期处于封闭状态,学校在让大学生接触社会、参与社会、思考社会问题方面做得不够,不利于大学生完整人格的形成。人格教育只在政治、思想品德课中涉及,其他学科都以学生成绩为唯一的重要标准,而未把现代人格培育作为各科教育的首要任务。有人曾这样评价我们的思想道德教育:"对小学生进行共产主义教育,对中学生进行社会主义教育,对大学生进行文明礼貌教育。"

(6) 教育腐败和不公平现象的严重存在。在当代中国,随着社会的转型和市场经济的发展,教育被纳入市场的轨道并服从了经济的逻辑,"教育被金钱所左右、为经济所俘虏、给市场所异化"。不少人把整个教育单纯地作为一个产业来看待,教育产业化、教育商品化、教育市场化的提法不绝于耳。教育成了经济的附庸,教育上的种种行为转化为经济行为,教师与学生的关系也转变成商品关系。学生见了老师不叫"老师"而叫"老板",老师见了老师不谈"发表"而谈"发财"。高校里老师评职称的论文能用钱买,两瓶酒可以换来老师打个高分。教育在一片"经商""下海"声中迷失了自己,在金钱面前异化了师生关系,在物质主义、实用至上的影响下失却了人文精神并丧失了自己的灵魂和真谛。这些不仅干扰、延缓了我国教育现代化的进程,也影响和阻碍了大学生健康品行的形成。

2. 社会环境对品行教育问题的影响

人是社会环境的创造者,同时又是社会环境的产物。人的一切都离不开社会这个大环境,品行的形成也是如此。社会环境对大学生心理的影响主要是以渗透的、潜移默化的方式时时处处地存在。它具有极大的感染力和引导性,要比灌输教育来得自然,虽然不具有强制性,但更容易被青年大学生接受。当今变化剧烈的社会大环境,对大学生的道德人格构建,既有正面的作用,也有负面的影响。

(1) 优良传统的失落。我国正处于社会转型时期,一方面是以往传统的价值观念体系受到冲击,另一方面是适应社会发展需要的新的道德伦理观念和体系正在整合、完善。在新旧道德伦理观念与道德规范交替的社会不定型期,出现了信仰的迷茫、价值的失落、道德规范的弱化和思想观念的混乱,许多人的世界观、人生观、价值观发生了严重扭曲。特别是在相当一部分国民的心目中,理想人格已经嬗变而渗透了太多的功利意识,导致了做人标准上很多优良传统的失落。越来越多的人学会明哲保身、讲究实惠,社会责任感趋于淡漠。在这种社会道德文化背景下成长起来的当代大学生,其品行不可能不受到深刻影响。

(2) 改革下的就业压力。在过去几十年的计划经济体制下,大学生在上学期间的各项费用全部由国家包下来,在就业制度上,实行"统包统分"的方式。改革后,实行了收费制度和"双向选择、自主择业"的就业制度,这给大学生带来了很大压力。许多下岗职工家庭和农村家庭的学生因经济困难而内心闭塞,而逐年降低的就业率也让大学生们早早地背负着就业的巨大压力。大学扩招后的毕业生已走入社会,国家的相应措施没有到位,并不很高的就业率,并不完善的机制对校园学子形成了一种强大的心理压力,尤其是对来自农村等弱势群体的大学生。

(3) 文化碰撞产生的冲突。随着对外开放,西方各种文化对我国主流文化形成严重冲击,大学生分享不同的文化,又处在不同文化的冲突旋涡中。所有这些都客观上要求个体及时调节认知和思维,来整合文化冲突所导致的心理压力,以维持人格与社会文化关系的平衡,维持内心的平衡和满足状态,否则,个体的社会适应就会产生障碍。当传统的主流文化宣传不够,大学生又缺乏对西方文化的正确评价时,就有可能盲目追求西方的道德价值观。

二、卓越品行对人生成长的影响

社会的高速发展、竞争的日益激烈对人才提出了更高的要求:良好的专业素养和健康的品行。反映在人才培养思路的转变上,即从单纯的知识掌握转到能力的发展、与人相处的艺术、人的潜能的发挥和综合素质的提高,特别是精神状态和心理品质的重新调整,以提升大学生的社会生存与发展能力。

【案例16】

周恩来12岁那年,因家里贫困,只好离开苏北老家,跟伯父到沈阳去读书。当时的东北,是帝国主义列强在华争夺的焦点。一个星期天,他约了一个同学,一起到外国的租界地去了。这里确实与其他地方不同,楼房样子奇特。街上的行人中,中国人很少。正当周恩来和同学左顾右盼时,忽然发现巡警局门前围着一群人,正大声吵嚷着什么。他们急忙奔了过去,只见人群中有个衣衫褴褛的妇女正在哭诉着什么,一个大个子洋人则得意扬扬地站在一旁。一问才知道,这个妇女的亲人被洋人的汽车轧死了,她原指望中国的巡警局能给她撑腰,惩处这个洋人。谁知中国巡警不但不惩处肇事的洋人,反而把她训斥了一通。围观的中国人都紧握着拳头。但是,在外国租界地里,谁又敢怎么样呢? 只能劝劝那个不幸的妇女。这时周恩来才真正体会到"中华不振"的含义。

从租界地回来,周恩来心情很沉重,他常常站在窗前向租界地方向远远地望着,沉思着。

一次,校长来给大家上课,问同学们:"你们为什么读书?"有的说:"为明礼而读书。"有的说:"为做官而读书。"有的说:"为父母而读书。"有的说:"为挣钱而读书。"当问到周恩来的时候,他清晰有力地回答:"为中华之崛起而读书!"校长震惊了,他没料到,一个十几岁的孩子,竟有这样大的志气。

15岁那年,周恩来以优异成绩考进天津南开中学。那时,伯父的生活也很困难,他就利用节假日,给学校抄写材料,挣一点钱来做饭费。生活虽清苦,但他的学习愿望却很强烈。他在课上认真听讲,课外阅读大量书籍,获得了丰富的知识。他的考试成绩总是全班第一。全校师生都很敬重他,说他是品学兼优的好学生。学校为了奖励他,宣布免去他的学杂费。他成为南开中学唯一的免费生。

学生时代的周恩来就有着坚贞爱国、奋发图强的卓越品行,树立了一个崇高的人生目标,然后,为实现这个目标坚持不懈,奋斗不止,为人民、为新中国的成立做出巨大的贡献。

【案例分析】

伟大的周恩来总理用自己的光辉事迹为我们树立了一个完美的榜样:一个人的品行是否卓越决定了这个人将来能到达的高度。每一个人生活在现实社会中,都渴望着成功,而且很多有志之士为了心中的梦想,付出了很多,然而得到的却很少。这是因为一个人光有梦想是不够的,其本身的品行也极其重要。它是人的一种内在美,只有经过时间的考验才能焕发出耀眼的光彩。

【案例17】

1984年,张瑞敏来到青岛电冰箱总厂(海尔集团前身)当厂长。当时是一个物以稀为贵的年代,冰箱是稀缺产品。另外,国内的冰箱行业起步较晚,产品质量参差不齐。当时的海尔,是一个亏损147万元、一半员工想离职的破工厂。张瑞敏上台不久,就收到一封顾客来信,信上说,他要买一台冰箱,结果挑了很多台都有毛病,最后勉强拉走一台。

张瑞敏对库存冰箱进行了检查,发现了76台缺陷冰箱。张瑞敏把员工召集到车间,问大家怎么办。对于问题冰箱怎么处理的问题,有职工表示,产品不影响使用,不如便宜点处理给员工。当时冰箱的市价是800元,相当于职工两年的收入。最后,张瑞敏表示,问题冰箱要全部砸碎,谁干的谁来砸。听闻此言,许多老工人当场就流泪了……要知道,那时候别说"毁"东西,企业就连开工资都十分困难!况且,在那个物资紧缺的年代,别说正品,就是次品也要凭票购买的!如此"糟践",大家心疼啊!当时,甚至连海尔的上级主管部门都难以接受,多数高管都坚决反对这一决策。然而,张瑞敏还是以自己果敢的魄力坚决执行。

因为张瑞敏明白:如果放行这些产品,就谈不上质量意识!我们不能用任何姑息的做法,来告诉大家可以生产这种带缺陷的冰箱,否则今天是76台,明天就可以是760台、7600台……所以必须实行强制,必须有震撼作用!因而,张瑞敏选择了不变初衷!

结果,就是一柄大锤,伴随着那阵阵巨响,真正砸醒了海尔人的质量意识!现在的海尔集团其全球收入高达70亿美元,不仅在印度尼西亚、菲律宾开设了工厂,而且开始将目光投向日本、欧洲以及美国,甚至在要求苛刻的德国也能成为免检产品。

【案例分析】

正是张瑞敏这种讲诚信、敢担当的卓越品行为海尔带来了巨大的成功。同样的,在未来工作的日子里,同学们也应保留自己最纯真的卓越品行,切不可随波逐流,迷失自我,万不可因贪图小便宜而丧失本性。终有一天你会因你的内在品行赢得巨大的成功。

三、如何培养自己的卓越品行

要培养大学生们的人格品行,首先,要引导学生客观认识能力和品行在发展中的统一性。人的发展是能力发展和品行发展的统一,能力发展是人发展的基本标志,也是人解决自己与世界关系的必须。人的品德发展是人解决自我和他人之间关系的必须,它也是人发展的基本标志之一。没有品德发展的单纯能力的发展是畸形发展。

其次,让学生从社会生活经验中体悟能力和品德品行统一发展的意义。人与自然之间的关系和人与人之间竞争的事实,无疑使能力水平的发展在生存发展中具有决定性的意义。所谓发展是硬道理,说的主要就是人的能力水平的发展。然而,人不是经济动物,人之为人还有他特殊的规定性,品德品行就是如此。

最后,在学生生活的实践中强化品德品行的权重。要在学生的学习生活中,营造成一种既重能力水平,又重品德品行的舆论氛围。要通过宣传、讨论等方式,让学生充分认识品德品行对人的素质、对人的发展和事业成功的意义。需要强调的是,学生关注自我发展并没有过错,需要矫正的是在关注自我发展的同时,不能忽略品德品行的发展,要把品德品行的发展摆在与能力水平同样重要的位置上。这既是人发展的内在要求,也是社会现实的期望,更是和谐社会发展与自我健康发展的保证。

第六节　领导力培养

想要获得成功,必须得到别人的支持和配合,而想要得到其他人的支持合作,则必须有领导能力。领导能力不会与生俱来,它是可以培养出来的。

一、领导力的定义

1. 领导力的含义

领导能力是把握组织的使命及动员人们围绕这个使命奋斗的一种能力。领导能力的基本原则是:

① 领导力是怎样做人的艺术,而不是怎样做事的艺术,最后决定领导者的能力,是个人的品质和个性。

② 领导者是通过其所领导的员工的努力而成功的。领导者的基本任务是建立一个高度自觉的、高产出的工作团队。

③ 领导者们要建立沟通之桥。

——德鲁克基金会关于《领导者的对话》

领导力究竟是什么呢?有多少人试图定义领导力,就有多少领导力的相关定义。有人认为,领导力是一个人先天具有的,能够引导他人完成任务的特点和性格合成的;也有人认为,领导力是一种达成目标的工具,协助团体内部成员实现其目标;还有人认为,领导力与领导者及其团队之间的权力关系有关,领导者具有权力,并运用它们影响他人。

定义虽然多种多样,但是都有核心概念。领导力,其实就是把理想转化为现实的能力。但是作为领导者,如果没有追随者,只凭借自己的能力去把理想转化为现实,那样的人只能称为是一个优秀的人才,但是却不能被称作领导者。因为一个合格的领导者所拥有的不仅仅是个人的优秀的才能,更需要的是影响力、人格魅力,用自己的人格魅力去影响别人。

在现实生活中,领导力是通过作用于追随者得以体现的,即拥有追随者是拥有领导力的前提。领导者获得追随者的能力,主要表现在以下三个方面:

首先是令人信服的远见卓识。身为领导者应有超乎一般的远见卓识,他的任务就是告诉追随者们应该朝哪个方向前进；应该选择哪一条路；在这条路的前方，有怎样的风险和收益……

其次是令人信服的表率作用。领导不仅是领袖，也是导师。导师不仅要告诉追随者应该做什么，还要告诉他们应该怎么做。

最后就是令人信服的精神力量。精神力量源于良好的个人品质，这包括积极的心态与良好的品德。有良好个人品质的人更让人信赖，即使才能稍逊，也比那些才能出众而品质低劣的人更有可能成为领导人物。

2．领导人的特征

一般来讲，领导人物必须具有以下一些重要素质：毫不动摇的勇气，无论遇到多么困难的事情，总能保持良好的心态；良好的自制性，不被外界环境所诱惑；强烈的正义感，让人信任和信赖你；坚定的决心，不为困难而动摇自己的信念；具体的计划；付出超出所得的习惯；迷人的个性，能让别人真心诚意地跟随；有责任感与敢于承担；富有协作精神；善于与团队沟通；正面激励和赞扬团队；敢于冒险；等等。

想要成为一个成功的领导，必须懂得尊重和关心团队，分工授权，用人不疑，才能让你的团队相信你，敢于放手去做；也要乐于接受别人的监督，用宽容的心态去对待人，而不是一味地苛刻和责难与自己意见不一致的人；还要承认团队的劳动成果，让他们知道你时刻都在关注着他们，而且也为他们的劳动成果而高兴；更要懂得网罗人心，只有人和才能万事兴旺。

一个成功的领导，必须让团队能够独立自主地进行调查和科学研究，而不是凡事都必须亲自去做。你要记住你是一个领导者，是掌握大方向、指引的人，而不是亲自操作者和实施者，因为你的精力有限；应允许团队提出反对意见，与自己唱"对台戏"，做到兼听则明。不要认为自己是万能的，在现在这样一个经济、社会、科技高度发达的时代，没有人能做到博学地懂得任何领域，不要迷信自己，让别人做你的镜子，让你知道自己是否做得正确。

此外，作为领导者，永远不要忘记自己作为领导者的职责。你是这个团队的主心骨，是灵魂，你的一举一动都会对你的团队造成影响，所以记得三思而后行。但这个绝不是让你优柔寡断，该果断的时候需要果断，但不要刚愎自用。

二、卓越领导力对人生成长的影响

（一）大学生培养领导力的重要性

大学生是现今社会最受关注的群体之一，社会各界也围绕大学生产生了许多话题，其中之一就是大学生能力问题。能力可分为很多种类：组织能力、语言表达能力、领导能力、交际能力、学习能力等。其中，领导能力显得尤为重要。

所谓领导能力，就是一种特殊的人际影响力，团队组织中的每一个人都会既去影响他人，也要接受他人的影响，因此每个人都具有潜在的和现实的领导能力。

领导能力可以分为两个层面：一是组织的领导能力，即组织作为一个整体，对其他组织和个人的影响力；二是个体领导能力，对于大学生来讲，就是在班级或其他集体中的领导能力。领导能力并不是从权力中获得的,一个只会在自己位置的狭窄范围内指挥别人的人,不能算作真正的领导人物。相反,领导能力与职位毫无关系,它应该是一种感染力、一种影响力,这种力量能够使他的追随者跟着他的步伐,朝着他的目标和成就迈进。

当今的大学生缺乏勇于创新的精神,成为盲目的追随者,使其不知道怎样成为一个领导者。大学生就业存在一个普遍且严重的问题——眼高手低。导致这一问题的原因就是在校期间不注重个人能力的培养,盲目学习理论知识,没有将理论联系实际。也正是这个原因,使大学生在未来的岗位上难以晋升,难以展现个人才能。

衡量一个领导人物的成就大小,要看他的信念的深度、雄心的高度、理想的广度和他对下属的爱的程度。如今有很多大学生萎靡不振、终日与游戏为伴,也有些学生整日只知情爱,还有些大学生只知单打独斗,没有团结的精神。他们失去了拼搏的精神、失去了远大的志向,因此培养大学生的领导能力显得尤为重要。

(二)提升当代大学生领导力的时代价值

1. 社会发展的动力源泉

文明社会的进步和发展,需要杰出的青年学子们站出来,引领社会在一个时期和阶段中的前进。马克思曾经说过:"一切规模较大的直接社会劳动或共同劳动,都或多或少地需要指挥,以协调个人的活动,并执行生产总体的运动。"因此在有社会活动的地方都需要领导人的指引,以此提高活动效率或效果。在步入21世纪后,国际竞争日益激烈,各个国家拼的不是数量和规模,而是效率与创意,归根结底就是人才和核心领导者的竞争,我国也树立了人才资源是第一资源的观念,在加强人力资源能力建设的同时,大力实施人才培养工程。综上所述,对于大学生领导力的培养与提升不仅是社会自身存在的需要,也是科学发展的动力源泉。

2. 民族复兴的伟大期盼

中国近代的屈辱史,归根溯源就是核心领导人在世界快速发展中掉队的结果,以信息、科技等方面为主战场,我国将面临西方世界在政治、经济、文化、信息四个方面的挑战。

政治上,以美国为首的西方资本主义国家不断寻找机会对我国进行和平演变。

经济上,在经济危机之后,受到了各方面不利因素的影响,导致经济发展速度明显下降。

文化上,同样以美国为首的西方国家正在通过以网络为主要传播媒介的思想灌输,大肆宣传其资本主义所谓的优越条件,对我国传统民族文化进行侵蚀。

信息上,如何突破西方国家不平等的信息传播束缚,走一条自主发展的道路,是摆在我们面前的一道鸿沟。

因此,在中华民族伟大复兴的道路上,要顺利跨越这四道关卡,就需要有卓越领导力的青年人站出来引领复兴的希望。

3. 个人发展的卓越追求

马斯洛理论把需求分成生理需求、安全需求、社交需求、尊重需求和自我实现需求五个大类,依次由较低层次到较高层次。在竞争激烈的当代社会之中,青年学子必将把追寻更高的自我实现的需要作为需求的核心目标,并把成为一名引领社会发展的领导者作为个人的理想信念去追求,因而,注重提升个人的领导能力是大学生自我实现的必经之路。

4. 激烈竞争的社会聚焦

高校毕业生人数的日益增加,社会需求的不断低迷,导致社会就业压力不断增大,竞争日趋激烈。在这种情况下如何脱颖而出?大部分用人单位除了考虑个人的专业素质和才能外,还更为重视个人领导力的高低,在高举素质教育、精英教育大旗的当今,如何向社会展示这种教育模式的效果也是高校提升学校品牌的关键。

【案例18】

小欣,女,大三,曾担任大学生志愿者协会的主席,在她担任主席期间,通过坚持不懈的努力、运筹帷幄,带领本已面临解散的某协会最终取得广大师生的认可,获得学院优秀社团称号。在这其中,充分地表现出她卓越的领导能力、组织能力和果断的决策能力。

小欣刚当选主席的时候,正是协会管理层换届选举之时,由于上一届管理者内部的矛盾,始终没有选举出众望所归的管理团队,导致协会的大小所有事情都落到了她一个人身上,而且由于组织混乱,协会面临被学校强制解散的危险,但面对种种困难,她展现了作为一名领导者的魄力,审时度势,果断决定。先进行社团招新,补充新鲜血液,让一批有激情、有活力的新成员加入。然后再从中选取培养后备干部组建新的管理团队。这些决定在具体的实践操作中却遇到了重重阻力。

首先,既然决定放弃之前的管理团队,就要面对招新的管理团队人员;其次,招收的新人由于没有工作经验,不可能马上展开工作。

面对困难,她重新分析了眼前的形势,主动找到一批老会员,在其循循善诱的劝说下,众多老会员决定帮助协会展开招新工作,然后培训新的会员,在新会员掌握工作要领后,再进行交接工作,退出协会。在招新工作开展的前期,小欣有效地组织了宣传工作,加大了宣传力度,运用了多种宣传方式,发传单、贴海报等,使新生充分了解到协会的工作性质,提高了协会在新生中的影响力。通过以上的工作,协会顺利地完成了招新工作,并取得了突出成绩,一跃成为分院人数最多、影响力最大的社团。并在新加入的会员中涌现出一批有能力、有责任心的骨干,组成了新的管理团队,使协会蓬勃发展起来!

招新工作后,协会又遇到了新的困难。首先,社团的活动少之又少,尤其是体现大学生志愿者协会特色的活动,很难在学校范围内举办;其次,社团的活动经费紧缺,学校只给解决很少一部分经费,其余则需社团通过外联到校外拉赞助。然而,对于分院所处的地理环境来说是很困难的。以上这些问题摆在小欣面前,并没有使她退缩,她充分运用社交手段通过人际关系积极联络,首先,取得了外界的赞助经费,作为报酬,协会负责这家赞助企业在学校及周围的宣传及推广,并使其取得了良好的经济效应;其次,积极和多个街道办事处联系,进行了多次志愿者活动及校园内的爱心捐款捐物活动。在活动中,小欣做足榜样,并充分调动所有会员的积极性,带领协会顺利地进行了计划的所有活动。随着活动的圆满结束,协会迎来了校领导和外界如潮般的好评!

【案例分析】

小欣刚当选主席的时候,由于上一届管理团队的矛盾,组织混乱,协会面临被学校强制解散的危险。面对协会里面的种种困难,她审时度势,果断决定,补充新鲜血液,改革协会内部管理团队。主动说服老会员帮忙,让招新工作顺利进行,并老会员带领新会员学习管理工作,并在新加入的会员中涌现出一批有能力、有责任心的骨干,组成了新的管理团队,校外拉赞助,开展协会特色活动等事件,使协会蓬勃发展起来!

三、如何培养领导力

(一)大学生领导力培养的主要内容

1. 献身社会的爱国主义情怀

一个领导者的政治立场、政治态度、政治观点、政治理想、政治觉悟,都集中表现在个人的社会责任心上。因此,献身社会的政治责任感是社会主义制度下十分重要的理想信念。这在中国古代也有所体现,例如在《论语》中就有一段表述:子谓子产:"有君子之道四焉:其行己也恭,其事上也敬,其养民也惠,其使民也义。"其意思就是孔子通过对郑国宰相子产的治国评价,提出了一位好的领导者责任在于恭行、敬上、养民等方面。而在当今中国,作为引领未来的大学生更应当以"以人为本"作为自身发展所必须具备的政治责任,并将"全心全意为人民服务"作为最高宗旨。

2. 高瞻远瞩的卓越宽广见识

大智大慧、大彻大悟、大气大派是卓越领导人才的必备素质。而具有斤斤计较、目光短浅的小市民精神的常人却永远成不了一个合格的政治家和领导人,或者说很难成为一名优秀的青年人才。美国前总统尼克松在《领导者》一书中强调:普通的领导者是给今天的报纸头条准备的,英明的领导者则是给明天和后天的报纸头条准备的。作为孕育未来政治领袖的重要群体,高校应致力于将培养和提高当代学子高瞻远瞩的卓越宽广见识作为学校育人理念的核心内容。

3. 团结群众的领袖引导魅力

清代的纪晓岚在《阅微草堂笔记》一书中写道:"有才而性缓必为大才,有智而气和必为大智。"说的就是处变不惊的领袖风范。在今天来说就是指领导者应具备正气、大气、刚气、和气及宽容的胸怀与海纳百川的气魄。我们青年学生在提升自己这一方面的领导力时应以"任凭风浪起,稳坐钓鱼台","宠辱不惊,看庭前花开花落;去留无意,望天边云卷云舒"为自己的修养目标。

4. 出类拔萃的杰出专业才华

领导力是一个人的综合素质的鲜明表现,但其基础是个人有着非凡、杰出的一技之长(通常为个人的专业素质),领导力的素质不是可以用数字量化出来的,而一个人的专业素质确实可以通过科研、工作、实际贡献衡量出来,而领导力的选拔通常也是在专业素质突出的人才中选拔而出的。

(二)当代大学生领导力培养和提升的途径

1. 高校人才培养理念的转变

要扭转"重专业课教育、轻领导力教育"的我国传统教育观念,需要将自身现有的教育理念进行评估和重塑,要对大学生进行领导力教育的必要性有充分认识和理解。高校汇聚着一代青年人的思想,也是培养领导者的摇篮。领导能力的获得既要通过工作岗位的锻炼,更要在高校树立培养领导能力的意识。因此,在21世纪大学培养的目标中,不仅是培养出类拔萃的专业技术人才,更是要培养具备组织和领导能力的复合型人才,培养出会"领军"的帅才才是大学的最终目标。也只有这样才能发挥大学生在各行各业的骨干引领作用,并通过发挥其领导力的引领作用和专业技能的辐射作用,推动整个社会的科学发展。

2. 学生自我意识形态的塑造

唯物辩证法认为,"内因是事物发展的内部矛盾,是事物发展的源泉,是事物变化的根本原因,起决定作用。外因是事物发展的外部矛盾,是事物发展的条件,起加速和延缓作用。外因必须通过内因起作用"。这就是说,要培养与提升当代青年学子的领导力,必须以"学生为本",使其具有自我提升的责任和使命意识。而当今心中有着"天下兴亡、匹夫有责"的学生又有多少呢?大量研究和实践表明,每位智力没有残障的人都具有领导潜能,这种潜能可以通过各种形式的启发和教育得以发掘。但前提必须是大学生具备了培养领导力的自我意识,也就是主动意识,有要求将自身领导能力进一步提升的内因。因此,大学生应通过立大志、入主流、勤读书、多实践、会操作、练意志、善提炼等方式切实增强自身的领导能力。

3. 拓展培养的内容与载体

近几年,为了促进大学生的全面发展,国内许多高校都在进行通识教育改革,这无疑丰富了素质教育的内涵,而且可以预见,随着社会主义政治文明的推进和民主程度的提高与社会主义核心价值观的理解,这种实践教育的效果将更为突显。同时也应该指出,当前我国正处于一个多元社会和变革世界的影响与同化之中,复杂的现实对领导力素质提出了更高的需求,要求高校培养出更多具有领导力的高级复合型人才。在这种情况下,拓展和改善高校学生培养的内容和载体就显得刻不容缓了,概括为以下三点:

(1) 将领导力教育整合进通识教育课程

通识教育涵盖了对学生进行人文、社会、自然科学的基础知识教育,初步培养学生的实践能力,形成正确的世界观、价值观和人生观,对于培养社会主义事业的建设者和接班人有着重要的作用。领导力教育则是提高大学生的领导力水平和技能,以便更好地适应社会对复合型人才的需要,促进和谐社会、科学社会更好地发展。领导力教育可以引导学生落实通识教育成果,所以将领导力教育融入传统的通识教育课程之中,在设立领导学相关的课程(批判性分析道德的能力、整合不同价值传统的能力、发展伦理思考能力、沟通能力和与下属建立信任的能力;增强认识自我、不断学习的意识;激励能力锻炼、统筹、协调等)的同时,加强对领导力教育的渗透力度,比如在通识教育课程中渗透领导力教育的相关内容。此外,通识教育还要加强各种道德建设和实践能力,为领导力教育提供一个良好的基础。

(2) 案例分析在领导力教学中的重要作用

领导力教学的实用性特别强,它的重点不在于抽象的推理,而在于表明许多问题在实践中是怎样解决的,以及这种解决的方法应该如何推广。所以案例分析法特别适合领导力教育的需要。案例分析要按一定程序进行,比如问题是什么,事实和原因在哪里,对策是什么。其目的在于提高学生解决问题的能力和判断力,其重点应放在解决问题的过程上。所使用的案例应以现实发生的相对复杂的管理问题为主。在案例教学中师生不以客观的局外人的立场,而是以主观的当事人的立场来分析,参加者要把自己当作案例中的领导者或参与者,身临其境地进行分析和决策,着重培养学生的"类行政管理人员思维",即在面临各种压力的困境条件下,利用不充分的信息作出决策。

(3) 重视社会实践平台在大学生领导力教育中的重要地位

社会实践是高校进行领导力教育十分重要的环节。实践活动可以提高学生的体验性、互动性、合作性、参与性,让学生亲自体验和感受领导者角色。在参与社会实践的过程中,高校应特别注意推进学校与社区间的互动合作。美国高校领导力教育十分重要的一条成功经验就是充分利用社区资源来提高学生的领导力,让社区参与到高校的领导力教育。我们也应该努力探索,如何结合社会主义体制下的具体国情,充分发挥社区在大学生领导力中的教育作用。美国高校领导力教育经验还显示,大学生领导力教育对社区发展同样也起着促进作用,同样值得我们借鉴。

4. 强化培养的激励机制

大学生领导力培养要以激励措施为主,在实施激励的过程中应坚持"以人为本,以学生为中心"的理念。首先,应实行必修制。领导力科学基本方法、基础理论的教育在高校目前还不十分成熟,也没有相应的重视程度,相关学科建设在大部分的高校也显得不太成熟,但是大部分的学生对此都有着十分强烈的学习意愿,两者表现出了相应的供给和需求矛盾。实行必修制可有效解决这一问题,一方面,可以激发学生对领导力的学习热情,鞭策高校在领导力方面的教学水平和研究能力的提升;另一方面,领导力教学激励机制的设计必须考虑个性差异,满足个人需求进行设计,如果只采取传统的应试教育,沿用达标考试,不考虑学生个人需求,那么所谓的"激励"就不能成功也无法持久。因此在领导力教学中把实现群体与个体目标结合起来,真正做到因材施教,适应个体的具体需求而采取有针对性的激励措施。

参 考 文 献

[1] 周广均. 浅析当代大学生坚定理想信念的重要意义[J]. 教育与职业,2009,(12).
[2] 田丽,汪强. 新时期大学生理想信念教育的实施途径[J]. 江苏高教,2010,(5).
[3] 张东旭. 全球化时代加强青年学生社会主义理想信念教育的必要性[J]. 知识经济,2010,(23).
[4] 刘云华. 论大学生社会主义理想信念教育的重要意义[J]. 改革与开放,2010.
[5] 龚道贵. 浅议青少年吃苦精神的培养[J]. 当代教育论坛(学科教育研究),2008(3).
[6] 彭汉庆. 高职院校应着力培养学生的"吃苦"精神[J]. 湖北职业技术学院学报,2008(4).
[7] 李宝刚. "吃苦"——大学生素质教育的立足点[J]. 兰州大学学报.
[8] 赵树洲,吴佐旭,于毅清. 发扬艰苦奋斗需要正确认识的几种关系[J]. 思想政治教育研究,1997(3).
[9] [美]布莱恩·摩根. The Best Twelve Principles Of Success[M]. 沈葳,译. 北京:现代教育出版社,
[10] 朱卫国,潘漫. 大学生安全教育读本[M]. 南京:东南大学出版社,2014.
[11] 陈革,秦雪峰. 大学新生导航[M]. 北京:中国出版集团现代教育出版社,2011.
[12] 夏加力,张晖,刘长虹. 新起点 新征程——大学生入学必读[M]. 上海:上海交通大学出版社,2012.
[13] 梦想启航:大学生入学教育读本[M]. 厦门:厦门大学出版社,2014.
[14] 魏峰,朱腾飞. 我的大学我做主[M]. 南京:东南大学出版社,2011.
[15] 李倩. 大学生网络人际交往安全的案例分析[J]. 实践探索,2014:76-77.
[16] 卢婷婷. 我的大学 大学生入学必读[M]. 北京:新华出版社,2.
[17] 张强. 大学新生课堂[M]. 武汉:武汉大学出版社,2013:17-19.
[18] 马小龙,陆新. 识读大学:武汉工程大学新生教育导读[M]. 武汉:武汉理工大学出版社,2012.
[19] 王欢,吴长才. 大学新生入学教育[M]. 长沙:国防科技大学出版社,2010.
[20] 何敏,古晶. 大学生心理健康教育[M]. 成都:西南交通大学出版社,2014.
[21] 卢婷婷. 我的大学 大学生入学必读[M]. 北京:新华出版社,2010.
[22] 鲍金勇. 原来大学可以这样读[M]. 上海:上海交通大学出版社,2013.
[23] 覃彪喜. 读大学,究竟读什么[M]. 广州:南方日报出版社,2012.
[24] 姜韵宜. 大学生入学教育[M]. 北京:北京交通大学出版社,2013.
[25] [美]戴夫·埃利斯. 优秀大学生成长手册[M]. 北京:科学出版社,2014.
[26] 马龙海. 大学学习生涯指导[M]. 北京:中国人民大学出版社,2011.
[27] 吴本荣,王海波. 新起点,新航标:大学生入学指导[M]. 北京:高等教育出版社,2014.

教师服务

感谢您选用清华大学出版社的教材！为了更好地服务教学，我们为授课教师提供本书的教学辅助资源，以及本学科重点教材信息。请您扫码获取。

▶ 教辅获取

本书教辅资源，授课教师扫码获取

▶ 样书赠送

公共基础课类重点教材，教师扫码获取样书

清华大学出版社

E-mail: tupfuwu@163.com
电话: 010-83470332 / 83470142
地址: 北京市海淀区双清路学研大厦 B 座 509

网址: http://www.tup.com.cn/
传真: 8610-83470107
邮编: 100084